Klaus Heer

Ehe, Sex und Liebesmüh

Eindeutige Dokumente
aus dem Innersten der Zweisamkeit

W0175437

Steidl

»Ehe, Sex und Liebesmüh« erschien erstmals 1995
im Scalo Verlag, Zürich.
© 1995 Copyright by Klaus Heer

Wir senden Ihnen gern unser kostenloses
Gesamtverzeichnis zu:
Steidl Verlag, Düstere Straße 4, D-37073 Göttingen

98 99 00 01   9 8 7 6 5 4 3 2 1

Lizenzausgabe mit freundlicher Genehmigung
der Scalo Verlags AG, Zürich
© Copyright für diese Ausgabe:
Steidl Verlag, Göttingen 1998
Alle Rechte vorbehalten
Lektorat: Angelika Stricker
Gestaltung: Hans Werner Holzwart, Design pur, Berlin
Umschlaggestaltung: Klaus Detjen
unter Verwendung eines Bildes von Prud'hon
Satz: Design pur, Berlin
Herstellung: Steidl, Düstere Straße 4, D-37073 Göttingen
Gedruckt auf Öko 2001 RC-Papier
zur ökologischen Buchherstellung
(80 Prozent Altpapier, 20 Prozent Durchforstungsholz
aus nachhaltiger Forstwirtschaft,
ohne Färbung, ohne optische Aufheller)
Printed in Germany
ISBN 3-88243-565-8

Dank

Undenkbar wäre dieses Buch gewesen, wenn die elf Frauen und neun Männer auch nur ein bisschen weniger offen und mutig gewesen wären, auch jene elf, die sich mir anvertrauten und für deren Interview dann schliesslich kein Platz war im Buch. Ich würde sie gerne alle hier namentlich aufführen, wenn ich könnte. Sie haben mich reich beschenkt.

Dankbar bin ich den interessierten Menschen in meiner Umgebung. Mit ihnen konnte ich über das Buchprojekt brüten und streiten. Sie sahen das Manuskript durch und bremsten und ermutigten mich im richtigen Moment, jeder und jede auf seine, ihre Weise:

Urs Allemann, Markus Baumann, Schano Baumann-Kurmann, Hans Businger, Muriel Kämpfen Heer, Hans-Rudolf Lehmann, Jürg Lenggenhager, Thomas Liechti, Peter Métraux, Andy Mettler, Madeleine Moor-Leu, Ruth Pewsner-Fischer, Rebekka Roche, Ruth Rutz, Rita Schwarzer, Christoph Thomann.

Ich danke von Herzen. Klaus Heer

INHALT

YVONNE B.-O. ist 33 Jahre alt, von Beruf Hausfrau und Verkäuferin im eigenen Geschäft, seit 18 Jahren liiert und seit zehn Jahren verheiratet mit Franz, 39 Jahre, Kaufmann; eine Tochter, zehn Jahre, und ein Sohn, sechs Jahre alt. Ihre Grösse: 170 Zentimeter, ihr Gewicht: 98 Kilogramm. Hobbys: Badminton, Sticken.

Blockiert und etwas angewidert

Er sagt ab und zu: „Ich möchte dich sehr gern mit dem Mund lieben." Das geht eben nur, wenn ich frisch geduscht bin. _{Lacht.} Sonst bin ich nicht bereit, tut mir leid. Am Morgen vor dem Duschen könnte ich mir das nicht vorstellen. Da hätte ich einen Ekel vor mir selber.

Wo sind Sie offiziell heute abend?

Mit einer Freundin im Ausgang. _{Lacht.} Nachher muss ich kurz nach Hause anrufen, um sicher zu sein, dass mit den Kindern alles in Ordnung ist.

Haben Sie ein schlechtes Gewissen?

Ja. _{Lacht.} So faustdick lüge ich selten. Franz würde nicht verstehen, dass ich einem Fremden gegenüber unsere Bettgeheimnisse auspacken will. Andererseits liest er auch nie solche Bücher, das interessiert ihn nicht. Er begreift nicht einmal, dass man mit Sex Probleme haben kann. Darum ist zwischen uns auch kaum ein Gespräch über Sexualität möglich, obwohl wir, glaube ich, keine grossen Schwierigkeiten haben.

Versuchen Sie manchmal, Ihre kleinen Schwierigkeiten zur Sprache zu bringen?

Ja, aber er hilft mir nicht. Er fragt nicht nach und lässt mich hängen. Darum habe ich auch kaum mehr den Mut, damit herauszukommen. Dann bin ich blockiert und abgestellt und fertig.

Der Freundin, mit der Sie heute abend im Ausgang sind, können Sie Ihre intimen Geschichten erzählen?

Sie wohnt im gleichen Dorf wie ich, und sie kennt Franz auch, und da käme ich mir fast wie eine Verräterin vor, wenn ich das tun würde. Höchstens mit meiner Schwester kann ich ein Stück weit offen sprechen.

So können Sie gegenüber keinem Menschen ganz offen sein?

Ja, stimmt. Ich habe mich schon oft gefragt, ob vielleicht in meiner Kindheit etwas gelaufen ist, was für meine Barrieren verantwortlich sein könnte.

Was vermuten Sie?

Ich habe keine Ahnung. Ich verstehe einfach nicht, warum ich so blockiert bin.

Im Reden blockiert oder im Tun blockiert?

Im Machen.

Sie möchten also gern die Barrieren zur Sprache bringen, die Sie im Zusammensein mit Franz spüren?

Ja, genau. Manchmal grüble ich tatsächlich diesen Dingen nach, aber dann denke ich wieder, ich bin doch eigentlich zufrieden im grossen und ganzen. Die Punkte, die mir gar nicht passen, habe ich ihm schon gesagt – das weiss er. Und er ist verständnisvoll, obwohl ich ihm nicht erklären kann, warum ich einen Ekel vor diesem oder jenem habe.

Wovor ekeln Sie sich?

Also, ... Meistens komme ich beim Geschlechtsverkehr früher als Franz, und dann fragt er mich jedesmal, ob er seinen Samenerguss auf meinen Bauch gehen lassen dürfe. Ab und zu sage ich dann ja, aber manchmal stellt es mir total ab, es ekelt mich schrecklich an. Dann sage ich ihm: „Hör auf! Ich kann nicht." Ich bin froh, dass er's dann wirklich nicht tut. Es stört mich nicht, wenn er's in ein Taschentuch macht.

Was ekelt Sie: das Anschauen, das Riechen, das Schmecken, das Spüren auf dem Bauch?

Alles! Vor allem das Spüren. ₗₐₑₕₜ. Wenn's so runterläuft auf der Seite, das hasse ich! Und dann ist das Bett nass. Also da bin ich extrem heikel. Manchmal sage ich Franz, es mache mir nichts aus. Dann spüre ich aber den Ekel trotzdem und denke: „Darfst wirklich nicht immer nein sagen ...“

Gab es in Ihrer Beziehung von Anfang an solche Barrieren?

Ich weiss es nicht, weil ich mich jahrelang gegen Sex gesperrt hatte. Franz drängte mich auch nicht dazu. Bis ein Jahr vor der Heirat machten wir bloss harmloses Petting.

Und als Sie dann miteinander schliefen ...

... hatte ich ständig Angst vor Schwangerschaften und auch ein schlechtes Gewissen, das mir nicht verständlich war. Deswegen konnte ich nie so frei sein und es geniessen, wie ich gern gewollt hätte. In gewissen Bereichen ist es eben bis heute so geblieben.

Woran denken Sie?

Zum Beispiel sagte mir Franz vor Jahren, es würde ihn freuen, wenn ich mal seinen Penis in den Mund nähme. Das war mir kein Problem. Aber als er sich einmal ergoss dabei, wurde mir hundsübel. Ich bekam eine totale Abneigung dagegen für eine lange, lange Zeit. Nie mehr, nie mehr wollte ich das erleben. Das dünkte mich furchtbar widerlich.

Wie reagierte Franz?

Es war ihm peinlich, und er entschuldigte sich auch. Er sagte mir: „Da kannst du wirklich nichts dafür. Wir haben es ja beide gewollt.“ Wahrscheinlich kommt er jetzt diesbezüglich zu kurz, aber er sagt mir: „Macht nichts. Es kann ohne das auch schön sein.“

Widern Sie, abgesehen vom Sperma, noch andere Dinge an im Bett?

Nein, eigentlich nicht. Ich denke, wenn man gewarnt worden wäre, wie das sein könnte mit dem Samenerguss, hätte man eine andere Vorstellung gehabt. Ich hätte nie gedacht, dass das einen Geschmack und einen Geruch haben könnte. Es war ein Schock für mich. Aber ich habe es ihm nicht übelgenommen, gar nicht.

Sie empfinden ihn als rücksichtsvollen Partner im Bett?

Eigentlich schon. Am Abend bin ich einfach häufig zu müde, um mit ihm zu schlafen. Er geht zwar sehr früh, meist schon um neun Uhr ins Bett, aber er schätzt es, geweckt zu werden. ₍Lacht.₎ Ich brauche viel weniger Schlaf.

Kommt es vor, dass Sie ihn tatsächlich wecken, wenn Sie dann später ins Bett kommen?

Ja, manchmal versuche ich ihn zu wecken und schaffe es kaum, weil er wie in einer Narkose liegt. Hin und wieder lasse ich nach langem Bemühen wieder von ihm ab, weil er offenbar zu müde ist.

Wann ist es Ihnen das letzte Mal gelungen, ihn zu wecken?

Vor zwei Wochen etwa.

Wie war das?

Ich massierte ihm zuerst ein wenig den Rücken und streichelte ihn.

Ist er gewöhnlich nackt im Bett?

Nein, im Pyjama. Ich trage immer ein Nachthemd. Aber wenn ich Absichten habe, lasse ich es. ₍Lacht.₎

Und dann?

Dann greife ich auch unter den Stoff und streichle ihm die Brust, den Bauch, die Hinterbacken. Nachher lange ich halt auch an sein Pfiffli* und streichle es. Spätestens dann merkt er meistens, dass da jemand ist.

Gefällt es Ihnen, ihn auf diese Weise zu wecken?

Es reizt mich! Ich mache das ja, weil ich mit ihm schlafen möchte. Und das geniesse ich bewusster, als wenn wir am Tag Sex haben.

Und dann?

Er wendet sich mir zu, und wir streicheln und küssen einander.

Zungenküsse?

Verzieht das Gesicht. Ich – Ich habe da auch etwas Mühe. In dieser Hinsicht bin ich wohl ein Tropf. Ich habe einfach Schwierigkeiten mit Mundgeruch, und mein Mann hat starken Mundgeruch. Er raucht fast ständig Pfeife, und Zähneputzen nützt nicht einmal viel. Ich habe ihm schon oft gesagt, dass das sehr schwierig ist für mich. Ich kann zum Beispiel auch nicht mit ihm schlafen, wenn ich nicht selbst vorher geduscht habe. Er nimmt höchstens jeden zweiten Tag eine Dusche. Das reicht mir häufig nicht. Wenn er ein wenig schwitzt, stellt es mir schon ab, und dann ist Ende bei mir. Darum habe ich ihm am Abend schon ab und zu gesagt: „Würdest du nicht schnell duschen gehen? Ich könnte es etwas mehr geniessen." Dann fragt er etwa: „Jaa, ... wozu das denn?" Und ich schmunzle: „Vielleicht habe ich einen Hintergedanken." Dann geht er meistens. Mit diesen Dingen hatte ich schon immer grosse Mühe, sogar mit meinem eigenen Schweiss. Und ich habe sicher auch Mundge-

* Dialekt für „Pfeifchen", steht für Penis.

ruch, nehme ich an. Ich kann Sex eigentlich nur geniessen, wenn Franz wirklich frisch aus dem Badezimmer
kommt und die Zähne eben geputzt hat. Dann vertrage
ich sogar Zungenküsse.

*Weiss er, dass bei den nächtlichen Sex-Begegnungen
keine Zungenküsse drinliegen?*

Eigentlich schon, aber wenn er's trotzdem versucht, sage ich ihm: „Entweder gehst du jetzt die Zähne
putzen, oder ..." Lacht.

Ist er dann verletzt?

Manchmal findet er schon, ich sei etwas überemp-
findlich.

Sagt er das?

Nein, aber ich merke es an seiner üblen Laune.
Lacht. Das akzeptiere ich dann auch.

*Kommt es vor, dass Sie aus anderen Gründen keine
Lust auf Sex haben?*

Nach der Geburt der Kinder war bei mir jeweils
zwei, drei Monate nichts los. Ich fürchtete schon, die
Lust komme überhaupt nicht mehr zurück. Für den
Mann muss das ekelhaft sein. Mir selbst machte es
eigentlich nichts aus: Ich stellte die Sexualität zugunsten
des Neugeborenen zurück.

Beschwerte er sich bei Ihnen über seinen Entzug?

Ja, er sagte mir etwa: „Es ist verrückt: Du liegst da
neben mir, und es geht nicht." Leider konnte ich ihn
nicht einmal berühren, ich war vollständig blockiert.

*Zurück zur Liebesnacht: Sie küssen sich also „trocken"
und streicheln sich ...*

... und wir reden ein wenig miteinander.

Mitten in der Nacht? Worüber denn?

Über alles mögliche – was uns gerade beschäftigt.

Und das Licht brennt dazu?

Uh, nein! _{Lacht.} Es muss dunkel sein! Ich habe Minderwertigkeitsgefühle, manchmal.

Warum?

Meine Postur*! Ich geniere mich etwas deswegen. Franz sagt mir zwar immer wieder: „Ich habe dich genau gleich gern, ob du mehr oder weniger Gewicht hast", aber für mich ist es eine schwere Störung.

Zeigen Sie sich überhaupt nicht mehr nackt?

Doch, doch. Am Tag habe ich keine Hemmungen, auch nicht vor den Kindern.

Die Hemmungen kommen erst mit dem Sex?

Ja.

Und in der Öffentlichkeit?

Das geht auch nicht gut! Die Kinder wären so gern mit mir in die Badeferien gekommen, aber ich musste ablehnen wegen meiner grossen Hemmungen. Ich glaube, ich kann mich im Moment selber gar nicht so akzeptieren, wie ich bin. Und das macht es schwierig für mich im Bett.

Was wäre Ihr Idealgewicht?

Ungefähr mein Heiratsgewicht: 65 Kilo. _{Lacht.}

Und jetzt?

Jetzt geht es gegen eine dreistellige Zahl. Ich glaube, es hat auch mit einer zeitweisen psychischen Belastung zu tun. Manchmal bin ich am Abend so tod-

---

* Dialekt für „Statur", „Figur".

müde, dass ich heimlich eine Tafel Schokolade in mich hineindrücken muss. Ich weiss ganz genau, dass es Gift ist für mich. Ich habe jetzt einen Termin bei einer Ernährungsberaterin – ohne Hilfe schaffe ich es nicht. Aber ich bin auch nicht mehr gewillt, mir immer grössere Kleider kaufen zu müssen. Und den Kindern habe ich versprochen, dass ich bis zum Sommer soviel abnehmen will, dass ich wieder mit ihnen baden gehen kann.

Und Franz – gefällt Ihnen sein Äusseres?

Jaaa, schon ... Er hat auch ein paar Pfunde zuviel – bei ihm sind es vielleicht zehn Kilo, auf die ich verzichten könnte. Er hat einfach ein Bäuchlein, aber mich stört das eigentlich nicht.

„Eigentlich nicht"?

Nein, aber ich habe ihm schon oft gesagt, wenn er ungefähr zehn Kilo abnähme, würde er sich schon etwas anders anfühlen. Er ist zwar ein grosser, starker Mann, und sein Bauch ist kein wabbeliger Bierbauch. Aber er isst eben gern gut ...

Und Sie bekochen ihn liebend gern?

Lacht. Das ist das Problem. Und einen Stock höher wohnt seine Mutter, die immer Schokolade für ihn und meinen Schwiegervater auf Lager hat. Da kann er nicht widerstehen. Ich würde ihn schon unterstützen, wenn er morgen sagen würde, er wolle jetzt abnehmen.

Aber diese Gefahr besteht nicht?

Nein! Lacht. Eigentlich habe ich ja eher eine Abneigung gegen dicke Leute. Wenn ich mich im Spiegel sehe, mache ich mich gar nicht an.

Bedauern Sie es, dass Sie wegen Ihres Gewichts nicht bei Licht mit Ihrem Mann schlafen können?

Es gibt noch eine andere Abneigung oder Hemmung in mir – ich kann sie nicht definieren. Es könnte vielleicht mit einem Erlebnis zusammenhängen, das ich zu Beginn unserer Beziehung hatte: Wir schmusten ein wenig im Auto auf einem öffentlichen Parkplatz. Da leuchtete uns plötzlich einer mit einer Taschenlampe an und erschreckte mich fast zu Tode. Seither hatte ich immer wieder Alpträume, in denen ich diese Lampe vor mir sah und dieses Männergesicht im Dunkeln. Die Angst, mich preiszugeben, ausgeliefert zu sein, steckt immer noch in mir.

Stört Sie eher das Schauen oder das Gesehenwerden?

Ich weiss es eigentlich gar nicht. Ich brauche einfach die Dunkelheit zum Liebemachen, sonst ist mir unwohl.

Haben Sie auch schon Sexfilme oder Sexvideos gesehen?

Ja, schon, aber das interessiert mich nicht unbedingt. Es stösst mich eher ab, weil es so unnatürlich ist. Das hat mit Liebe gar nichts mehr zu tun. Ich fühle mich fast schon entblösst, wenn in einem Krimi eine Bettszene vorkommt. Vom Mann sieht man nie etwas, und die Frau muss quietschen und Lärm machen – da schäme ich mich fast für diese Frauen.

Ist es noch nie vorgekommen, dass eine Filmszene Sie sexuell anregte?

Eigentlich nicht, nein. Jedenfalls nicht so, dass ich stracks auf meinen Mann losgestürzt wäre. Es geht da doch nur ums Geschäft. Mich würde das Geld für

einen Sexfilm reuen – da würde ich ein gutes Essen vorziehen. Lacht.

Also machen Sie beim Miteinanderschlafen Liebe und
nicht Sex?

Eigentlich schon. Angenommen, wir hätten mal
Krach gehabt tagsüber, und Franz hätte mich mit Worten
verletzt, dann könnte ich nicht sofort mit ihm schlafen.
Ich müsste den Streit und die Verletzung erst verdauen.
Sexualität ist bei mir stark mit Liebe und guten Gefühlen
verbunden. Ich brauche auch eine Ambiance mit Kerzen
und einem Glas Wein, zum Beispiel, oder ein schönes
Gespräch oder Musik, damit es gut wird für mich. Ich
funktioniere nicht auf Knopfdruck.

Sogar in der Nacht reden Sie vorher miteinander, um
eine gute Stimmung zu schaffen.

Ja. Und weil ich selber bestimmen kann, wann ich
nachts zu ihm gehen will, ist es kein Problem für mich,
Franz zu erregen und selber erregt zu werden. Er liebt es
ja, in der Nacht dafür geweckt zu werden.

Wie merken Sie, dass Franz erregt ist?

Wir küssen einander intensiv, wenn auch trocken,
und wir umarmen uns entsprechend. Und sein Glied
wird natürlich hart.

Sind seine Finger geschickt, wenn sie Sie erregen
wollen?

Jaaa, er streichelt mich eigentlich angenehm. Er
fragt mich immer wieder: „Du, tu' ich dir nicht weh?"
oder so. Er ist gefühlvoll. Und wenn ich ihm etwa sage:
„Streichle mich dort nicht, es tut mir weh!", dann lässt er
die Stelle einfach aus.

Weiss er zum Beispiel, wie Ihre Klitoris erregt werden möchte?

Ja, das weiss er schon. Er sagt ab und zu: „Ich möchte dich sehr gern mit dem Mund lieben." Das geht eben nur, wenn ich frisch geduscht bin. _{Lacht.} Sonst bin ich nicht bereit, tut mir leid. Am Morgen vor dem Duschen könnte ich mir das nicht vorstellen. Da hätte ich einen Ekel vor mir selber. Und das Pfiffli könnte ich auch nicht in den Mund nehmen.

Woran spüren Sie Ihre eigene Erregung?

Am Kribbeln und Prickeln im Bauch. _{Lacht.}

Was erregt Sie am meisten?

Wenn er mich unten schleckt. Es kann aber auch eine spontane, unerwartete Umarmung sein – was ich von Franz überhaupt nicht gewohnt bin. Erregend ist ausserdem, wenn wir uns mal nach einem der sehr seltenen gemeinsamen Ausgänge gegenseitig ausziehen.

Befriedigen Sie sich manchmal auch selbst?

Selten. Nach den Geburten war es häufiger, als ich eine gewisse Abneigung gegenüber meinem Mann hatte und mir trotzdem sexuell etwas fehlte.

Geniessen Sie es nicht besonders?

Doch, schon. Aber da sind auch Schuldgefühle. Ich fürchte, mein Mann, der neben mir schläft, könnte mich dabei erwischen. _{Lacht.} Umgekehrt, wenn ich mal keinen Sex will, würde ich ihm anbieten: „Du, ich helf' dir, dich von Hand zu befriedigen!" Das macht mir nichts.

Und wenn Sie ihn nachts beim Onanieren „erwischen" würden?

Früher kam das häufiger vor als heute. Ich fühlte mich immer etwas betrogen. Jetzt, nach den Kindern, denke ich, warum soll er sich das nicht nehmen? Ich glaube, wenn ein Mann einmal erregt ist, kann er nicht einfach aufhören, da braucht er unbedingt seinen Erguss. Mein Mann sagt, es tue ihm weh, so stark erregt zu sein und sich nicht befriedigen zu können. Am frühen Morgen zum Beispiel kommt er manchmal zu mir und sagt: „Ou, jetzt möchte ich gern mit dir schlafen!" Da bin ich aber immer völlig benommen und habe nie Lust, oft macht mich das sogar richtig böse. Dann sage ich ihm: „Mach's doch lieber selber." Manchmal streichle ich ihn auch ein wenig dazu. Das kann schön sein für ihn. Es kommt aber auch vor, dass ich mich einfach umdrehe und so tue, als würde ich nichts merken. Lacht.

Haben Sie auch schon zugelassen, dass er gegen Ihren Willen mit Ihnen schlief?

Das ist lange her. Ich sagte ihm nachher: „Das kannst du nicht machen! Es ist für mich wie eine Vergewaltigung." Daraus entstand damals eine Auseinandersetzung, aber seither ist das klar für ihn.

Ich könnte mir vorstellen, dass Sie öfter Zärtlichkeit und Nähe mit Franz möchten, ohne dass es zum Geschlechtsverkehr kommen müsste.

Das vermisse ich tatsächlich. Leider kann er es nicht. Nur Schmusen und Kuscheln wäre schön für mich, aber es geht wirklich nicht.

Er kann sein Glied nicht sang- und klanglos abschwellen lassen?

Nein. Wenn ich nicht bis zum Ende mitmachen will, artet es immer so aus, dass ich ihn von Hand befriedige oder er sich selbst. Merkwürdigerweise fühle ich mich manchmal am Schluss noch als die Betrogene, weil er weitergegangen ist als ich – obwohl ich doch gar nicht wollte. Ab und zu denke ich, wenn es bei einer Frau geht, warum sollte es einem Mann nicht möglich sein? Vermutlich will er gar nicht.

Wie oft schlafen Sie eigentlich miteinander?

Das ist sehr unterschiedlich. Wenn wir jeden Tag miteinander schlafen würden, würde es vermutlich viel zu alltäglich für uns. Das heisst, wenn es seltener ist, reizt es einen mehr. Es kann sein, dass wir zwei, drei Wochen keinen Verkehr haben und dann wieder fast jeden Tag – je nachdem, wie bereit ich bin.

Berührt Franz Sie an Ihrer Klitoris so gut wie Sie sich selbst?

Nein. Wenn er mich streichelt, ist es am Anfang schön. Aber dann kommt bald der Punkt, an dem es mir weh tut. Dann sag' ich vielleicht: „Drück nicht so stark!" Wenn es zu schlimm wird, muss ich mich zurückziehen. Vielleicht verkrampfe ich mich, vielleicht ist es aber auch die Narbe von der Dammnaht – ich weiss nicht, warum es mir so häufig weh tut.

Werden Sie ausreichend feucht?

Eben nicht.

Was tun Sie dann?

Ich brauche Vaseline. Manchmal nehme ich auch ein Gleitgel, das ich von meinem Frauenarzt bekommen habe. Schmerzen habe ich auch, wenn das Vorspiel zu lange dauert und ich lange Zeit sehr erregt bin oder wenn mein Mann nach meinem Orgasmus noch weiter in mir bleibt. Das könnte eine Überreizung sein.

Wie gestalten Sie den Übergang vom Vorspiel zum Koitus?

Ich sage zum Beispiel: „Komm jetzt!" oder „Ich möchte dich noch etwas in mir drin spüren!" Und dann kommt er schon. Aber ob nun er oben ist oder ich – es ist immer wieder vorgekommen, dass ich wegen meiner Schmerzen abbrechen musste. Vielleicht rührt das aber auch daher, dass der Stellvertreter meines Frauenarztes beim Nähen nach der Geburt ein paar Stiche zu viel gemacht hat. Mein Arzt hat das zwar später wieder geflickt, aber mein Damm ist jetzt ziemlich vernarbt.

Weiss Ihr Gynäkologe von Ihren Schmerzproblemen?

Nein, vielleicht sage ich es ihm bei der nächsten Kontrolle.

Gefällt Ihnen der Moment, in dem Franz in Sie eindringt?

Doch, ... doch.

Sie sagen ja und schütteln den Kopf dazu?

Doch, das ist schon schön. Man wartet doch darauf – wenn es nicht weh tut. Ich glaube aber, das Vorspiel kann fast aufregender und schöner sein als das, was nachher kommt.

Dringt er auch manchmal von hinten in die Scheide ein?

Haben wir auch schon versucht. Aber für mich ist das nicht sehr schön, eigentlich tut es mir weh, und ihm gefällt es auch nicht besonders.

Und anal?

Nein! Das interessiert mich gar nicht. Man müsste wirklich ganz bereit sein. Das ist Geschmacksache. Vor Jahren versuchten wir das einmal, aber es war schmerzhaft für uns beide, so dass wir es bei dem einen Versuch bewenden liessen.

Reden Sie miteinander, wenn Franz in Ihnen ist?

Wir sagen einander etwa, dass wir uns gern haben. Aber natürlich besprechen wir keine Tagesthemen mehr. Lacht. Wir geniessen unsere Zweisamkeit, manchmal auch ganz ohne zu reden.

Machen Sie Töne dazu?

Lacht. Nicht unbedingt, ich bin lieber still. Auch wenn ich es wahnsinnig schön fände, könnte ich nicht herumschreien wie eine Halbwilde. Lange Zeit konnte das mein Mann nicht begreifen. „Kannst du nicht ein wenig stöhnen? Das würde mich mehr anregen", sagte er immer wieder. Aber ich kann doch nicht etwas machen, was für mich nicht stimmt, oder? Wenn ich auf dem Höhepunkt angelangt bin, schnaufe und stöhne ich vielleicht schon etwas mehr. Aber immer im Rahmen, von weitem würde man mich sicher nicht hören.

Von Ihrem Mann hört man auch nicht viel?

Der ist eher lauter, doch. Lacht. Aber es macht mir nichts, wenn ich nicht gezwungen bin, mitzuhalten. Ich kann es leider nicht ändern: Mich stört schon, wenn das Bett knarrt oder quietscht. Wir mussten sogar unser Schlafzimmer wechseln, als ich erfuhr, dass unsere Wohnungsvorgänger schon im gleichen Zimmer geschlafen hatten. Ich könnte auch nicht aushalten, die Schwiegereltern über unserem Schlafzimmer zu wissen:

Ich wäre blockiert, weil ich fürchten würde, sie könnten uns hören.

Gefällt Ihnen die Art und Weise, wie Ihr Mann mit Ihnen schläft?

Ja, er fragt mich viel, ob er die Stellung wechseln oder die Arme aufstützen oder mich umarmen soll oder so.

Wie lange bleibt er in Ihnen?

Wenn das Vorspiel länger war, geht es immer rassig. Ich habe zwar noch nie auf die Uhr geschaut, aber ich nehme an, es dauert vielleicht zehn Minuten. Er sagt häufig: „Ich kann schon warten, bis du kommst." Aber manchmal komme ich so blitzartig, dass er gar nicht mehr folgen kann! _{Lacht.}

Was löst Ihren Orgasmus aus?

Das Glied mit seiner Reibung und seinem Druck, und Franz küsst mich oder spielt mit meiner Brust. Wenn es bei mir nicht vorwärtsgehen will, reizt er mich mit der Hand an der Klitoris, und dann komme ich rasch.

Sagen Sie ihm, dass er mit der Hand nachhelfen soll?

Ja, oder er sagt: „Ich kann nicht mehr so lange warten. Soll ich dir ein wenig helfen?" Ein andermal stimuliere ich mich selbst mit den Fingern, damit wir dann miteinander zum Orgasmus kommen. Sonst geht's manchmal daneben.

Aha, Sie legen Wert darauf, im gleichen Moment zum Höhepunkt zu kommen?

Das wär' schön – leider ist es nicht die Regel.

Sie haben oft Koordinationsprobleme?

Lacht. Ja. Weil ich nach meinem Orgasmus häufig überreizt bin, ist es für meinen Mann besser, wenn ich zusammen mit ihm komme.

Reden Sie auch etwas, um Ihre Orgasmen zu synchronisieren?

Er sagt zum Beispiel: „Jetzt kommt's mir gleich!", und ich: „Ich glaube, ich komme langsam." Mir ist es wirklich wichtig, dass wir gleichzeitig den Höhepunkt haben – ich mag nicht in Etappen fahren. Das Gefühl ist schöner und befriedigender. Während des eigenen Orgasmus den des andern auch noch zu spüren: das ist etwas vom Schönsten – besonders, wenn man nicht so häufig Sex hat, dann ist es noch viel, viel intensiver.

Reizen Sie ihn noch zusätzlich während des Koitus?

Manchmal streichle ich ihn am Hodensack, während er in mir ist.

Wie sind Sie da draufgekommen?

Er hat sich das einmal ausdrücklich gewünscht. Das erregt ihn sehr und sehr schnell.

Sie machen das auch gern?

Es stört mich nicht. Ich mache das gern, weil ich sehe, wie es ihn erregt.

Sich in die Augen schauen können Sie ja nicht, weil es dunkel ist – vermissen Sie das nicht?

Nicht unbedingt. Wir sehen einander tagsüber genug. Lacht.

Können Sie Ihren Orgasmus beschreiben?

Es ist eine verrückte Erregung in Wellen in mir. Die krampfartigen Wellen werden immer stärker, und am Schluss explodieren sie bis an die Schmerzgrenze.

Dann kann ich fast nicht mehr. Der Orgasmus selbst bringt die Erlösung von der wahnsinnigen Spannung. Nachher legen sich die Wellen allmählich, aber ich bin noch lange nach der Entladung ganz aufgewühlt. Zurück bleibt ein schönes, wohliges Gefühl.

Wissen Sie etwas über den Orgasmus Ihres Mannes?

Wie eine Explosion, sagt er. Und hinterher kommt die beruhigende Entspannung ...

... die mit Ihrem schönen, wohligen Gefühl zusammenfliesst?

Ja. Aber wenn er den Orgasmus gehabt hat, kann er nicht in mir bleiben, weil mich das stören würde. Darum trennen wir uns, kuscheln uns noch etwas aneinander und lassen es ausklingen. Es kann auch sein, dass wir noch einen Moment leise miteinander reden, vielleicht lesen wir auch noch etwas. Am Schluss grabschen wir nach unseren Pyjamas.

Erzählen Sie einander Ihre sexuellen Phantasien?

Eigentlich nicht. Ich behalte das für mich, weil mein Mann darin überhaupt nicht vorkommt. Lacht. Das können Szenen sein aus irgendeinem Spielfilm, in dem mich ein Mann besonders angesprochen hat. Normalerweise bin ich doch beim Liebemachen in Gedanken bei ihm, und da kann ich ihm doch nicht sagen, ich denke jetzt an einen Mann aus dem Fernsehen, oder? Hingegen wenn ich mich selber befriedige, gestatte ich mir das eher. Das heisst aber noch lange nicht, dass ich etwa mit einem anderen Mann ins Bett möchte!

Beim Liebemachen genehmigen Sie sich also keine sexuellen Phantasieszenen mit einem anderen Mann?

Doch, manchmal schon.

Mit schlechtem Gewissen?

Nein! _{Lacht.}

Wer weiss, was in seinem Kopf vorgeht, wenn er mit Ihnen schläft!

Ja, stimmt!

Es macht Sie nicht an, sich mit ihm darüber auszutauschen?

Soweit habe ich noch gar nie überlegt! Ich kann ihn ja mal fragen! _{Lacht.} Bisher habe ich das immer ganz für mich behalten. Ich könnte ja schauen, wie er darauf reagiert. Aber ich glaube, jeder Mensch geht mit seinen Gedanken dorthin, wo es ihm guttut. Vielleicht ist es gar nicht nötig, dass der andere immer alles von mir weiss, oder?

Gibt es etwas aus dem Bereich Ihrer Sexualität, das Sie Ihrem Mann nicht sagen können oder wollen?

_{Überlegt.} Ja, dass ich mal mit einem anderen Mann geschlafen habe. Das war zwar noch vor unserer Heirat, vor zwölf Jahren, aber ich glaube, ich würde ihn sehr tief verletzen, wenn ich ihm das jetzt sagen würde. Das will ich nicht, obwohl es mich sehr lange plagte, dass ich nicht restlos offen zu ihm sein kann. Das schlechte Gewissen strafte mich jahrelang. Sonst sind wir uns immer treu gewesen. Für seine Treue würde ich durchs Feuer gehen, und ich würde auch nie mehr fremdgehen. Ich selber könnte ihm vielleicht so etwas verzeihen, aber er könnte es bestimmt nicht. Gedankliche Seitensprünge – das ist etwas anderes.

Lesen Sie Bücher über Sexualität?

Kürzlich habe ich eines gelesen: Es war mein allererstes! _{Lacht.} WAS SIE SCHON LANGE WISSEN WOLLTEN hiess es, glaube ich. Ein altes Buch, ich hatte es im Brockenhaus gefunden. _{Lacht.} Es lag bei mir auf dem Nachttisch, aber mein Mann schaut nie, was ich lese. In dem Buch fand ich wirklich Sachen, die ich noch nie gehört hatte.

Was denn zum Beispiel?

Wenn die Frau dem Mann das Glied mit dem Mund ... ich weiss nicht mehr ... Funil...?

... Fellatio.

Ja, und das umgekehrte ...

... Cunnilingus.

Ja, genau. Da staunte ich. Und da gab es noch andere Ausdrücke ...

... in der Medizinsprache.

Ja. Ich hätte Hemmungen, in eine Buchhandlung zu gehen und ein Sexbuch zu verlangen. Ich würde denken, die Verkäuferinnen denken: „Hat die das nötig?" Interessieren würde es mich aber schon. Andererseits wäre es auch traurig, wenn man nach einem Buch Liebe machen müsste. Das wichtigste wäre mir, vielleicht mit Hilfe eines Buches meine Blockierungen aufzulösen, damit ich in der Sexualität etwas mehr beisteuern könnte und nicht immer auf der Bremse stehen müsste. Ich möchte lockerer und freier und unbelasteter mit Franz Sex machen können. Das ist meine Sehnsucht.

MICHAEL R.-G. ist 38 Jahre alt,
von Beruf Versicherungsfachmann, seit 17 Jahren liiert
und seit 14 Jahren verheiratet mit
Jennifer, 34 Jahre, Hausfrau und Zahnarztgehilfin; eine
Tochter, zehn Jahre alt. Seine Grösse: 180 Zentimeter,
sein Gewicht: 74 Kilogramm.
Hobby: Velofahren.

Der gebremste Bremser

Meistens schlafen wir ohne Pyjama, wenn wir vorher Liebe gemacht haben. Sonst hüte ich mich davor, nackt zu schlafen, weil sie auf die Idee kommen könnte, ich führte was im Schilde. Ich möchte sie, wenn möglich, nicht zu früh abblokken. Ich kann gut mit Pyjama schlafen, auch wenn ich es lieber ohne tun würde.

Wie läuft's mit Ihrem Sex zu Hause?

Auf und ab, wie im Geschäft oder wie mit den Stimmungen.

Im Moment?

Mässig, sehr ruhig.

Gefällt Ihnen das, „sehr ruhig"?

Man gewöhnt sich daran – ich hätte mehr sexuelle Bedürfnisse. Meine Frau braucht mehr Zärtlichkeit, nehme ich an. Ich habe sie noch nie gefragt. Bei alltäglichen Berührungen bin ich spontaner und herzlicher als sie – wenn wir uns nach einem Arbeitstag wiedersehen, zum Beispiel. Man hört das ja häufig, dass Männer nach der Ankunft von Kindern links liegengelassen werden. Wir haben uns beide deutlich dem Kind zugewendet, seit es da ist.

Sexuell empfindet Ihre Frau kein Manko?

Nein, ich glaube, was sie bekommt, genügt ihr vollauf, im Gegensatz zu mir. Ich könnte zwar auch mehr Zärtlichkeit brauchen ...

... aber Sie könnten vor allem mehr Sex brauchen?

Ja, aber ich habe mich mit dem wenigen abgefunden. Ich tröste mich mit meiner Tochter. Sie ist ein richtiger Papihöck*. Sie kommt gern zu mir. Ich wäre sicher unzufriedener, wenn ich mich nicht auf das Kind abstützen könnte. Ich geniesse das Familienleben.

Sie sublimieren einen Teil Ihrer Sexualität?

Ja, schon. Bei uns ist es sehr unterschiedlich: Es geht von einmal pro Woche bis einmal pro Monat. Ein

---

* Dialekt für „Kind, das stark auf Papa bezogen ist".

wenig mehr wäre schön! Es ist aber nicht so schlimm, dass ich meine Bedürfnisse anderswo stillen müsste.

Weiss Ihre Frau, dass Sie darben?

Sie merkt natürlich, dass immer ich es bin, der kommt und sich an sie kuschelt – und dann stellt es ihr rasch ab. Sobald ich zärtlich bin, meint sie sofort, ich wolle Sex, und macht dicht.

Sagt sie Ihnen das?

Jaja, über die Jahre habe ich schon gemerkt, wie das läuft. Sie hatte eine schwierige Kindheit und vor zwei Jahren eine zünftige Depression.

Müssen in Ihrem Ehe-Interieur bestimmte Voraussetzungen erfüllt sein, damit Sex möglich wird?

Ja, klar. Meine Frau ist heikel, sehr sensibel, gefühlsbetont, sehr schnell verletzbar. Die Gefühle müssen stimmen, sonst ist im Sex nichts zu wollen. Ich selbst bin da auch nicht aus Holz. Ich könnte mir zum Beispiel nicht vorstellen, zu einer Prostituierten zu gehen. Lieber hundertmal onanieren! Nicht weil mich das Geld reut, sondern weil es dort keine Gefühle gibt.

Wenn Sie zärtlich sein möchten mir ihr, am Abend zum Beispiel, wie läuft das?

Sie sitzt viel vor dem Fernseher. Ich versuche ab und zu, sie etwas zu streicheln, aber sie wehrt mich häufig ab, manchmal wortlos, manchmal sagt sie ganz direkt: „Du störst mich!" Oder sie ist so offensichtlich müde und erschöpft, dass ich kapiere – auch wenn ich noch so viel Lust auf sie habe. Vor zwei oder drei Wochen probierte ich es wieder einmal, und es gelang mir, ihr Verlangen etwas zu wecken. Und

dann hatten wir's recht schön – nach einem langen Vorspiel.

Das Vorspiel dauert bei Ihnen immer lange?

Immer.

Ein Quickie kommt bei Ihrer Frau nicht in Frage?

Gar nicht!

Sie selbst reizt das auch nicht?

Nein, das ist nur frustrierend. Da würde ich Selbstbefriedigung vorziehen.

*Als Sie kürzlich mit Zärtlichkeiten begannen, wussten
Sie nicht, ob Sie diesmal Erfolg haben würden?*

Nein, das ist immer ein Abenteuer, eine Heraus-
forderung. _{Lacht.}

*Sie hätten jederzeit Lust, auch nach einem strengen
Tag?*

Ja, wahrscheinlich schon.

Und wenn Ihre Frau Sie zum Sex drängen würde?

Sie mich drängen? – Nein, das kommt nicht vor,
unvorstellbar.

Vermissen Sie es?

Ich habe mich damit abgefunden. Andererseits
ist immer meine Eroberungslust angesprochen – ein
Challenge! Wenn ich mal erfolgreich bin, gefällt mir
das.

*Wie muss ich mir die Szene vorstellen, wenn Sie abends
ins Bett gehen?*

Wir steigen ins Bett und liegen beieinander in
Zweierbob-Stellung.

Sind Sie vorne?

Nein, sie ist der Steuermann, ich der Bremser.

Eigentlich bremst sie ja …

Lacht. Ja, natürlich. Aber so liegen und schlafen wir fast immer ein. Sie liebt es auch, am Rücken von mir gewärmt zu werden, weil sie viel friert. Ich bin ihre Wärmflasche.

Wann wird klar, ob Sie erfolgreich sind: gleich bei den ersten Zärtlichkeiten oder erst etwas später?

Sie gibt es meistens sehr schnell zu verstehen. Es kann aber auch Missverständnisse geben: Kürzlich zum Beispiel wachte ich einmal nachts auf. Sie atmete unruhig neben mir, und ich meinte, sie sei auch wach geworden. Als ich sie zu streicheln anfing, riss ich sie aber mitten aus dem Schlaf, und sie fauchte mich an: „Spinnst du eigentlich?! Lass mich doch schlafen!" Lacht.

Was können Sie sich als Bremser mit Ihren Händen erlauben?

Ich liege immer auf der rechten Schulter. Mein rechter Arm liegt über ihrem Kopfkissen und macht nichts. Die linke Hand liegt auf ihrer Hüfte, zwischen ihren Beinen oder an ihren Hinterbacken. Aber ich darf nicht zu nahe an ihre Geschlechtsteile kommen, sonst weist sie mich dezidiert ab: „Das stört mich!"

Gefällt sie Ihnen als Frau?

Jaaa … Jetzt hat sie zwar etwas zugenommen, vermutlich wegen der Psychopharmaka. Sie nascht auch gern Schokolade, und seit der Geburt der Tochter vermochte sie ihren Bauch nie mehr richtig wegzukriegen. Sie war selber geschockt über ihre 59 Kilogramm.

Sie werden erregt, wenn Sie Ihre Frau streicheln?

Ja, ziemlich schnell. Und ihr stellt es ebenso schnell ab – in der Bobstellung merkt sie das ja auch sofort. Lacht.

Sagt sie Ihnen, dass es ihr abstellt, wenn Sie so offensichtlich erregt sind?

Ja, das gibt sie mir zu verstehen. Sie weicht einfach etwas zurück und flüchtet vor mir.

Unangehm für Sie?

Ja, das ist wahr, es ist unangenehm. Aber die Physiologie von Frau und Mann ist halt verschieden. Ein Mann ist schneller und leichter erregbar – ich kann schliesslich nichts dafür. Natürlich gibt es auch Ausnahmen bei meiner Frau: Ab und zu macht es dann doch klick. Vielleicht war ich vorher besonders lieb mit ihr gewesen und hatte bei ihr gewisse Gefühle geweckt, so dass es zu einem Happy-End kommen konnte, zum Akt meine ich.

Könnten Sie sich das Happy-End auch so vorstellen: Sie streicheln einander, auch sexuell, Sie werden beide erregt, und dann ziehen Sie die Decke hoch und sagen: „Das war jetzt schön, so erregt zu sein! Schlaf gut!"?

Nein! Nein, also wenn wir so weit gehen, dass das Eis gebrochen ist, dann gehen wir immer bis zum Schluss, bis wir beide den Orgasmus haben.

Alles oder nichts?

Ja.

Können Sie die Erregung nicht geniessen?

Doch, wenn ich erregt bin, küsse ich sie, stimuliere sie an den Brüsten zum Beispiel, gehe mit der Hand hinunter und küsse sie auch dort – und das wiederum erregt mich noch mehr. Sie stimuliert mich dann ebenfalls, manchmal unten auch oral – dies allerdings kommt nur noch selten vor. Sie weiss natürlich, dass ich sehr rasch erregt bin und dass es dann zu schnell geht bei mir ...

Mir geht's jetzt auch zu schnell. Zurück zum Küssen: Ist das erregend für Sie beide?

Doch, doch! Das ist sehr intensiv: Küsse, Zungenküsse. Sie hat mir das richtig beigebracht. _{Lacht.} Sie hat mir ja damals meine Keuschheit genommen. Ich war ein Spätzünder, sie eine Frühreife.

Küsse sind auch erregend für Ihre Frau?

Ich glaube schon, aber einen kratzigen Bart verträgt sie gar nicht. Da ist sie sehr empfindlich, schon wenn die letzte Rasur acht bis zwölf Stunden zurückliegt. Dann sagt sie: „Uh, du kratzt mich! Das tut mir weh!" Andererseits wird sie aber auch misstrauisch, ich könnte Sex im Schilde führen, wenn ich mich gegen Abend rasiere.

Sagt sie Ihnen das?

Sie lässt es mich spüren, nonverbal.

Wie macht sie das nonverbal?

_{Lacht.} In diesem Punkt ist sie eine Künstlerin! Sie legt die Meldung in den Tonfall zum Beispiel. Sie sagt: „Aha, hast dich rasiert, he?" Sie ist manchmal wirklich perfid! _{Lacht.} Das ist das Salz in der Suppe.

Sie küssen sie also und ...

... und ich fahre mit der Hand in ihre Haare und über den Rücken, das hat sie sehr gern. Sie ist eine

Schmusekatze, genau wie meine Tochter. Beide könnten sich am Rücken stundenlang kraulen lassen.

Wird Ihre Frau vom Rückenkraulen erregt?

Nein, ich glaube nicht. Es ist wahrscheinlich ein gutes Gefühl. Beim Küssen merkt man sofort, ob sie disponiert ist oder nicht. Springt der Funke nicht über, lässt man es sein. Wenn sie nicht opponiert, streichle ich sie weiter, an den Schultern oder am Rücken, je nachdem, wie sie angezogen ist.

Schlafen Sie nackt?

Vielleicht ab und zu im Sommer, sie friert eben schnell. Meistens schlafen wir ohne Pyjama, wenn wir vorher Liebe gemacht haben. Sonst hüte ich mich davor, nackt zu schlafen, weil sie auf die Idee kommen könnte, ich führte was im Schilde. Ich möchte sie, wenn möglich, nicht zu früh abblocken. Ich kann gut mit Pyjama schlafen, auch wenn ich es lieber ohne tun würde. Vielleicht bilde ich mir das alles auch nur ein, vielleicht müsste ich es wieder einmal versuchen.

Sie probieren lieber etwas Konkretes im Bett aus, als es zum Gegenstand eines Gespräches zu machen?

Jaja, das stimmt schon.

Kommt es vor, dass Sie beide in einer ausführlichen Standortbestimmung Ihre Sexualität besprechen, um auszutauschen, was für beide gut ist und was fehlt?

Nein, das gibt es nicht bei uns. Ich habe das Gefühl, sie würde es mir irgendwie mitteilen, wenn etwas nicht gut wäre. Und ich – ja, das stimmt: Ich mache das auch nicht verbal. Das kommt vom Elternhaus her. Aufklärung gab es nicht und Gespräche über Gefühle auch nicht.

Könnten Sie sich vorstellen, eines Tages im Garten sitzend einen solchen Vorstoss zu machen: „Du, wie zufrieden bist du eigentlich, aufs Ganze gesehen, mit unserem Sex"?

Das könnte ich mir schon vorstellen, aber es wäre ganz neu und ungewohnt für uns – wäre sicher einen Versuch wert. Lacht. Leider fehlen mir jegliche Vergleichsmöglichkeiten: Über diese Themen habe ich noch nie mit jemandem gesprochen. Ich habe keine Ahnung, wie meine Frau darauf reagieren würde. Bisher ging man von der Devise aus: No news, good news. Lacht. Das sage ich meinen Kunden auch immer. Jedenfalls notiere ich mir das jetzt und werde es probieren. Wenn's nichts nützt, schadet's zumindest nichts.

Sie sagten, Ihr Vorspiel dauere ziemlich lange?

Ich würde schätzen, dass unser ganzes Liebemachen eine halbe Stunde bis vierzig Minuten dauert und ...

... ein grosser Teil davon ist Vorspiel?

Ja. Nach dem Eindringen geht's sehr schnell. Dieses Problemchen habe ich.

Nicht so schnell! Wir sind immer noch beim Vorspiel.

Aha, ja. Also wir küssen uns, küssen uns überall, vielleicht küsse ich sie unten ...

Hat sie das gern?

Ja, wenn sie mich lässt! Manchmal will sie nicht, zum Beispiel wenn sie gerade nicht geduscht hat. Aber darüber sehe ich grosszügig hinweg. Es macht mir nichts aus, ich geniesse es trotzdem.

Wenn sie Sie schlecken lässt, dann hat sie es gern?

Sonst würde sie mich nicht schlecken lassen. Sie lässt sich so etwas nicht gegen ihren Willen machen.

Sie hat es gern?

Jaja, sicher.

Woran merken Sie es?

Sie räkelt sich und geniesst es mit geschlossenen Augen.

Sagt sie auch etwas?

Selten. „Ja, mach weiter!" oder „Ist das schön!" oder so. Wir reden überhaupt nicht sehr viel, auch nicht beim Vorspiel. Wir sind nonverbal.

Ihre Frau schleckt Sie manchmal auch, aber nur relativ selten, sagten Sie?

Ja. Ich müsste ihr vielleicht einmal sagen, dass es mich stört, wie sie es macht: fast ein wenig hart.

Tut's weh?

Ja, beinahe. Ich sage ihr manchmal: „Du, ein bisschen feiner!", aber ...

... es nützt nichts?

Es nützt nicht viel. Sie macht es fast ein bisschen brutal. Nicht gerade mit den Zähnen, aber sie packt zu stark zu.

Sie schaffen es nicht, ihr zu zeigen, wie sie Sie so schlecken könnte, dass es Ihnen wirklich wohltäte?

Bis jetzt nicht, das ist richtig, aber das ist ja nur ein kleiner Bereich. In anderer Hinsicht haben wir uns positiv entwickelt. Früher lag ich meistens auf ihr beim

Liebemachen, jetzt ist sie auch öfter auf mir, oder wir lieben uns in der Bobstellung – das auf mein Drängen hin. Da habe ich nämlich die Hände frei zum Streicheln, und das hat sie sehr gern.

Wir sind immer noch nicht ganz soweit. Mich wundert, dass Ihre Frau nach 17 Jahren noch nicht weiss, wie sie Sie wirkungsvoll schlecken könnte.

Ja, schon, aber man muss das relativieren. Es kommt gar nicht so häufig vor, dass sie mich überhaupt schleckt. Schliesslich mache ich ja auch Fehler mit ihr und berühre sie nicht so, wie sie's gerne möchte – wobei sie's mir auch nicht sagt.

Spritzen Sie ihr in den Mund?

Früher ist das recht häufig vorgekommen, aber jetzt ... Ich weiss nicht – es stösst sie ab, glaube ich. Sie will es offenbar nicht mehr. Sie stimuliert mich mit dem Mund, und kurz bevor ... nimmt sie den Mund weg. Ich habe nicht gefragt, warum sie's nicht mehr will. Aber ich brauche nicht unbedingt zu wissen: Ah, jetzt habe ich ihr in den Mund gespritzt!

Sie sind nicht mehr so scharf darauf?

Nicht unbedingt. Es muss überhaupt nicht à tout prix gespritzt werden – wenn schon, dann lieber unten rein.

Wie gestalten Sie den Übergang vom Vorspiel zum Akt?

Das ist ganz verschieden. Manchmal stimuliere ich sie unten, und sie kommt auf diese Weise zum Höhepunkt. Dann sagt sie etwa: „Komm jetzt in mich rein!"

Sagt sie?

Ja, oder wir drehen uns, und dann steigt sie auf mich.

Das heisst, Ihre Frau entscheidet, dass und wie der Akt beginnt?

Ja, meistens.

Passt Ihnen das?

Ja, dann weiss ich nämlich: Jetzt ist sie bereit. Ich muss mich nicht auf die Äste hinauslassen. Ich bin sowieso immer ein wenig in Sorge: Tu' ich ihr jetzt weh? Ist sie nass genug, um einzudringen? Fühlt sie sich wirklich wohl? Das frage ich sie übrigens manchmal auch ausdrücklich, um sicher zu sein. Aber eigentlich merkt man das, wenn sie richtig nass und bereit ist. Ich weiss übrigens nicht, ob meine Frau schon einmal einen Orgasmus vorgetäuscht hat, nur damit sie mich los ist. Offenbar können das Frauen gut. Das könnte ich sie vielleicht auch mal fragen! _{Lacht.}

Gefällt es Ihnen, wenn sie oben ist und Sie unten?

Jaaa, das geniert mich gar nicht. Wenn man nämlich oben ist, fühlt man sich etwas eingeschränkt. Ich bin vielleicht kein begabter Akrobat wie andere Männer. Ich arbeite gern mit den Händen – und wenn ich auf ihr bin, brauche ich die Hände eigentlich zum Abstützen.

Fühlen Sie sich sicher im Umgang mit ihrer Klitoris?

Ja, ich glaube. Jedenfalls stimuliere ich ihre Klitoris mit der Hand und mit dem Mund gewöhnlich bis zum Orgasmus. Es gelingt mir nicht, sie zum Höhepunkt zu bringen, wenn ich in ihr drin bin. Wenn ich es dann gleichzeitig mit dem Finger versuche, wird es eine richtige Akrobatik-Übung.

Reizt sie sich auch selber an der Klitoris während des Koitus?

Nein, das macht sie nicht. Ich weiss nicht, warum nicht. Theoretisch könnte ich versuchen, sie vorher so stark zu reizen, dass sie mit dem Eindringen sofort käme, aber das gelingt praktisch nie.

Schauen Sie einander an, wenn einer auf dem andern ist?

Meistens ist es ja dunkel dabei.

Aha! Entspricht Ihnen das denn?

Ich möchte ab und zu schon auch ihren Körper sehen beim Liebemachen.

Dann ist Dunkelheit eher der Wunsch Ihrer Frau als Ihr eigener?

Ja. Man könnte auch mal ein Kerzlein nehmen, habe ich gelesen, gegen die Monotonie in den Schlafzimmern. Aber ich bin sicher: Wenn ich heute ein Kerzlein anzünden würde, müsste ich damit rechnen, dass ihr der Rolladen runterginge. Sie würde denken: Was hat er jetzt wieder im Sinn? Vielleicht wäre diese Schwelle aber auch überwindbar.

Dunkelheit herrscht bei Ihnen nicht aufgrund eines gemeinsamen Beschlusses?

Nein, darüber haben wir nie gesprochen. Aber ich bin, schon von meinem Sternzeichen her, eher der Typ, der nachgibt und sich anpasst – ohne dass mich das eigentlich stört.

Und wenn Sie sich am Morgen lieben?

Da sind die Storen zu, und die schliessen fest. Vielleicht sehen wir unsere Umrisse, aber mehr nicht.

Sie vermissen es nicht, ihr beim Liebemachen in die Augen sehen zu können?

Nein, das hat mich nie gestört, bisher hatte ich nicht das Bedürfnis.

Dringen Sie auch manchmal von hinten in sie ein: Ihre Frau unten, Sie oben?

Nein. So, wie man's etwa in Filmen sieht? Nein, nie. Ich wäre nicht abgeneigt, es mal zu versuchen. Ich zweifle aber daran, dass sie sich darauf einlassen würde.

Und Analverkehr? Können Sie sich das vorstellen?

Uuh, gar nicht! Nein! Das kommt für meine Frau überhaupt nicht in Frage.

Woher wissen Sie das?

Ich habe mal probiert, mit dem Finger dort einzudringen, aber da war gar nichts!

Wie reagierte sie?

Sehr abweisend: „Nein, also hee!" – Weiss nicht, wie das für sie war. Wir haben nie mehr darüber gesprochen. Analverkehr kann ich mir eigentlich auch nicht vorstellen. Das kommt auch in meinen Phantasien nicht vor.

Es erregt Sie stark, mit Ihrem Penis in ihrer Vagina zu sein?

Ja, sicher. Am liebsten würde ich möglichst lange in ihr bleiben, aber häufig komme ich zu schnell und muss darum ziemlich still sein. Das wiederum ist kontraproduktiv: Die Frau braucht ja Bewegung, damit sie stimuliert bleibt und zum Orgasmus kommen kann.

Ein Zielkonflikt?

Genau, es ist frustrierend. Sie sagt manchmal: „Beweg dich etwas mehr!" Und ich: „Ja, aber ... ich komme sonst sofort." Teilweise ist es ihr dann egal, dass ich komme, und teilweise gehe ich aus ihr raus und stimuliere sie mit der Hand oder mit dem Mund weiter.

Diese eigentlich wunderbaren Momente des Zusammenseins sind bei Ihnen immer etwas überschattet von Ihren Bemühungen um die Orgasmuskontrolle?

Ja. Meine Frau möchte, dass unser Zusammensein länger dauert.

Sagt sie Ihnen das ausdrücklich?

Sie hat schon gesagt, ich solle nicht schon jetzt kommen. Bei mir ist es auch nicht immer gleich: Wenn die Abstände zwischen meinen Orgasmen nicht zu gross sind, oder wenn ich mich vorher selber befriedigt habe, geht es, glaube ich, etwas besser. Allerdings würde ich nie onanieren, weil ich am nächsten Tag vorhätte, mit meiner Frau zu schlafen – das sicher nicht.

Warum nicht? Das wäre doch zweckmässig.

Ich habe gar nicht das Bedürfnis, und es liegt mir nicht, so zu planen.

Wo onanieren Sie?

Manchmal mache ich es neben meiner schlafenden Frau, wenn ich vorher keinen Erfolg bei ihr hatte. Früher auf der Toilette, heute eher auf dem Estrich[*], auf einem alten Kanapee. Lacht.

Wissen Sie, ob Ihre Frau sich selber befriedigt?

[*] Schweizerdeutsch für Dachboden.

Nein. Bisher hatten wir kein Bedürfnis, darüber zu sprechen.

Hätten Sie Lust, ihr mal beim Onanieren zuzuschauen?

Doch, das hätte ich schon. Ich wäre gespannt, wie sie auf eine solche Anfrage reagieren würde.

Wissen Sie etwas über ihre sexuellen Phantasien?

Nein, nichts.

Von Ihren eigenen Phantasien haben Sie ihr auch nichts erzählt?

Ich wurde nicht gefragt, dann sag' ich auch nichts.

Sie haben also keine Lust, sich über Ihre Phantasien miteinander auszutauschen?

Schon, aber es könnte auch riskant sein. Vor einigen Monaten sahen wir in einem Fernsehfilm eine Szene mit zwei Frauen, die sich liebten. Ich nahm meinen ganzen Mut zusammen und sagte zu meiner Frau, das mache mich scharf und ich stellte mir ab und zu vor, dass ich Sex mache mit ihr und einer weiteren Frau. Sie war total schockiert über mich. Ich schämte mich und dachte, hättest besser nichts gesagt. Das scheint also kein Thema für meine Frau zu sein.

Was ist kein Thema für sie: die Dreier-Phantasie oder die Dreier-Realität?

Aha. _{Überlegt.} Das weiss ich nicht.

Brauchen Sie eine Onaniervorlage?

Ja, Modekataloge mit Frauen in Unterwäsche – das stimuliert mich. Aufregend wäre für mich auch, meine Frau in Spitzenunterwäsche zu sehen.

Weiss sie das?

Nein. Es wäre ein Fehler, ihr solche Unterwäsche zu kaufen. Das habe ich kürzlich irgendwo gelesen.

Wenn Sie onanieren: Wieviele Finger brauchen Sie dazu?

Meistens drei, manchmal auch nur einen einzigen.

Trocken?

Nein, mit Speichel.

Wie lange brauchen Sie dafür?

Gewöhnlich ist das ein Quickie, höchstens fünf bis zehn Minuten. Ich empfinde es als eher enttäuschend. Andererseits ist es ja nicht so, dass ich in meiner Ehe wirklich etwas vermisse. Bei der Selbstbefriedigung geht es nur ums Abreagieren, Entladen. Wenigstens habe ich jetzt nicht mehr solche Schuldgefühle wie früher. Heute tut der Moment der Explosion schon gut, aber nachher fühle ich mich allein, leer – fast ein bitteres Gefühl.

Sie sagten, Onanieren sei möglicherweise für ihre Eja-kulationskontrolle von Vorteil?

Ja, ich kann mich dann, wenn ich mit meiner Frau schlafe, mehr bewegen und stossen, bis es mir wirklich kommt. Das möchte ich sehr gern – und meine Frau sowieso: Sie möchte, dass ich länger in ihr bin und mich stärker bewege, nehme ich an. Vor ungefähr zwei Wochen hatten wir ein Kommunikationsproblem in dieser Richtung: Ich stimulierte sie mit der Hand und mein-te, sie sei schon gekommen. Als ich dann mit ihr schlief, liess ich mich gehen, und sie war richtig enttäuscht.

Woran merkten Sie das?

Sie rief: „Nein, nicht jetzt schon!"

*Haben Sie noch anderes unternommen, um Ihren Or-
gasmusreflex zurückzuhalten?*

Vor vielen Jahren kaufte ich mir ein Buch, in dem
irgendeine Methode beschrieben war. Ich glaube, man
musste die Eichel oder den Schwellkörper zusammen-
drücken. Ich weiss es nicht mehr genau. Aber ich hab'
das Problem nicht wirklich in die Hand genommen, sondern auf die lange Bank geschoben. Schön wär's schon,
wenn man so einen Kniff auf Lager hätte, dann, wenn
man merkt, uhh, jetzt kommt's schon!

Was ist Ihre Idealvorstellung vom Orgasmus?

Ich möchte ihn gern im selben Moment haben
wie meine Frau. Das wäre das Optimum. Man sieht es ab
und zu in Filmen.

Und Ihre Realität?

Entweder kommt sie zuerst oder ich. Ich mache es
ihr mit der Hand oder mit dem Mund. Ich selbst komme in ihr drin, meistens.

Was bekommen Sie mit vom Höhepunkt Ihrer Frau?

Es ist ein schöner, beglückender Moment, den sie
da über sich ergehen lässt – immer vorausgesetzt, dass er
nicht vorgespielt ist. Sie atmet, stöhnt: „Oh!" Auch im
Dunkeln ist es unverkennbar. Lacht.

Was spielt sich bei Ihrem eigenen Orgasmus ab?

Eine stete Steigerung, dann kann ich mich nicht
mehr kontrollieren und lasse mich gehen. Zurück bleibt
ein Gefühl von Befriedigung. Und ich nehme an, dass
die Partnerin wahrscheinlich meinen Höhepunkt spürt,
mein Zucken et cetera, aber – lacht – ich habe sie nie
gefragt: „Was spürst du eigentlich, wenn ich komme?

Stimuliert dich das?" Vermutlich spürt sie meinen Orgasmus schon in sich.

Was spürt sie in sich?

Die Ejakulation. Allerdings: Wir verhüten mit Präservativen, weil ihr die Pille nicht gut tat. Schnell das Ding überzuziehen, ist kein Problem für mich. Im Laufe des Vorspiels dringe ich manchmal aber auch ohne Präservativ in sie ein, was nicht ganz ungefährlich ist, ich weiss. Ich überlege mir oft, ob ich mich nicht unterbinden* lassen sollte, um die Angst loszuwerden, die mich dabei immer ein bisschen begleitet. Vielleicht behindert diese Angst ja auch meine Fähigkeit, mich zu kontrollieren.

Bemerken Sie einen Unterschied: mit und ohne Präservativ?

Nein, gar nicht. Vielleicht höchstens im Moment der Ejakulation: diese Vorstellung, dass man nicht weit spritzen kann – stört mich aber nicht. Das Präservativ hat auch seine Vorteile, weniger Sauerei zum Beispiel.

Was für eine Sauerei?

Die Lache im Bett nachher, meine ich. Die ist nicht unbedingt förderlich für das Kuscheln nach dem Akt. Ich schwitze übrigens auch viel und hole darum nachher immer gleich ein Waschtüchlein.

Ein Liebesdienst für Ihre Frau?

Ja, wir waschen uns beide damit. Das hat sich so ergeben mit der Zeit.

---

* Medizinisch für „sich sterilisieren lassen".

Bleiben Sie vor dem Waschtüchlein noch einen Augenblick in ihr drin, nach dem Orgasmus?

Das möchte ich gern, aber ich fürchte immer, das Präservativ könnte auslaufen. Es ist schade um die gute Stimmung, die abrupt unterbrochen werden muss. Aber wenn ich nach dem Waschritual zurück ins Bett komme, sind wir meistens beide nackt und kuscheln uns aneinander. Vielleicht sagen wir einander, dass es schön war, aber eigentlich merkt man das ja. Worte sind da an sich überflüssig.

Sind Sie treu?

Ja, abgesehen von Phantasien! Da bin ich ihr untreu! _{Lacht.} Im Gegensatz zu mir hatte meine Frau auch mal eine Affäre, eine ganz kurze. Das konnte ich nie wegstecken, vor allem, weil sie es ohne Präservativ gemacht hatte. Als ich das nächste Mal zum Blutspenden aufgeboten wurde, bekam sie plötzlich Angst und beichtete es mir. Sie liess einen Aidstest machen. Ich habe ihr verziehen, aber es machte mir schwer zu schaffen. Es ist immer noch nicht ganz vergessen.

Mir ist aufgefallen, dass Sie bisher weder das Wort „Penis" noch einen gleichbedeutenden Ausdruck verwendet haben. Wie nennen Sie den Penis, wenn Sie mit Ihrer Frau reden?

_{Überlegt.} Wir brauchen nie ein solches Wort, wir reden nie darüber.

Ein überflüssiges Wort für Sie beide?

Ja. Wir umschreiben das immer und sagen zum Beispiel: „reinkommen" oder „rausgehen".

Angenommen, Sie würden anfangen, darüber zu reden:

Welches Wort würden Sie eventuell wählen?

„Penis", wahrscheinlich.

Bezeichnungen für das weibliche Geschlechtsteil und die Klitoris brauchen Sie auch nicht?

Nein. Das nennen wir einfach „da unten". „Pussi" könnten wir vielleicht einführen. Lacht. Ich dürfte sie auch nicht direkt fragen: „Du, machen wir Liebe?" oder so etwas. Da würde ihr sofort der Rolladen runtergehen. Darum brauchen wir diese Wörter gar nicht.

Lässt sich Ihre Frau nie sexuell brauchen von Ihnen, ohne selbst erregt zu sein?

Halb erstaunt, halb entrüstet. Nein, nein! Unvorstellbar! Nein! Lacht. Sie weiss immer, was sie will.

Was ist das Schönste an Ihrer gemeinsamen Sexualität?

Das Schönste? – Wenn wir mal zum Liebemachen kommen, dann ist es wunderbar. Es gibt eigentlich nichts Vergleichbares, fast nichts Schöneres. Und die Schattenseite: Es findet nicht allzu häufig statt! Lacht. Wenn's vorbei ist, sage ich manchmal zu meiner Frau: „Uh, das war jetzt schön! Warum können wir's nicht öfter haben?"

Sagt sie Ihnen, warum?

Nein. Lacht. Sie will sich nicht auf die Äste hinauslassen. Ich muss vermutlich mit einer ziemlich hohen Hürde leben, die jedesmal zu nehmen ist, wenn ich Sex mit ihr möchte. Als erfahrener Hürdenläufer merke ich bald, wann die Hürde zu hoch ist. Dann lasse ich es bleiben.

Eine weitere Schattenseite könnte sein, dass Sie wenig über Ihre Sexualität miteinander reden?

Bisher habe ich das nicht so erlebt, aber unser Gespräch hier scheint das zu zeigen. Einige Dinge könnte man tatsächlich in einem geeigneten Moment aufgreifen. Schliesslich habe ich, abgesehen von meiner Frau, niemanden, mit dem ich über unsere Sexualität offen sprechen könnte.

ERNST J.-H. ist 73 Jahre alt, pensionierter Maschinenbau-
ingenieur, seit 51 Jahren liiert und seit 49 Jahren
verheiratet mit Käthi, 69 Jahre, Hausfrau und früher
Floristin; ein Sohn, 45 Jahre, eine Tochter, 42 Jahre, und ein
weiterer Sohn, 40 Jahre alt. Seine Grösse: 186 Zentimeter,
sein Gewicht: 89 Kilogramm. Hobby: Aquarellmalen.

Für jeden Orgasmus ein Kreuz in der Statistik

Vor zwei Jahren sagte ich ihr offen, sie sei mir eigentlich eine schlechte Sexpartnerin gewesen in der Ehe. Ich hätte nicht die wahre Lust und Freude mit ihr ausleben können. Sie antwortete mir: „Es tut mir eigentlich leid, dass ich dir nicht bieten konnte, was von einer Frau zu erwarten gewesen wäre." Darum habe ich ihr verziehen – das ist selbstverständlich für mich.

War Ihnen Sexualität ein wichtiges Thema in Ihren fast fünfzig Jahren Ehe?

Ich hatte zu kämpfen mit dem Orgasmus. Ich habe das Problem schon drei Ärzten vorgelegt. Vor ungefähr vierzig Jahren ging ich zu Dr. Moser am Rennweg und sagte ihm, ich sei zu stark erregt und mein Orgasmus komme meistens zu früh. Er empfahl mir Lanolin und Kondome, um den Reiz zu dämpfen.

Hatten Sie Orgasmusprobleme von Anfang an?

Nein, am Anfang unserer Ehe erlebten wir den Orgasmus immer gleichzeitig.

Und dann, was hat sich verändert?

Wir hatten drei Kinder! Eine Riesenbelastung für meine Frau. Sie war dauernd übermüdet, und das wirkte sich sehr negativ auf unser Sexualleben aus. Sie hatte kein Verlangen mehr. Jeden sexuellen Kontakt musste ich mir erkämpfen. Sie müssen sich vorstellen: Wenn ich sie allzulange streicheln musste an der Brust, am Hinterteil, an den Oberschenkeln und so weiter, dann war ich so erregt, dass es gar nicht mehr zu einem Geschlechtsverkehr kommen konnte.

Ihre Frau war schwer erregbar, und Sie konnten Ihre Ejakulation nicht kontrollieren?

Genau.

Bat Sie Ihre Frau darum, wegen Ihrer Orgasmusprobleme zum Arzt zu gehen?

Nein. Sie sagt leider nie ein Wort. Sie drückt so etwas immer indirekt aus. Sie liegt zum Beispiel im Bett, presst die Lippen zusammen und wendet den Kopf ab. Das schockiert mich jedesmal.

Wie verstehen Sie die zusammengepressten Lippen und den abgewendeten Kopf ?

Das bedeutet: Sie will gar nicht erregt werden, weil sie damit rechnet, dass ich ihr den Höhepunkt nicht bieten kann. Ich soll mich einfach abreagieren – in ihr. Ich sagte ihr einmal deutlich und klar, dass das für mich natürlich keine Befriedigung ist. Seither hat sie sich das wohl etwas zu Herzen genommen, und eine Frau kann auch ein wenig so tun als ob ...

Sie meinen, Ihre Frau spielte Ihnen manchmal einen Orgasmus vor?

Ja, das vermute ich. Ich denke, sie wollte mich damit zufriedenstellen. Aber wissen Sie: Keine Frau kann mir einen Orgasmus vortäuschen – das merke ich. Abgesehen davon hatten wir es zwischendurch immer wieder schön. Später war ich beim Vertrauensarzt der Firma, bei Dr. Chirat. Ihm erzählte ich auch von meinen Orgasmusschwierigkeiten. Er sagte mir kurz und bündig: „Dafür hat man eine Hand." Aber leider wollte meine Frau gar nicht, dass ich sie mit der Hand befriedige.

Haben Sie ihr das angeboten?

Ja. Aber sie zog es vor, es sich selber zu machen.

Ich verstehe nicht, warum sie es sich nicht von Ihnen machen liess.

Ich weiss nicht, ob ich ihr vielleicht wehgetan habe, oder ob ich nicht die richtige Stelle fand ...

Glauben Sie, dass Sie sich auskennen bei Ihrer Frau?

Ja.

Haben Sie mal gesehen, wie sie gemacht ist?

Nein, das nicht. Meine Frau war immer sehr scheu. Ich bin auch der einzige Mann, mit dem sie sich jemals eingelassen hat. Da bin ich ganz sicher. Ich habe zum Beispiel meiner Tochter mal gesagt: „Also, jetzt musst du mit Mama reden, dass sie im Bett das Nachthemd auszieht!" Für mich war es ein grosses Erlebnis, dass sie daraufhin nach 25 Ehejahren erstmals ohne Nachthemd mit mir schlief und ihre Brüste nicht mehr vor mir versteckte.

Wo war denn das Nachthemd während der 25 Jahre?

Ich habe es ihr jeweils hinaufgerollt – bis fast ins Gesicht.

Und seit der Intervention Ihrer Tochter schläft sie nackt mit Ihnen?

Sie sagt häufig: „Ich muss das Nachthemd wohl jetzt ausziehen ..."

Sie macht es ungern?

Wissen Sie, vor etwa zwei Jahren sagte ich ihr offen, sie sei mir eigentlich eine schlechte Sexpartnerin gewesen in der Ehe. Ich hätte nicht die wahre Freude und Lust mit ihr ausleben können. Sie antwortete mir: „Es tut mir eigentlich leid, dass ich dir nicht bieten konnte, was von einer Frau zu erwarten gewesen wäre." Darum habe ich ihr verziehen – das ist selbstverständlich für mich. Aber ich habe einen Bekannten, gleich alt wie ich, der erzählte mir, seine Frau komme immer wieder zu ihm ins Bett, von sich aus, obwohl sie von Natur aus scheu ist. Das dünkt mich so wunderschön: ein Traum für mich.

Es schmerzt auch ein wenig?

Ja, schon. Aber meine Frau würde mir sagen: „Weisst du, ich habe dich ja gern, aber ich kann das einfach nicht, nach so langer Zeit, in der du immer zu mir gekommen bist", und ich: „Man kann alles! Das ist Willenssache, ob man will oder nicht."

Später gingen Sie noch zu einem dritten Arzt mit Ihrer vorzeitigen Ejakulation?

Das war vor knapp zwei Jahren. Ich ging zu meinem Hausarzt, Dr. Jost am Kreuzplatz. Ich fragte ihn, ob er mir vielleicht ein Medikament geben könnte, ein Seresta oder ein Lexothanil oder so etwas. Da sagte er mir: „Nein, nein, das machen wir nicht! Wissen Sie, jetzt bin ich eben vom Militärdienst nach Hause gekommen, und als wir zusammen ins Bett gingen, meine Frau und ich, konnte ich ihn kaum reinstossen, da kam's mir auch schon." _{Lacht.} Der Doktor Jost! Ich fragte ihn: „Und Ihre Frau: Ist die denn nicht wütend geworden?" – „Ja, wo denken Sie hin!" sagte er. „Meine Frau lebt nicht vom Sex! Für die ist wichtig, dass man sie in die Arme nimmt und sie an sich drückt!" Wahrscheinlich wollte er mich trösten, aber es überzeugte mich doch nicht ganz.

Sie vermuten vielleicht, Ihre Frau hätte mehr Lust am Sex, wenn sie zu einem Orgasmus käme mit Ihnen?

Ja, bestimmt. Ich merke doch sofort, wenn sie mal wirklich Lust hat.

Woran merken Sie es?

Sie gibt mir andere Küsse als sonst. Sie macht ihre Lippen ganz weich und öffnet sie etwas – ganz unbewusst. Oder sie ist aktiver als gewöhnlich, streichelt mich über den Rücken, über die Arme. Das ist wunderbar.

Sind diese lustvollen Küsse nass?

Ja.

Zungenküsse?

Fast, ja. Das heisst, richtige Zungenküsse lehnt sie ab. Das kam ganz früher vereinzelt vor, aber sie hat mir das ausgetrieben.

Was sagte sie?

Sie machte den Mund zu und wandte sich ab, wenn ich es versuchte.

Können Sie sich vorstellen, warum es zu dieser Ablehnung kam?

Nein. An der Hygiene konnte es nicht fehlen. Ich bin ein extrem sauberer Mensch, duschen ist selbstverständlich für mich.

Vielleicht haben Sie Mundgeruch?

Eher hat sie Mundgeruch. Das habe ich ihr nämlich ab und zu gesagt. Man merkt es ja an sich selbst nicht. Nach den Geburten war meine Frau ganz vertrocknet, sexuell. Sie wurde nicht mehr feucht, und das brannte mich richtig am Penis. Wenn ich kein Lanolin benutzte, war es erstens mühsam einzudringen, und zweitens war ich nachher beinah wund an der Eichel, fast verbrannt. Ich sagte ihr das, und sie fühlte sich ziemlich schuldig – das ist ja klar. Daraufhin fing sie an, sich mit Tee zu kurieren, hauptsächlich mit Salbei und Brennessel. Das sind Wundermittel für eine Frau: Es wurde viel besser, hatte aber den Nachteil, dass sie etwas aus dem Mund gerochen hat. Dummerweise habe ich ihr das gesagt.

Sie nehmen viel Rücksicht aufeinander?

Wir haben viel Achtung voreinander. Zum Beispiel wäre es in meiner Ehe undenkbar, dass wir voreinander Winde lassen würden. Wenn das passieren würde, täte mir das furchtbar leid, und meiner Frau noch viel, viel mehr.

Wie reagiert Ihre Frau eigentlich auf Ihr Orgasmusproblem?

Wenn ich mit Angst zu ihr gehe, passiert es erst recht. Das weiss sie auch und hat wunderbar darauf reagiert, indem sie mir sagte: „Wir können ein wenig zusammensein, und wenn's dir kommt, macht es nichts. Lass es nur kommen, gelt!" Sie ist wirklich eine goldige Frau! Und ich muss vom hohen Ross des Mannes herunterkommen, der glaubt, seine Frau bei jedem Verkehr befriedigen zu müssen. Mein Männerstolz sähe es gern, wenn ich das könnte. Von meinen Kollegen im Büro musste ich ein Leben lang hören, eine Frau zu befriedigen sei das Höchste. Umgekehrt las ich kürzlich in der Zeitung, die Franzosen könnten durchschnittlich nur ein paar Sekunden in ihrer Frau sein! Also, so tragisch ist's bei mir dann doch nicht!

Sie sagt ja, sie brauche nicht jedesmal einen Orgasmus?

Ich muss Ihnen gestehen, dass wir in diesem Jahr, also seit fast einem halben Jahr, noch nicht miteinander im Bett waren.

Ja und?

Das ist doch nicht normal. Wir wollen einander zeigen, dass wir nicht etwa aufeinander angewiesen sind ... Lacht. Ich habe sie schon zwei-, dreimal gefragt, ob sie wieder einsteigen wolle, aber sie sagte mir klar nein.

Sie fragten sie ausdrücklich?

Ich ging in ihr Bett und schickte mich an, mit ihr zu schmusen, und sagte ihr, ich möchte gern zu ihr und in sie hineinkommen. Da sagte sie mir: „Ich möchte lieber nicht mehr damit anfangen."

Das tönte nicht gerade gut in Ihren Ohren?

Nein, gar nicht. Das ist doch eine Lüge!

Was sagten Sie daraufhin?

„Ja, gut – also, ... dann lässt du's bleiben!" Ich war sauer und ging in mein Zimmer.

In Ihr Zimmer?

Ja, wir schlafen eben nicht mehr beieinander, seit ein paar Jahren. Wenn alles schön rund liefe, wäre das kein Problem. Wir kamen zu den getrennten Schlafzimmern, weil wir ganz verschiedene Tagesrhythmen haben.

„Ich möchte lieber nicht mehr damit anfangen" heisst doch im Klartext: „Für mich ist das Sex-Kapitel abgeschlossen. Hier hast du meine Kündigung."

Ja, aber das glaube ich ihr nicht. Ich habe sie nämlich beobachtet all die Jahre. Sie weiss nichts davon.

Was haben Sie beobachtet?

Holt ein Heft aus seiner Tasche. Ich habe hier eines meiner Tagebücher mitgebracht. Es ist zufällig jenes aus dem Jahr '71. Ich möchte Ihnen mein Heft zeigen – bisher hat noch niemand diese Aufzeichnungen gesehen. Sie sind der erste Mensch, dem ich sie zeige. Ich notiere alles: Kleines Kreuz bedeutet: Orgasmus miteinander, grüner Strich: Eisprung ...

*Da unten bei den Erklärungen steht neben dem grünen
Strich: „P".*

„P" heisst „mit Pariser".

Also Kondom wegen des Eisprungs?

Ja, klar. Und ein roter Strich ist natürlich die
Periode – Geschlechtsverkehr kommt hier für meine
Frau gar nicht in Frage.

Und für Sie?

Das würde mich gar nicht stören, feucht weiss
oder feucht rot ist mir einerlei. – Und da sieht man
wunderbar: In der Nähe des Eisprungs steht häufig
ein Kreuz – also miteinander Orgasmus. Hier die
Null, das heisst, dass meine Frau nichts erlebt hat und
nur ich einen Höhepunkt hatte. Besonders interessant ist
das hier: Am 4. liess sie sich die Spirale einsetzen, und
zehn Tage später ihr Orgasmus – weil sie den Eisprung
hatte und keine Angst mehr vor einer Schwangerschaft!
Und sehen Sie: Zwei Tage später – welch ein Wunder! –
noch ein Orgasmus für sie. In diesem Monat hat sie tatsächlich zwei, drei, vier, fünf Mal den Orgasmus erlebt.

Hier steht „H" und „K".

„H" heisst „mit der Hand", und „K" ist „Krach".

Warum führen Sie ein Sex-Bordbuch?

Vor 27 Jahren ging meine Frau mich bei einem
Pfarrer verklagen. Pfarrer Iseli hiess er. Der warf mir vor,
ich gehe zu viel zu meiner Frau. Das verletzte mich und
machte mich so sauer, dass ich anfing, Buch zu führen
und Grafiken zu machen. Am Ende des Jahres kann ich
jeweils alles zusammenzählen.

Auf welches jährliche Zwischentotal kamen Sie?

Immer rund hundert Geschlechtsverkehre pro Jahr, macht zwei pro Woche. Bin ich jetzt normal oder abnormal?

Wann haben Sie das letzte Mal Buch geführt?

Heute mittag! _{Lacht.} Ich bin ein richtiger Spinner, nicht wahr?

Ihre Verhütungsmethode war also das Kondom?

Die Angst vor einer unerwünschten Schwangerschaft begleitete uns eigentlich immer. Das mag mit ein Grund gewesen sein, warum sie sich so verschloss mir gegenüber. Später verhüteten wir nach der Knaus-Ogino-Methode. Das war natürlich ein grosses Risiko. Die Pille gab es noch nicht, und das Kondom passte mir nicht recht, weil es mir die Sensibilität nahm. Darum freute ich mich immer auf die Tage vor „den Tagen", und zwar unbändig! Aber ich übersah wohl dabei, dass sie in diesem Zyklusabschnitt immer besonders schlecht dran war. Nach dem dritten Kind verhüteten wir mit Kondomen. Jedesmal, wenn es mir kam, rief sie in grosser Angst: „Ist es nicht gerissen??" Da sagte ich ihr: „Du, hör zu, ich ziehe mir zwei über!" – nur damit sie sich voll hingeben konnte.

Und, war's gut so?

Ja, für sie schon.

Und für Sie?

Mir brachte es natürlich keine Befriedigung. Darum freute ich mich so auf die kondomfreien Tage – aber da steckte sie eben in ihrem Tief. Jedesmal zögerte sie den Zeitpunkt bis zum äussersten hinaus, bis sie mir grünes Licht gab. Schade, dass wir so eingeschränkt waren! Häufig hatte sie auch ihre Migräne. Da war sie immer sehr schlimm dran, und ich half ihr, wo ich konnte. Ich hatte Gelegenheit, ihr wieder neu meine Liebe zu zeigen, indem ich sie stützte und versorgte. Es kam auch vor, dass sie mir mehrere Tage hintereinander nein sagte und nichts vom Zusammensein wissen wollte. Dann wurde ich aber wütend, wirklich.

Nur innerlich, oder zeigten Sie es ihr?

Meistens nur innerlich. Aber da Sie mich nicht danach fragen, sage ich es Ihnen selber: Ich bin vor zwei Jahren so weit gekommen, dass ich anfing, es mir selber zu machen.

Früher machten Sie das nicht?

Nein, nein! Vorher hatte ich das doch nie nötig! Jedenfalls, seit ich meine Frau kannte. In unserem ersten Jahr gingen wir nicht miteinander ins Bett. Sie war die Unschuld vom Lande. Wir schmusten miteinander, und sie merkte nicht einmal, dass es mir gekommen war, in den Hosen. Sie hatte keine Ahnung, wie Sexualität funktioniert.

Klärten Sie sie auf?

Ja, sicher!

Sie waren nicht unschuldig in die Ehe gekommen?

Leider nein – das wäre ein Plus gewesen für unsere Ehe.

Weiss Ihre Frau, dass Sie Erfahrung mit Frauen mitbrachten?

Erfahrung mit einer Frau! – Nein, das weiss sie nicht. Und wenn sie mich heute danach fragen würde, wäre meine Antwort: „Du, ich glaube, darüber reden wir nicht! Das ist nicht mehr wichtig." Wir wissen doch voneinander, dass wir uns ein ganzes Eheleben lang treu gewesen sind.

Sind Sie Ihrer Frau nie untreu geworden?

Nie! Nie! Das mache ich nicht. Wir haben einander vor Gott Treue versprochen. Ich wäre sicher sehr unglücklich gewesen, wenn ich einer Schwäche nachgegeben hätte. Das hätte mich geplagt. Das gleiche gilt auch für meine Frau. Vor Jahren sagte sie mir, sie sei mal beinah in Versuchung geraten, habe ihr aber nicht nachgegeben. Wenn sie mir heute gestehen würde, sie habe einen Fehltritt getan, dann wäre ich enttäuschter über mich als über sie. Ich würde nämlich wieder daraus schliessen, dass ich sexuell nicht genügend bieten konnte. Wir sind glücklich, dass wir einander heute in die Augen sehen können, mit gutem Gewissen.

Genossen Sie die Selbstbefriedigung?

Ich weiss, dass ich das eigentlich nicht darf.

Wieso?

Ich probiere doch wieder, es mit ihr gut zu haben. Ich erweise ihr Liebes, soweit ich kann. Habe ich denn noch das gleiche Verlangen nach meiner Frau, wenn ich mich selber befriedige?

Offenbar schon: Sie befriedigen sich ja …

Nein, nein! Seit diesem Jahr gibt's das nicht mehr! Ich war bei einem Seelsorger, und der sagte mir, dass ich das nicht machen solle. Ich will ja wirklich den Schritt auf meine Frau zu wieder tun, verstehen Sie?

Genossen Sie die Selbstbefriedigung im letzten und vorletzten Jahr?

Im Moment jeweils schon, aber der Frust kam hinterher immer.

Schlechtes Gewissen?

Ja, es fehlt einem plötzlich die wahre Liebe, und natürlich der Körper der Frau.

Gefällt Ihnen Ihre Frau noch, mit ihren 69 Jahren?

Jaja! Sie hat 55 Kilo! Sie ist eine schöne Frau, wissen Sie! Sie hat einen wunderschönen Körper, wunderbare, gepflegte Beine und ist gut gekleidet. Eigentlich ist sie eine Superfrau. Ich möchte sie keinesfalls einem anderen geben. _{Lacht.}

Und Sie, gefallen Sie ihr auch noch?

Ach, kürzlich sagte sie mir, sie möge mich nicht mehr anschauen. Aber das glaube ich ihr nicht!

Wie kommt sie denn darauf?

Wissen Sie, wenn eine Frau wütend ist, kann sie gut das Gegenteil dessen sagen, was in ihrem Innersten ist. Das habe ich gelernt in den langen Jahren. Andererseits sagte sie mir vor zwei, drei Tagen, sie hätte sich eigentlich das Altwerden mit mir etwas schöner vorgestellt.

Schöner in welcher Hinsicht?

Ich verstand es so, dass sie das Bett auch vermisst.

Sind Sie sicher, dass sie das meinte?

Ganz sicher!

Berührt Sie Ihre Frau gern?

Meine Frau ist nicht der Typ, der in dieser Hinsicht angriffig ist. Ich musste von jeher immer den Schritt auf sie zu machen.

Wissen Sie, womit Sie zu rechnen haben, wenn Sie auf sie zugehen?

In guten Zeiten lässt sie die Schlafzimmertüre offen über Nacht. Wenn sie nicht gut auf mich zu sprechen ist, ist die Türe zu.

Wie war sie heute morgen?

Zu.

Sie begrüssen sie aber trotzdem am Morgen?

Wenn ich ihr am Morgen zum erstenmal begegne, drücke ich sie immer an mich, streichle ihr übers Haar und gebe ihr einen Kuss. Leider muss ich lernen, auch hier noch zurückhaltender zu werden. Sie mag es nicht besonders, wenn ich auch nur ein klein wenig stürmischer werde. Sie sagt mir ab und zu, sie möchte gern einen ausgeglichenen Mann haben.

Was ist ein „ausgeglichener Mann" für Ihre Frau?

Weiss ich nicht. Sie meint, ich sei unberechenbar und schwankend und launisch – aber das bin ich nicht. Ich gebe zu: Meine Pensionierung war eine Katastrophe. Wissen Sie, wenn eine Frau zu Hause 45 Jahre lang König ist ...

... Königin!

... ja, Königin ist, und dann ist plötzlich der Mann immer da, das ist nicht einfach für die Frau! Dabei freut man sich auf die Pensionierung, man freut sich auf gemeinsame Unternehmungen. Aber dann ... Jedenfalls ist meine Schlafzimmertüre immer offen, jede Nacht.

Sie suchen immer wieder den Weg zu ihr?

Aber sicher!

Wie machen Sie das?

Indem ich lieb bin zu ihr. Gerade vorgestern sagte sie mir: „Du bist wirklich lieb zu mir." Das tat mir trotz allem wohl und gab mir das Gefühl, dass die gegenwärtige Dürreperiode ihrem Ende zugeht. Übrigens haben wir ein Geheimzeichen, wenn wir tagsüber miteinander spazieren gehen: Ich halte ja ihre Hand dabei, und wenn ich ihr nun mitteilen möchte, dass ich am Abend Lust auf sie hätte, dann kitzle ich sie leicht an der Handinnenfläche. Kommt von ihr das gleiche zurück, weiss ich, dass ich mich riesig freuen darf auf die bevorstehende sexuelle Begegnung. Allerdings muss ich immer in Kauf nehmen, dass sie am Abend trotzdem müde ist oder ihr irgendeine Laus über die Leber gekrochen ist. – Ich musste lernen, flexibel zu sein. Wenn keine Antwort auf mein Kitzeln kommt, weiss ich, dass heute nichts zu machen ist. So funktioniert das bei uns seit eh und je. Lacht.

Hat sich Ihre Sexualität im Laufe Ihres Lebens verändert? Spüren Sie Verluste oder Einbussen?

Verluste? Nein!

Sie sind erregbar wie eh und je?

Ja, das wäre ich. Ich würde es allerdings meinem Körper nicht mehr antun, drei-, viermal pro Woche Sex zu haben. Das würde ihn zu sehr schwächen. Früher wäre das kein Problem gewesen.

Wie geht das, wenn Sie mit ihr schlafen?

Wenn alles normal läuft zwischen uns, gehe ich regelmässig zu ihr.

Am Morgen oder am Abend?

Sie ist leider ein Morgenmuffel, aber ich weiss, dass ich am Morgen kaum Probleme hätte mit meinem

Orgasmus. Da bin ich ganz locker und entspannt. Das habe ich einmal meiner Frau sogar vorgeschlagen, aber sie sagte: „Ou nein, weisst du, ich brauche zuerst meinen Kaffee und so ..." Ich liess nicht locker: „Dann könnten wir doch nach dem Frühstück ...", aber sie sperrte sich einfach und sagte: „Schau, ich hab immer so viel los, die Blumen, der Einkauf, das Staubsaugen ..." Stress! Das ist sehr schade.

Dann findet es also am Abend statt?

Ja, am Abend.

Wer ist zuerst im Bett?

Immer meine Frau. Sie stickt und sieht fern dazu.

Ist das Fernsehen Ihr Konkurrent?

Ein sehr grosser Konkurrent. Wenn ich sehe, dass ich keine Chance habe, ziehe ich mich in mein Zimmer zurück und lese dort lange und gemütlich.

Stellt sie den Apparat ab, wenn Sie zu ihr kommen?

Nein, meistens möchte sie die Sendung zu Ende sehen. Aber ich habe natürlich die Fernbedienung zur Hand, um wenigstens zu verhindern, dass sie nicht auch noch in die nächste Sendung hineinrutscht. Jaja, das Fernsehen ist ein Problem.

Steigen Sie nackt zu ihr ins Bett, wenn Sie etwas von ihr wollen?

Das Oberteil des Pyjamas behalte ich immer an. Sie mag nämlich gar nicht, wenn ich schwitze.

Hat sie Ihnen das gesagt?

Das merke ich natürlich!

Woran denn?

Schauen Sie: Wenn sie mal wirklich Lust hat,

schmeisst sie ihr Nachthemd weg, und dann knöpft sie mir das Pyjama auch auf, weil sie meine Haut spüren möchte. Das ist doch für mich wunderbar, ihre Brust auf der meinen zu fühlen.

Wie zeigt sie Ihnen, dass Ihre feuchte Haut sie stört?

Es ist vorgekommen, dass sie sich mit einem kleinen Tuch abgerieben hat. Das verletzte mich. Ich bin fast zu sensibel.

Und Ihre Frau?

Ja, die ist pieksauber, duscht lieber dreimal am Tag als nur einmal.

Wie könnte das heute abend sein?

Heute abend will sie den KASSENSTURZ sehen – aber ich werde mich trotzdem neben sie legen ...

... und zu ihr hinüberlangen?

Ja, ich werde versuchen, ihre Hand zu nehmen. Ich muss aber damit rechnen, dass sie sie wegzieht und weiterstickt.

Geben Sie dann auf?

Nein, das darf ich eben nicht mehr. Vielleicht wartet sie gerade darauf, dass ich nicht aufgebe.

Dann versuchen Sie, sie zu erregen. Wissen Ihre Hände, wie und wo sie das am besten machen?

Jaja, das wüsste ich schon. Aber da muss ich Ihnen gestehen: Wenn ich sie streichle und etwas oberhalb ihrer Knie vorstosse, nimmt sie mir die Hand schon weg. Und das ist natürlich einer der Gründe, warum ich nachher zu stark erregt bin.

Will sie gar nicht erregt werden oder nur auf eine andere Art?

Das sagt sie mir nicht. Ich weiss es nicht.

Berührt Sie Ihre Frau auch?

In schönen Stunden ja.

Wo? Überall?

Nein, nicht überall. Mein Glied würde sie nicht gern berühren. Sie macht es höchstens durch das Pyjama hindurch.

Könnten Sie es ertragen, wenn sie Ihr nacktes Glied anfassen würde?

Ja, klar!

Sie würden nicht gleich kommen?

Nein, sicher nicht!

Haben Sie ihr nie gesagt: „Du, warum sparst du eigentlich mein Glied immer aus? Ich würde es geniessen, wenn du es berühren würdest!"?

Nein, das mache ich nicht.

Warum nicht?

Da müsste sie selber draufkommen.

Weiss sie, dass Sie es geniessen würden?

Das weiss sie genau.

Woher?

Wenn ich bei ihr bin, ich meine, wenn ich auf ihr bin und sie mich ein wenig über den Rücken streichelt bis hinunter zur Gesässpartie, dann merkt sie doch, dass mein männliches Glied gleich doppelt so hart wird.

Vielleicht macht sie das nicht, weil sie zu Unrecht fürchtet, Sie hätten auf der Stelle einen Orgasmus?

Das könnte sein. Übrigens, da ist noch etwas: Wenn ich nach dem Eindringen eine gewisse Zeitspanne überbrücken kann, ohne zu kommen, dann bin ich fähig, es lange Zeit auszuhalten, und zwar ohne Schwie-rigkeiten, und es ist sehr schön für uns beide. Dann kann ich es richtig geniessen. Kritisch sind eigentlich nur die ersten Momente der Vereinigung.

Kann sie Ihnen helfen, die kritische Eröffnungsphase heil zu überstehen?

Ja, indem sie akzeptiert, dass ich am Anfang unter Umständen schnell wieder raus muss, obwohl sie das nicht so gern hat.

Sehen Sie Ihr in die Augen, wenn Sie in ihr sind?

Auf jeden Fall! Ausser wenn ich von hinten zu ihr komme.

Mag sie das, von hinten?

Ja, ziemlich.

Streicheln Sie sie dabei?

Ja, an den Brüsten.

Und stimulieren Sie auch ihre Klitoris?

Nein! Da würde sie mir die Hand wegnehmen – das will sie einfach nicht.

Sind Sie sicher?

Ganz sicher.

Sie dürfen sie also nie an ihren Geschlechtsteilen berühren?

Nie. Hinten an den Hinterbacken, da darf ich sie schon berühren, wenn alles in Ordnung ist – dann darf ich sie auch küssen. Aber wenn sie nicht gut drauf ist, muss ich jeden Kuss erbetteln.

Was machen Ihre Hände während des Koitus?

Am liebsten presse ich sie mit einer Hand am Gesäss fest an mich.

Und die andere Hand?

Mit der halte ich ein frisches Tüchlein bereit, damit ich jederzeit eventuellen Schweiss wegwischen kann. Ich kann nichts dafür, dass ich so erhitzt bin.

Reden Sie mit ihr, wenn Sie in ihr drin sind?

Ich sage ihr, sie habe wunderschöne Augen oder wie schön es sei bei ihr oder dass ich nur mit ihr zusammensein möchte und wie sehr ich sie schätze. Ich habe auch wirklich allen Grund dazu. Es kann sein, dass sie mich dann zehnmal fragt: „Hast du mich noch gern?" Das kommt besonders dann vor, wenn sie sich mir – wie jetzt gerade – wochen- oder monatelang verschlossen hat.

Was antworten Sie ihr auf diese Frage?

Ich sage: „Sehr gern!" Jetzt würde sie mich vermutlich fragen: „Hast du mich gern, so wie ich bin?", weil sie weiss, dass sie wieder in ihrem Loch gewesen ist.

Im Bett könnten Sie sich gut versöhnen?

Ich schon, sehr gut. Aber sie ist ganz anders. Sie möchte lieber reden, reden, reden, reden. Für mich wäre das alles schon längst vorbei. Etliche Male hat sie sogar während des Koitus angefangen mit alten Vorwürfen. So etwas ist für mich ein totaler Ablöscher. Zu meiner Schande muss ich gestehen, dass ich ab und zu schon mittendrin aufgestanden und türenknallend verschwunden bin. Das mache ich erst seit einiger Zeit. Meine Frau würde Ihnen sagen: „Er läuft davon, weil er mich jetzt nicht mehr braucht, sexuell." Das stimmt aber überhaupt nicht. Darum mache ich ja auch keine Selbstbefriedigung. Und ich bin alles andere als impotent. Als ich sie nämlich am vorigen Sonntag endlich wieder mal ans Herz drücken konnte, merkte ich, was ich für eine Stange hatte! Lacht. Das gefällt ihr schliesslich auch, wenn sie mal richtig erregt ist.

Sagt sie das?

Ja, zum Beispiel: „Hast du einen schönen Groben!" Vor vielen Jahren warf sie mir mal vor, er sei zuwenig hart, ich solle lieber zwei, drei Tage warten.

Ausserhalb des Bettes reden Sie nicht über Ihre Sexualität?

Nein, nie.

Was wäre, wenn Sie eines Tages damit anfangen und Sie zum Beispiel fragen würden: „Stimmt das, dass ich dich an der Klitoris nicht berühren darf?"?

Das würde ich sie nie fragen, damit würde ich sie nur verletzen. Hier heisst es: Aufpassen!

Stellen Sie sich vor, Sie würden sie allgemein fragen: „Ich bin etwas unsicher: Was hast du eigentlich gern im Bett?" Was würde passieren?

Sie würde denken: „Was ist mit dem los?" Lacht. Im Ernst, ich weiss es nicht.

Wie erleben Sie Ihre Frau beim Liebemachen: Gibt sie sich hin, oder stellt sie sich zur Verfügung?

Beides im Extrem! Manchmal ist sie ein regloser Hafersack, und wenn ich Glück habe, ist sie eine mitschwingende, wunderbare Frau, die ihre Freude ausdrückt. Aber ich glaube, hinter allem steht auch bei ihr diese ständige Angst, dass es mir zu früh kommt und dass sie ihre Entspannung nicht erreichen könnte. Ich glaube, das ist so, auch wenn sie es nicht zugeben will. Immerhin hat sie sich einige Male nach dem Verkehr selbst befriedigt.

Waren Sie dabei?

Ja.

Sahen Sie zu?

Nein, ich lag neben ihr und hielt sie fest und küsste sie. Sie will, dass ich ihr ganz nahe bin, offenbar damit es für sie ist, als ob ich es wäre, der sie befriedigt, nehme ich an. Ich sagte ihr, dass sie mich beglücke, wenn sie's noch fertigmache, denn ich sei sonst enttäuscht über mich. Es entlastet mich wirklich. Und schliesslich danke ich ihr noch dafür. Vor etwa einem Jahr dankte sie mir einmal, als sie ihren Orgasmus mit mir erlebte. Das hat mich fast umgehauen. Ich merkte, welche Freude das für sie ist.

Hat Ihre Frau schon miterlebt, wie Sie sich's selber machen?

Ich mir?! Nein! Das ist nicht nötig!

Vielleicht möchte sie mal sehen, wie Sie's machen?

Ou, nein! Das würde ihr total ablöschen. Und überhaupt: Da würde ich natürlich viel lieber zur Frau gehen und nicht onanieren. Onanieren war für mich immer eine Notlösung, die für mich mit einer gewissen Scham verbunden ist.

Wenn sie beim Geschlechtsverkehr zum Orgasmus kommt: Was löst bei ihr den Höhepunkt aus?

Meine Stösse.

Sie helfen nicht nach?

Nein, ich streichle höchstens ihr Gesäss. Und sie fährt über meinen Rücken und mein Gesäss. Das wirkt sich natürlich auf die Härte des Penis aus.

Berührt sie dabei Ihren Penis oder Ihre Hoden?

Also, der Penis ist ja versteckt. Und die Hoden – das ist schon vorgekommen. Aber da ist eben die Gefahr, dass ich zu früh komme.

Da würde Ihre Ejakulation unvermeidlich?

Oft auch, wenn ich zu stark stosse. Und dann gibt es in der Frau eine Stelle, die man mit dem Penis nur zu gewissen Zeiten berühren kann. Es ist wie ein Zapfen, ganz weit hinten, ich weiss nicht, wie das heisst. Und wenn ich die Stelle berühre, ist es für mich wunderschön und für sie auch – das hat sie mir mal gesagt.

Meinen Sie den Muttermund?

Ja, doch – das muss der Muttermund sein.

Machen Sie Töne, wenn Sie kommen?

Ja, schon, aber ich muss meine Freude eher etwas unterdrücken.

Warum müssen Sie das?

Ich fürchte, es könnte sie abstossen oder peinlich berühren, wenn ich zu laut würde. Sehen Sie: Fast fünfzig Jahre verheiratet, und immer noch das ...

Hören Sie von Ihrer Frau auch etwas, wenn sie ihren Orgasmus erlebt?

Ja! Ein freudiges Stöhnen ist es. Das ist so schön! Gott hat es ja geschaffen, und was Gott geschaffen hat, sollte man doch brauchen!

Könnte das freudige Stöhnen Ihrer Frau auch gebremst sein?

Es ist gebremst, solange sie sich nicht vollständig lösen kann. Aber ich ermutige sie immer, sich gehen zu lassen, und dann kann sie es manchmal.

Bedeutet Ihnen Orgasmus Befriedigung?

Ja. Er ist der Höhepunkt, das Tüpfelchen auf dem i, das Dessert. Aber sie sagte mir ganz klar, die hauptsächliche Freude erlebe sie im Liebesspiel, nicht eigentlich im Orgasmus – der sei ihr nicht wichtig. Sie lebe von der Liebe, vom Hautkontakt, vom Herz. Sie erklärte mir auch, sie wäre absolut zufrieden, wenn sie einmal pro Monat den Höhepunkt erleben würde. Aber das alles glaube ich ihr einfach nicht.

Für Sie ist der Orgasmus also wichtiger als für Ihre Frau?

Ja, stimmt. In den Ferien ist aber immer alles ganz anders: Bei ihr erwacht das sexuelle Bedürfnis, und ich bin auch wieder normal. Kein Problem mit vorzeitigem Orgasmus. Da kann ich immer eine halbe Stunde oder länger mit ihr zusammensein. Wir sind jedesmal wie frisch verheiratet. Da sehe ich immer wieder, was für eine liebe Frau sie im Grunde genommen wäre.

Was geschieht, wenn Sie – im besten Fall – beide einen Höhepunkt erreicht haben?

Da liegen wir nebeneinander, halten einander fest an der Hand, küssen uns. Wir sagen uns vielleicht, wie schön es war und dass wir es gern wieder mal hätten.

Sagen Sie das?

Ja. Meine Frau sagt vielleicht: „Gelt, wir haben es schön miteinander?!" Wir kennen natürlich viele Leute in unserer Umgebung, die seit langem nichts mehr miteinander haben im Bett. In unserem Leben haben wir derlei viel gehört.

Sie geniessen es, wie es nachher ausklingt?

Ja, das tun wir beide. Ich ziehe sehr bald meine Pyjamahose an, damit nicht etwa ein Tropfen von meiner Flüssigkeit mit ihrem Oberschenkel in Berührung kommt – ich weiss, wie empfindlich sie ist.

Dann stört es Ihre Frau auch, wenn ihr das Sperma unten rausläuft?

Sie hat sofort ihr Tüchlein zur Hand und putzt sich damit, sogar schon wenn ich noch in ihr bin. Ich habe ihr gesagt, das störe mich. Ich glaube, das hat sie jetzt kapiert. Sie legt aber immer einen dicken Molton aufs Bett, wenn wir Verkehr haben, zum Schutz der Matratze.

Was passiert weiter nach dem Orgasmus?

Gewöhnlich haben wir ein Joghurt auf dem Nachttisch parat und einen Löffel. Das essen wir dann miteinander.

Und waschen?

Ja, das ist klar! Wenn ich geschwitzt habe, gehe ich duschen.

Noch vor dem Joghurt?

Ja, sofort nach dem Verkehr. Manchmal muss ich sogar während des Verkehrs aufstehen und unter die Dusche, weil ich fürchte, es könnte ihr abstellen wegen meines Schwitzens.

Nehmen wir an, Sie hätten einen Wunsch frei: Was würden Sie sich für Ihre Sexualität wünschen?

Meinem Alter entsprechend möchte ich einmal in der Woche mit meiner Frau zusammensein, und zwar genügend lange und entspannt: Eine Stunde lang wäre schön! Vielleicht könnte ich ihr in einem solchen Moment mal sagen, dass sie sich an der Klitoris berühren lassen sollte, wenn sie einen zuverlässigen Orgasmus haben möchte. Es könnte sein, dass wir eine therapeutische Hilfe in Anspruch nehmen müssten. Ich bin ganz zuversichtlich, weil ich meine Frau sehr lieb habe. Ich bedaure jedes „K" in meinem Tagebuch.

Wenn ich Ihrer Frau die gleiche Frage stellen würde: „Welche Entwicklung wünschen Sie sich für Ihre Sexualität?", welche Antwort würden Sie erwarten?

Sie würde sagen: „Das ist mir nicht so wichtig. Ich möchte einen ausgeglichenen Mann!" Aber einen solchen Mann gibt es auf Erden nicht, höchstens im Fernsehen.

Und was wäre ihr sexueller Wunschtraum?

Sie möchte vermutlich einmal im Monat Verkehr, aber richtig!

Also Verkehr mit gleichzeitigem Orgasmus?

Genau. Lacht. Sie sehen, ich war ein offenes Buch vor Ihnen. Ich war offen und ehrlich und habe Sie nie angelogen. Das darf ich vor Ihnen und vor Gott sagen.

DORIS K.-M. ist 61 Jahre alt, von Beruf
kaufmännische Angestellte und Hausfrau, seit 40 Jahren liiert
und seit 38 Jahren verheiratet mit Felix, 63 Jahre,
Malermeister; ein Sohn, 35 Jahre, eine Tochter, 32 Jahre,
und ein weiterer Sohn, 22 Jahre alt.
Ihre Grösse: 170 Zentimeter, ihr Gewicht: 64 Kilogramm.
Hobbys: Skifahren, Bergsteigen.

Sex als Kreislaufmittel

Ich sagte ihm: „Du, hör mal.
Du willst doch 86 werden
und ich 104. Hast du dir schon
mal überlegt, dass dein ‚Joseph‘
eines schönen Samstag morgens
halt nicht mehr so will, wie
du gern möchtest? Dann müssen wir uns anders zu helfen
wissen.“

Was bedeutet Ihnen Sexualität heute, mit 61 Jahren?

Sie steht heute nicht mehr an erster Stelle. Geschlechtsverkehr gibt mir nur noch sehr wenig. Ich würde nicht mehr meilenweit dafür laufen.

Und Ihrem Mann?

Er hat noch mehr körperliche Bedürfnisse als ich.

Sagt er Ihnen das?

Ah ja, das merke ich. Ich kenne ihn lange genug. Wenn er anfängt zu grabschen, dann weiss ich, er will.

Immer wenn er Sie streichelt, wissen Sie, dass er will?

Ja, ja! Lacht.

Er könnte vielleicht einfach Freude haben am Streicheln.

Nein, nein! Ich habe ihm in den vierzig Jahren oft gesagt, das würde mir gefallen, nur einfach streicheln und gestreichelt werden. Aber es läuft immer aufs gleiche hinaus – es muss schliesslich einfach sein. Er hat auch in seinen früheren Beziehungen nie etwas anderes erlebt als immer den Geschlechtsakt als Abschluss.

Wer sich mit ihm einlässt, muss mit dem Geschlechtsakt rechnen?

Ja, genau.

Das ist immer noch so?

Ja, das ist immer noch so. Ja.

Steigen Sie jedesmal darauf ein, wenn er die Initiative zum Sex ergreift?

In der Regel ja. In Ausnahmefällen lehne ich ab, weil irgend etwas Unangenehmes, nicht Bereinigtes zwischen uns in der Luft liegt. Dann akzeptiert er das.

Gefallen Sie sich, wenn Sie sich im Spiegel anschauen?

Ja! Wenn man den Kopf abdecken würde, könnte ich eine androgyne 19jährige sein: Schlank, nicht mehr viel Busen. Nichts, was schlaff runterhängt.

Und Ihrem Mann gefallen Sie auch noch?

Sicher. Im Ausgang schminke ich mich auch gern. Ich trage mit Vorliebe schwarz-weiss. Kürzlich angelte ich mir im Brockenhaus ein echtes Dior-Kostüm. Das steht mir super, und er machte mir handfeste Komplimente.

Und Ihre Haare?

Die sind rötlich getönt, Frisur Zarah Leander, Ende vierziger Jahre. Ich verkleide mich gern ein wenig.

Ihr Mann hat auch keinen Bauch?

Nur ein wenig. Er geht jetzt trimmen und joggen. Er ist nur 64 Kilogramm schwer und hat einen zierlichen Körperbau.

Wann haben Sie das letzte Mal miteinander geschlafen?

Am letzten Samstag. Wir machen das überhaupt häufig am Wochenende. Das hat sich eben eingespielt bei uns: das Wochenend-Bümserchen. Samstag oder Sonntag morgens muss es sein. Es ist wie ein gutes Essen, auf das ich aber auch mühelos verzichten könnte.

Am Abend passiert nichts bei Ihnen?

Kaum. Am Abend haben wir ein spezielles Zeremoniell: Weil mein Mann so katastrophal schnarcht, gehe ich vor ihm ins Bett, mit Gehörschutzpfropfen, und schlafe sofort ein. Zum Glück merke ich nichts davon, dass er ins Bett kommt und anfängt, fürchterlich zu sägen. Obwohl dann das ganze Bett vibriert, bin ich nicht mehr zu wecken.

Schlafen Sie im gleichen Bett?

Ja, in einem grossen Bett.

180 Zentimeter?

Zwei Meter breit. Das haben wir seit zehn Jahren. Ich brauche Platz zum Schlafen.

Im Pyjama?

Je nach Temperatur. Im Winter trage ich ein Nachthemd, im Sommer, wenn es heiss ist, bin ich am liebsten ohne, und er auch.

Er weckt Sie am Samstag oder Sonntag morgen?

Wir wachen beide gleichzeitig auf, und dann beginnt er mich zu streicheln: am Arm zuerst, über die Hüfte, die Schenkel.

Sie streicheln ihn auch?

Ja, klar! Wir leben fast vier Jahrzehnte zusammen, ich habe ihn gern. Und er ist so schön warm im Bett.

Berührt er Sie gut? Ist das schön für Sie?

Jaaa, ... es ist nicht unangenehm.

Aufregend ist es nicht?

Nein, nein. Wissen Sie, ich mache mir da keine Illusionen mehr: Nach so vielen Ehejahren kann das nicht mehr aufregend sein. Das bräuchte schon was ganz anderes.

Was denn?

Früher jedenfalls konnte es ein anderer Mann sein, der mir einen richtigen Hormonstoss verpasste. In all den Jahren waren es deren zwei, und das ist wenig.

Wenig im Vergleich zu Ihren Bedürfnissen?

Ja, und verglichen mit dem, was man so hört.

Ihr Mann wusste das mit den zwei Männern?

Uh, nein! Nein. Er hatte höchstens vage Vermutungen.

Sie machten es im Versteckten?

Ja, klar. Das ist ja der Reiz dabei. Ich hätte nie daran gedacht, mich deswegen scheiden zu lassen. Gesucht habe ich's übrigens nicht, nie. Aber ich wehrte mich auch nicht, weil es stärker ist als ich, die Hormone, wissen Sie. Und ich genoss es sehr. Leider begannen die Männer nach einer gewissen Zeit an mir zu kleben, beide. Dieses Theater mochte ich nicht und stiess sie wieder ab. Eigentlich haben mich immer viele Männer gereizt, auch sexuell, aber nur solange sie nicht erreichbar waren. Sobald es Formen anzunehmen begann, langweilte es mich schnell.

Kam Ihr Mann während Ihrer Affären zu kurz im Bett?

Nein, nein! Ganz und gar nicht! Im Gegenteil: Ich hatte viel mehr Spass am reinen Sex, auch mit ihm.

Reue empfinden Sie heute keine?

Absolut nicht! Mein Mann war der erste Mann in meinem Leben. Ich hatte einen Nachholbedarf, und es war eine richtige Bereicherung für mich. Die Sonne war schöner, die Blumen farbiger und das Essen besser! Lacht.

Haben Sie auch jetzt noch solche Sehnsüchte?

Ja, doch. Das kommt heute noch vor, als Schwärme von Ferne, aber ohne Sex. Erotisches Knistern zieht mich nach wie vor an. Zum Beispiel habe ich eine unglaubliche Schwäche für Richard Chamberlain, diesen englischen Schauspieler. Wie der aussieht! Ein faszinierender Typ! Vor dem Einschlafen träume ich manchmal, dass ich ihm begegne und einen heissen Flamenco mit ihm tanze. Mir das vorzustellen, ist ein herrliches Gefühl ... Und diese Reize der Natur! Gestern sah ich die Knospen der Kastanienblüten, so richtig prall lebendig, wie Brustwarzen, halb erregte. Ich sehe überall Sinnlichkeit. Das gibt mir ein wohliges Gefühl im Bauch. Da kann ich ganz gut auf einen mittelmässigen Sexakt verzichten.

Sie würden ja auch lieber streicheln und gestreichelt werden?

Ja.

Stellen Sie sich vor: Eine Dreiviertelstunde Liebkosungen und dann: „Es war schön, dich zu berühren! Schlaf gut!"

Nein! So was habe ich noch nie erlebt. Aber vor zehn Jahren hätte ich das wohl selber nicht ausgehalten. Lacht.

Und heute?

Da schläft er ein beim blossen Streicheln – und ich eigentlich auch. Streicheln beruhigt eben.

Am Samstag morgen ist es anders: Da wissen Sie, was er will?

Ja, aber er ist auch nicht mehr so allzeit bereit wie als 30jähriger Mann. Er ist zwar schnell erregt, aber dann sollte „es" sofort sein, sonst schlafft er ab. Und nachher ist nichts mehr zu wollen. Seit seiner Rückenoperation vor fünf Jahren muss er immer Medikamente nehmen, die seiner Potenz bestimmt nicht förderlich sind, nehme ich an. Aus diesem Grund stecke ich zurück. Ich bräuchte nämlich rund eine halbe Stunde Stimulation, bis ich wirklich bereit wäre. Aber das geht ja gar nicht bei ihm. Also muss ich es hinter mich bringen, solange er kann.

Haben Sie ihm früher gesagt, wie er Sie wirkungsvoll stimulieren kann?

Nein, ich zeigte es ihm durch Schnaufen oder Stöhnen oder, indem ich seine Hand führte. Oder ich knurrte missbilligend, wenn mir etwas nicht gefiel.

Mit Worten haben Sie ihn nie informiert?

Doch, doch. Ich sagte ihm, dass ich die Berührung an gewissen Stellen nicht mochte. Und das hat er dann auch respektiert.

An welchen Stellen zum Beispiel?

Ich habe nicht gern, wenn man mir an der Klitoris herumfummelt.

Wieso denn das?

Gell, ich bin eine Komische!? Es war mir einfach immer unangenehm.

Sie befriedigen sich nicht selbst?

Doch, aber nicht so direkt.

Ah, Sie mögen dort keine direkte Berührung?

Genau, genau! Ich habe es lieber, wenn man die Klitoris ausklammert. Und jetzt bin ich auch empfindlich geworden an den Brustwarzen. Vielleicht hat das auch dazu geführt, dass ich fast einen Ekel entwickelt habe.

Ekel? Ekel wovor?

Ahh, ich mag diese verdammte Schleckerei nicht mehr. Früher war das sehr schön. Genau wie das Zerkratzen des Rückens: Jetzt habe ich es nur noch gern, wenn es ganz fein ist.

Ekel wegen mangelnder Sauberkeit kennen Sie nicht?

Nein, gar nicht.

Auch nicht Mundgeruch Samstag morgens beim Aufwachen?

Wir gehen sowieso als erstes auf die Toilette und putzen unsere Zähne. Die ausgiebige Dusche kommt erst nachher.

Vorher streichelt er Sie, und Sie wissen, dass er mit Ihnen schlafen will. Streicheln Sie ihn auch, um ihn zu erregen?

Das ist nicht nötig. Er wird von selber scharf. Da muss ich überhaupt nichts machen. Das ist es ja eben! Wenn er scharf ist, muss es ja möglichst schnell passieren, weil es nicht mehr lange hält. Dafür habe ich Verständnis.

Dann berühren Sie ihn gar nicht am ... – haben Sie ein eigenes Wort für „Penis"?

Er sagt ihm „Joseph" oder „Seppli".

Und Sie nennen ihn auch so?

Jaja.

Sie greifen also nicht nach seinem „Joseph"?

Doch, doch, natürlich. Ich will wissen, in welchem Zustand er ist und wie er funktioniert. Wenn er bereit ist, weiss ich, dass ich nicht mehr dran herummachen darf, sonst kommt das einfach. Und er möchte schon am richtigen Ort spritzen und nicht in die Leintücher. Er will was davon haben, sonst könnte er es auch selber machen.

Kam er die ganzen vierzig Jahre immer schnell?

Ja, aber vor der Penetration konnte man länger

spielen. Das sind wohl Alterserscheinungen. Immerhin spüre ich, wie er sich darüber freut, überhaupt noch Lust zu haben und einen Ständer zu bekommen.

Ihnen gefällt sein Ständer auch?

Ja, jaaa ... Ich habe Freude, weil er Freude hat. Für sein Selbstwertgefühl ist das wichtig. Dann ist seine Laune gut, und das ist auch gut für mich.

Wenn er erregt ist: Wer gibt grünes Licht fürs Miteinanderschlafen?

Das mache ich. Ich lege mich in Position, indem ich ein Bein über seine Hüfte ... Warten Sie, wie geht das? Ja, genau: Ich öffne mich, rutsche ein wenig zurecht, aber man trifft ja immer.

Sie sind doch nicht besonders erregt – wie werden Sie denn feucht?

Seit etwa drei Jahren, ich gebe es zu, muss ich eine Gleitpaste benützen, ein Gel aus der Apotheke. Wenn er merkt, es ist alles käfertrocken, sagt er: „Eh, wir schmieren ein wenig!" _{Lacht.} Dann wärmt er die Tube etwas an, damit es nicht so kalt ist. _{Lacht.} Wir beziehen das ein, wie andere Leute das Kondom einbeziehen. Damit es kein Geschmier gibt, lege ich immer ein Frottiertuch drunter, das gehört auch dazu.

Mögen Sie den „Joseph" in sich?

Ja, das ist ein angenehmes Gefühl. Aber in Ekstase komme ich nicht mehr.

Weh tut es nie?

Nein, so wie wir's machen, nicht. Einige Stellungen, die wir früher praktizierten, würden mich heute schmerzen, weil ich eine leichte Gebärmutterknickung habe. Gewisse Penis-Winkel, sagen wir, von hinten, wären schmerzhaft. Da hätten wir beide nichts davon. Drum machen wir das einfach nicht.

Oben umarmen Sie sich?

Ja. Ich muss ihn ganz fest halten und drücken, bis ihm fast die Luft ausgeht.

Wieso denn das?

Er hat diesen Druck gern, wie in einem Schraub-stock. _{Lacht.}

Hat er das so gesagt?

Jaja!

Klammern Sie sich auch mit den Füssen an?

Ja, manchmal wickle ich mich zwei-, dreimal drum herum. _{Lacht.}

Schauen Sie sich dabei an?

Nein, mir gehen meistens die Augen zu. Da kann ich nichts machen.

Mit geschlossenen Augen haben Sie mehr davon?

Vermutlich schon. Das ist wie ein Reflex, ich kenne nichts anderes. Ich lasse mir nie gern bis ins Innerste schauen.

Mögen Sie Dunkelheit beim Liebemachen?

Ja, oder mindestens schummriges Licht. In fast gänzlicher Dunkelheit fühle ich mich am geborgensten.

Ist etwas zu hören, wenn Sie miteinander schlafen?

Ganz still ist es nicht. Durch das starke Drücken strapaziert man den Brustkasten gegenseitig, und das keucht und stöhnt. Ich fauche und schniebe auch noch wie eine Katze, ganz hoch wie der Oskar in der BLECHTROMMEL, der mit seiner Stimme Scheiben zum

Zersprengen brachte. Das geht bei mir schon seit eh so. Bei ihm ist es eher ein Grunzen. ₗₐcₕₜ. Und dazu sagt er meinen Namen.

Machen Sie das auch?

Nein! Nie. Auch bei meinen beiden Liebhabern nicht. Zu blöd, wenn plötzlich der falsche Name raus- rutschen würde! ₗₐcₕₜ. Wissen Sie, mit wem ich auch immer geschlafen habe – die Vernunft habe ich nie ganz weggekriegt. Und darüber bin ich eigentlich ganz froh.

Wie lange, schätzen Sie, bleibt er in Ihnen bis zu seinem Orgasmus?

Das geht rasch. Wenn es mich packt, ist das ein zeitloser Moment, in dem sogar mir vorübergehend die Vernunft abhanden kommt. Und da schaue ich nicht auf den Wecker.

Sie selbst scheinen doch auch etwas vom Ganzen zu haben, und Sie machen es nicht nur für Ihren Mann?

Ja, doch. Dieser letzte Teil unseres Sex, das Zu- sammensein und der Orgasmus, ist gut. Aber der Höhe- punkt ist nicht mehr so intensiv wie früher, als es mir „la petite mort", den „kleinen Tod", bedeutete. Heute habe ich noch ein kleines Orgasmüschen. ₗₐcₕₜ. Und das geht mir durch den ganzen Körper, der erst angespannt und dann gelöst ist, und ich fühle mich trotzdem gut nach- her. Es ist gut für meinen Kreislauf: Es weckt mich so richtig. Ich könnte das Bett auf den Kopf stellen.

Haben Sie beide Ihren Orgasmus nacheinander?

Ja, ganz kurz hintereinander. Seine Orgasmus- stösse und -töne lösen bei mir den Höhepunkt aus. Da kommt mein Tierchen schon noch ein wenig raus ...

... nachdem es sich lange versteckt hatte?

Ja. Ein Mann müsste sich ja unglaublich lange anstrengen, bis er mich erregt hätte. Das war immer schon so. Aber beim eigentlichen Geschlechtsakt selbst komme ich plötzlich aus dem Busch. Da bin ich eine untypische Frau: Bei mir funktioniert der reine Sex.

Sie funktionieren ohne Mithilfe von Fingern?

Ja, natürlich. Wie bei den Löwen: So eine Begattungsszene aus einem Tierfilm kann mich ungeheuer erregen. Offenbar geht das etwa vierzig Minuten mit der Paarung – ein Löwe kann so lange! In den Filmen sieht man in Ausschnitten, wie er aufsteigt und dran ist und brüllt und wie die beiden sich auch wieder sehr rasch trennen.

Und die Löwenfrau?

Ja, die räkelt sich so genüsslich – genau wie ich! Ein kurzes Lust-Gewitter, und dann ist's vorbei, und man kann das gute Gefühl noch eine Weile geniessen. Mein Mann sagt dann gewöhnlich: „Schmeisst du mich raus?" Dabei rutscht er von selbst heraus, so schlaff, wie er ist, zum Beispiel wenn ich husten muss, weil er mich so stark umarmt.

Sie trennen sich dann auch so rasch wie das Löwen-paar?

Ja, für mich ist Sex fast ein Kreislaufmittel, und darum halte ich es nachher nicht mehr lange im Bett aus. Ich muss ab ins Bad, das Frühstück machen ...

Und er bleibt im Bett?

Er bleibt noch ein wenig, zum Glück. So habe ich Platz und Ruhe im Bad. Drum sage ich ihm immer: „Bleib noch etwas liegen! Ich mach' uns jetzt das Morgenessen." Und dann geniessen wir es ausführlich am Frühstückstisch mit Lachs und Eiern und feiner Konfitüre. Dazu reden und diskutieren wir über alles mögliche.

Macht es einen Unterschied, ob Sie vorher miteinander geschlafen haben oder nicht?

Ganz klar! Seine Stimmung ist viel besser, er ist umgänglicher. Sonst ist er ein Schwieriger, einer, der rasch aufbraust. Aber jetzt, nach dem Sex, ist er empfänglich für meine Vorschläge und bereit, auch auf meine Wünsche einzugehen. Er zieht dann meine Meinung eher in Betracht als gewöhnlich.

Ihre Sexualität scheint sich im Lauf Ihrer vierzig gemeinsamen Jahre stark verändert zu haben?

Sex hat bei mir einen ganz anderen Stellenwert bekommen. Vor allem sagt mir ein langes Vorspiel nicht mehr viel. Man braucht mich nicht umständlich „rumzukriegen" für Sex. Ich habe jetzt andere Möglichkeiten, um mich bereit und empfänglich zu machen: Natur, Musik, ein gutes Parfum, ein feines Essen, eine aufregende Buchszene oder eine eigene Phantasie, die mich antörnt.

Aber nicht am Samstag früh?

Nein, aber ich habe mein Reservoir, eine allgemein empfängliche und bereite Stimmung.

Nehmen Sie Phantasien zu Hilfe, wenn Sie mit ihm schlafen?

Das kommt vor, ja.

Schlechtes Gewissen?

Nein, nein! Wozu auch? Da tue ich niemandem was zuleide.

Haben Sie ihm schon davon erzählt?

Nein, gar nicht. Er mir auch nicht. Ich nehme an, dass er auch solche sexuellen Phantasien hat. Das ist in Ordnung, wenn es ihm gut tut. Ich will lieber nichts zerreden.

Reden Sie überhaupt über Ihre Sexualität, Sie und Ihr Mann?

Eigentlich nicht, höchstens konkrete Hinweise auf Vorlieben oder Abneigungen im Bett. Da genügen oft Gesten oder Blicke, dann weiss man Bescheid.

Und ausserhalb des Bettes?

Nein, nie! Das würde nicht passen. Das käme uns gar nicht in den Sinn. Es scheint uns gar nicht zu beschäftigen.

Welche Veränderungen würden Sie Ihrem Mann vorschlagen, wenn Sie die Macht hätten, über Ihre Sexualität zu bestimmen?

<small>Überlegt.</small> Ich weiss nicht ... Vielleicht höchstens, dass ich gewöhnlich mit Berührungen und streicheln zufrieden wäre und auf Penetration meistens verzichten könnte.

Ihr „Orgasmüschen" ist Ihnen nicht so wichtig?

Derlei sinnliche Höhepunkte erlebe ich jetzt eben anders: Ein insgesamtes Wohlsein bei intensiven Sinnenerlebnissen ist für mich ähnlich schön wie ein Orgasmus.

Am liebsten würden Sie ihm also vorschlagen: „Komm, wir lassen das Penetrieren und gehen zum sinnlichen Schmusen über!"

Ja. Ich habe das auch schon angeregt im Hinblick auf den Zeitpunkt, zu dem er dann überhaupt keine Erektion mehr haben kann. Ich sagte ihm: „Du, hör mal. Du willst doch 86 werden und ich 104. Hast du dir schon mal überlegt, dass dein ‚Joseph‘ eines schönen Samstag morgens halt nicht mehr so will, wie du gern möchtest? Dann müssen wir uns anders zu helfen wissen. Man kann sich doch auch auf andere Weise was zuliebe tun. Du bist so furchtbar fixiert auf den Geschlechtsakt!" Solange er den vollziehen kann, fühlt er sich noch als Mann.

Wer sagt das, er oder Sie?

Das sage ich, weil ich es weiss. Ich kenne ihn doch. „Wollen und Können sind zwei Dinge", sagt er häufig, und er ist stolz, dass seine Manneskraft noch derart funktioniert. Und ich lasse ihm doch die Freude. Aber schliesslich müsste ich mir auch überlegen, wenn ich zum Beispiel eine Krankheit in der Vagina hätte, wie ich ihn mit den Händen befriedigen könnte oder so.

Haben Sie das auch schon gemacht?

Früher ja, aber ungern. Oralsex mag ich gar nicht, es ekelt mich.

Sie könnten sich also Ihre Ehe auch ganz gut ohne Sex vorstellen?

Uh ja, problemlos!

Obwohl Sie offenbar noch jede Woche miteinander schlafen – und gar nicht schlecht?

Für ihn ist es immer ein Stimmungsaufheller, der ihm sehr viel bedeutet, während ich es als angenehm empfinde, nicht als überwältigend. Und schliesslich sind wir verheiratet, und darum will ich ihm das sicher nicht abstellen. Besonders früher war er ein schwieriger Charakter, und ich habe häufig frustriert mit ihm geschlafen, nur damit er wieder einigermassen ansprechbar wurde. Das tat mir gar nicht gut, ich fühlte mich oft richtig missbraucht. Aber was wollte ich? Ich machte es nur, damit die Stimmung nicht vollständig verschandelt wurde. Ich habe nicht gern einen jähzornigen Mann, das vertrug ich immer schlecht. „Wenn die Alte nichts mehr davon wissen will, muss man es halt auswärts holen!" Ja, so tönte das vor 20, 25 Jahren. Da hatte ich oft Ekel vor ihm, wenn ich mit ihm schlief. Dafür konnte ich ihn tags darauf leichter fragen: „Dürfte ich noch etwas zusätzliches Haushaltsgeld haben?" Traurig, aber wahr! Diese schlimme finanzielle Abhängigkeit und ihre Folgen möchte ich nicht noch einmal erleben. Ich tröstete mich damit, dass es berühmteren Frauen als mir nicht besser ergangen ist. – Inzwischen hat er sich sehr geändert, das muss ich sagen. Darum ist heute die Ambiance in unserer Beziehung viel besser als in unseren frühen Jahren.

Haben Sie mit Ihrem Mann auch noch Träume und unerfüllte Sehnsüchte?

Wenn er mal pensioniert ist, möchte er mit einem Camper durch die Wüste streifen. Leider bin ich dafür nicht zu haben. Campingzeug mag ich nicht mehr und Wüstenhitze sowieso nicht. Ich möchte lieber, dass wir uns im Alter irgendwo in Schottland niederlassen. Am liebsten hätte ich ein altes Schloss, wo es spukt – ahh, das wär' schön!

Wird Ihr Mann dieses Interview lesen?

Nein! Ich habe ihm gar nichts davon gesagt. Er weiss zwar eigentlich alles, was ich Ihnen erzählt habe – ausser die Geschichte von meinen beiden Ausrutschern, die weiss überhaupt niemand. Sie sind der Erste, dem ich das erzähle – dieses Geheimnis werde ich niemals preisgeben. Er hat die Einstellung: Was in unseren vier Schlafzimmerwänden passiert, ist Privatsache, die niemand was angeht. Er würde nie über Sex mit irgend jemandem reden, sein Intimleben ist tabu für ihn. Das finde ich auch gut. Ich halte es nämlich auch genauso.

LEA O.-L. ist 49 Jahre alt, Budgetberaterin
und Hausfrau, seit 30 Jahren liiert und seit 24 Jahren
verheiratet mit Martin, 50 Jahre, Organisationsberater;
eine Tochter, 23 Jahre, und ein Sohn, 21 Jahre alt.
Ihre Grösse: 167 Zentimeter, ihr Gewicht: 59 Kilogramm.
Hobbys: Velofahren, Moderne Kunst.

Wucht und Wonne

Vor kurzem tanzten wir vor dem Cheminée-Feuer über eine Stunde lang zu guter Musik und entkleideten uns dabei langsam. Wir waren beide richtig in geiler Trance, und dann schliefen wir miteinander. Es war ein Rauscherlebnis, vor allem unser Tanz.

Letzte Nacht hatte ich wieder einen Traum, in dem Stiere und Hoden vorkamen. Solche Träume habe ich hin und wieder. Ich bin nämlich besonders scharf auf Hoden. Ich führte also einen Riesenstier mit Nasenring an einem Strick in einen Stall. Ich hatte überhaupt keine Angst und band den Stier neben zwei weiteren Stieren fest. Bei einem alten Mann vergewisserte ich mich, dass ich einen sicheren Knoten gemacht hatte, damit der Stier sich nicht losreissen konnte. Es war alles in Ordnung, und ich stand noch einen Augenblick hinter den drei Stieren und sah mir ihre Hoden an. Ich dachte bei mir: „Meiner hat wirklich die schönsten Hoden."

Hat Ihr Mann tatsächlich die schönsten Hoden?

Ja, sie sind mir die vertrautesten, ja. Ich wäre traurig, wenn ich die nicht mehr hätte. Sie sind mir sehr wichtig. Ich berühre sie fast lieber als den Schwanz.

Martin gefällt Ihnen immer noch, körperlich?

Ich mag seine behaarten Beine. Sie sind kräftig, noch gar nicht wabbelig. Seinen Hintern habe ich auch gern, obwohl er nicht mehr wie der eines 25jährigen Knaben ist. Rücken gibt's schönere: Er ist leicht bucklig und darum nicht sehr erotisch. Das Kreuz hinten auch nicht, andere Männerkreuze können mich erregen. Aber Martins Brust liebe ich sehr: Da stimmt alles, die Breite, die Haare, die Brustwarzen. Erregend finde ich auch seine Arme und Hände. Der Hals, ja, der hat jetzt halt Falten. Die stören mich nicht. Die Augen können strahlen, aber auch dunkel und böse blitzen. Seine Ohren sind sehr erotisch für mich, und natürlich die Lippen, breit und kussfreundlich und weich ...

Und seine Füsse?

Die sind fast inexistent. Natürlich hat das eine Geschichte: Zu Beginn unserer Beziehung hatte ich grosse Lust, mich seinen Füssen zu widmen, und er wollte leider nicht. Wenn wir also miteinander schlafen, machen unsere Füsse gar nicht mit. Mit Ihrer Frage wird mir erst bewusst, dass das seit bald dreissig Jahren so ist.

Was spielt sich bei Ihnen üblicherweise ab, wenn Sie miteinander schlafen?

Wenn ich von den letzten zwei, drei Monaten erzähle, ergibt sich ein attraktives, aufregendes Bild – verglichen mit dem vergangenen Jahr, in dem alles viel spartanischer ablief. Es ist eben sehr viel geschehen seither.

Berichten Sie von jetzt.

Es ist Abend, schon ziemlich spät. Einer von uns liegt schon im Bett, nackt. Der andere ist vom Bett aus im Spiegel sichtbar, wenn er duscht. Angenommen, ich bin noch unter der Dusche. Martin sagt: „Komm bald!" oder „Ich warte ..." oder „Komm jetzt, ich bin am Vorwärmen!" Ich lache und creme mich genüsslich ein, und er lacht auch und blinzelt.

Wenn einer nackt im Bett liegt, bedeutet das Einladung zum Sex?

Ja, aber es muss nicht unbedingt zum Letzten kommen. In unserer langen intimen Tradition nennen wir das „Es Drücki mache".

Das heisst, Sie drücken sich aneinander ...

... und spüren einander nackt von oben bis unten, aber Koitus ist nicht inbegriffen. Allerdings gab es früher auch manchmal Knatsch dabei. Es war nicht immer harmonisch.

Freuen Sie sich in der Dusche genauso auf das „Drücki mache" wie auf einen Koitus?

Ja. Mir gefällt, dass alles offen ist. Übrigens haben wir vor rund zwanzig Jahren noch etwas anderes erfunden: das „Garäschle".

Sie sind die Garage, und er fährt ein?

Lacht. Ja, er fährt mit dem Schwanz kurz ein – ein paar Sekunden – und sofort wieder raus, ohne Orgasmus. Vielleicht wiederholen wir es, aber nicht mehr als zwei Mal. Es ist manchmal unsere Art, wie wir uns am Morgen begrüssen. Wir machen das seit vielen Jahren, aber letztes Jahr fiel es völlig aus. Ein beschissenes Jahr!

Wenn Sie das machen, nehmen Sie die Erregung mit in den Tag hinein?

Ja, genau! Das ist so schön! Jetzt haben wir es wieder neu entdeckt. Es ist wie ein energetisches Bonbon für den Tag.

Kennen Sie noch mehr solche Leckerbissen?

Ja. „Löffele"!

Sie füttern sich gegenseitig?

Nein. Wir liegen hintereinander in der Embryostellung wie die Löffel in der Tischschublade. Das machen wir, seit wir uns kennen.

Wann machen Sie das typischerweise?

Am Abend, vor dem Einschlafen. Das bedeutet Geborgenheit, Schutz, Wohligkeit, Wärme. Aber zum Einschlafen selbst trennen wir uns wieder. Ich liebe das „Löffele" übrigens auch als Koitusstellung.

Nennen Sie unter sich den Koitus „Koitus"?

Nein. Dafür haben wir gar keinen Namen, höchstens „miteinander schlafen". Ah, doch: „schnäble"*! Das ist so schön vulgär. Es gibt Momente, in denen mich der Ausdruck antörnt. Ein andermal könnte ich ihn gar nicht vertragen. Selten sage ich zu Martin: „Ich möchte wieder mal vögeln!" Und dann lachen wir beide, weil das Wort vermutlich nicht genau in unsere Sprache passt. Es können auch andere grobschlächtige Wörter vorkommen, aber nicht im Bett selbst.

Wie reden Sie dort miteinander?

Zum Beispiel „Das erregt mich!" oder „Mach weiter!" oder „Ou, das hab ich gern!" oder „Darf ich noch ein wenig? Hast du das gern?"

Ein intimes Gespräch, das Ihren Sex begleitet?

Ja, aber ich gebe dabei mehr preis als Martin, viel mehr. Martin hält fast alles zurück. Darüber reden wir in den letzten Wochen sehr ausführlich miteinander.

Über Ihr Ungleichgewicht?

Ja, das gab in unserer Geschichte häufig Anlass zu Auseinandersetzungen. Immer wieder sagte ich ihm: „Warum sagst du mir nicht mehr und deutlicher, was du gern hast? Du lässt mich in der Luft hängen!" Seit einigen Monaten ist er offener.

Wenn Sie auch geschwiegen hätten im Bett, wäre es ein Stummfilm geworden?

Ja, und ich erinnere mich, dass ich ein paarmal ausgestiegen bin: „Ou nein! Jetzt mag ich nicht mehr! Er

---

* Abgeleitet von dem Dialektausdruck „Schnäbi" für Penis.

hilft ja gar nicht mit!" Und aus Trotz stellte ich mich betont passiv zur Verfügung. Dann spritzte er vielleicht und fragte mich nachher: „Was war plötzlich los mit dir?" Ich sagte: „Was meinst du eigentlich?? Glaubst du, ich biete dir eine Menge, und du profitierst von der guten Stimmung, die ich im Alleingang schaffe? Nein!" Ich fühlte mich richtig ausgenützt. „Dann mach ich's viel lieber selber! Das hier scheisst mich an!" schmiss ich ihm an den Kopf.

Und jetzt, wie haben Sie's verändert?

Vor zwei Monaten hatten wir ein offenes Gespräch bei einem Spaziergang. Da sagten wir uns Dinge, die vorher noch nie zur Sprache gekommen waren. Im Moment könnte ich nicht mehr trotzen. Er hört mich nämlich jetzt, wenn ich ihn frage, und er kann mir viel direkter sagen, was er gerne möchte.

Sie verfügen auch über ein unbefangenes gemeinsames Vokabular, um die Dinge beim Namen zu nennen?

Den Schwanz nennen wir manchmal den „kleinen Martin" und meine Geschlechtsteile „die kleine Lea". Das sind zärtliche Wörter im Schmunzelbereich. Wenn wir aber auf einem Spaziergang über unsere Sexualität reden, sprechen wir beide ganz klar von „Schwanz", „Hoden", „Eichel", „Schamlippen", „Klit", „Füdliloch"*.

Und wenn Sie dann erregt sind?

Dann sage ich etwa: „Ou, ou, ich bin erregt!" oder „Es zieht mich!" oder „Mir kommt's!" oder „Stoss wei-

---

* Dialekt für „Anus".

ter!" Manche Ausdrücke gebrauchen wir beide, die meisten aber kommen von mir, weil Martin bisher die Sprache für seine Körperempfindungen und Gefühle nicht fand. Das Problem war nie, dass er gehemmt gewesen wäre. Im erregten Zustand war er vielmehr nicht fähig, seine Erregung auch mitzuteilen.

Für Sie wäre es erregend, wenn er das tun würde?

Wahnsinnig erregend wär' das! Seine Lust näher kennenzulernen, würde meine Lust enorm steigern. Und überhaupt zu erfahren, was ich noch tun könnte, um ihn scharf zu machen, das wäre ganz gross! Vor einiger Zeit sagte er mir im Bett verschiedenes, was er nicht mochte. Ich wurde richtig wütend: „Verdammt noch mal! Nie höre ich von dir, was du gern hast! Was soll ich mit deinen Reklamationen??" Er rechtfertigte sich bloss, und wir stritten uns sinnlos herum.

Inzwischen wissen Sie beide mehr darüber, was gefällt und was nicht?

Viel mehr. Und wir haben auch den ständigen Anspruch fahren lassen, immer gut sein zu wollen, damit der andere einen begehrt. So ein Bullshit! Beide wollten wir für den Partner jederzeit sexuelle Spitzenleistungen erbringen. Pah! Zum Beispiel glaubte er immer, er müsste in jedem Fall spritzen. Erst jetzt fanden wir heraus, dass das ja gar nicht nötig ist. Das nahm natürlich Druck von ihm weg. So alt mussten wir werden ...

Und welche Neuigkeiten haben Sie von ihm erfahren?

Zum Beispiel sind wir schon ein wenig angeregt miteinander im Bett, und ich greife nach seinem Schwanz, halb ernst, halb grinsend: eine gedankenlose

Spielerei mit dem Schwanz, aber ich will gar nichts von ihm. Nun sagte er mir, dass er auf diese Weise seinen Schwanz als Spielzeug missbraucht sehe. Das kann ich jetzt verstehen. Besonders weil er mir sagen konnte, was er wirklich gern hat, wenn ich ihn beim Beieinanderliegen berühren möchte.

Wie möchte er's am liebsten?

Einfach die Hand ruhig auf den Schwanz legen und ein wenig Druck geben. Das mache ich selber auch viel lieber als das langweilige Mit-dem-Schwanz-Herumspielen. Aber ich muss es wissen!

Haben Sie ihm auch Geheimnisse verraten?

Ja. Früher sagte er mir zum Beispiel manchmal im Zustand höchster Erregung: „Ou, komm, ich will's Dir machen!" Das erregte mich selbst auch, aber seine Aufforderung setzte mich doch ein wenig unter Druck, unter Leistungsdruck. Ich merkte nämlich, dass er erst zum Höhepunkt kommen wollte, wenn ich meinen gehabt hatte. Da fühlte ich mich gedrängt. Im Gespräch zeigte sich, dass er gar nicht wusste, dass er etwas von mir verlangte, was mich belastete. Jetzt, da das grundsätzlich geklärt ist, kann ich ihm im Bett jederzeit sagen, dass es mir zu schnell geht.

Orgasmus ist jetzt für Sie keine Pflichtleistung mehr?

Ja, genau zu diesem Schluss sind wir jetzt auch gekommen: Unsere Begegnungen sind auch gut ohne Orgasmen. Wir beginnen jetzt, den Moment zu geniessen, wenn er Freude macht. Ich muss nichts mehr liefern, um gut zu sein. Früher haben wir uns nämlich hinterher sogar Noten für unsere Orgasmen gegeben. Jetzt brauchen wir das nicht mehr, da uns die Köstlichkeit des Augenblicks viel wichtiger geworden ist.

Eine neue Welt für Sie.

Eine ganz neue Dimension, ja – obwohl wir im letzten Herbst in den Ferien im Süden auch wunderbare Erlebnisse miteinander hatten: viel guten Sex und Musik dazu! Oder wir lagen auf der Veranda und streckten unsere nackten Hintern zum Himmel und hinüber zum nahen katholischen Kirchturm, von wo uns in unseren Phantasien verdorbene Mönche anstarrten ...

Wissen Sie, wie Sie in die neue Dimension hineingelangt sind?

Das weiss ich. Einerseits kam Martin weich und aufgelöst von einem Selbsterfahrungskurs zurück, bei dem Gefühle äussern das Thema war. Ich konnte direkt davon profitieren: Es gab sehr intensive Gespräche und wunderbare Liebesbegegnungen. Andererseits hatte er über längere Zeit eine Fremdbeziehung, von der ich nichts wusste, und vor drei Monaten habe ich es erfahren. Es gab einen höllischen Eklat, der drei schreckliche Tage dauerte – und dann ein Miteinanderschlafen mit einer wahnsinnigen Wucht und Wonne! Eine Erregung – ahh! –, die ich mit Martin seit 25 Jahren nicht mehr erlebt hatte! Ein schwebendes, totales Erlebnis – ich kann es nicht beschreiben. Es löste eine Welle von Glück und Dankbarkeit in mir aus, die lange nachklang. Martin war sehr begehrenswert für mich. Ich selbst fühlte mich stark und glücklich, dass ich das alles erleben durfte.

Seine Ausflüge in ein anderes Bett hatten eine belebende Wirkung auf Sie beide?

Ich muss ja sagen. Ich tue es zwar nicht sehr gern, weil ich immer noch Mühe damit habe, aber es ist wirklich genau so. Von Zeit zu Zeit überfällt mich jetzt noch eine wütende Traurigkeit.

Folgte nach seinem Geständnis sein Zugeständnis, künftig treu sein zu wollen?

Nein, das war nicht unsere Schlussfolgerung. Martin sagte mir nach diesen eindrücklichen Tagen, jetzt sei es so gut zwischen uns, dass er diese andere Frau nicht mehr brauche. Im Augenblick fällt es mir leicht, es ihm zu glauben. Das heisst aber keineswegs, dass andere Leute jetzt für uns beide sexuell tabu wären.

Wie lautet denn Ihre Abmachung in bezug auf die gegenseitige Informationspflicht?

Lacht. Da haben wir nichts abgemacht! Stimmt, eine solche Regelung fehlt tatsächlich. Das brauchen wir. – Übrigens, mir fällt ein: Da war noch etwas, was auf jenem Spaziergang ans Licht kam. Ich würde unwahrscheinlich gern 69ern. Ich darf es fast nicht sagen, es kommen mir die Tränen. Seufzt. Und Martin würde auch gern. Aber wir haben es einander nie gesagt. Lacht. Richtig dumm, verdammt noch mal!

Kleine Verstopfung zwischen Ihnen.

Nein, grosse! Jeder nahm an, der andere möge das nicht! So blöd! In jenen drei Höllentagen fragte ich ihn, er habe mit der Saukuh bestimmt 69 gemacht. Und er antwortete ganz cool: „Ja, klar." Da habe ich ihm unflätiges Zeug an den Kopf geschmissen. Auf einmal sagte er: „Ja, hast du denn das auch so gern??" Lacht.

Gehen wir zurück zu der abendlichen Schlafzimmer-
szene, wenn Martin Ihnen vom Bett aus zusieht, wie
Sie sich nach der Dusche eincremen.

Ah ja ... Dann mache ich es noch ein wenig spannend, sage: „Ich komme gleich!", und er: „Ou, deine
feinen Brüste!" oder so etwas Zärtliches, Lockendes.
Dann schlüpfe ich zu ihm unter die Decke. Noch ist ein
wenig Distanz, und wir beginnen einander zu streicheln,
oben. Dabei rutschen wir näher. Manchmal gehe ich
direkt in die Löffelstellung. Er streichelt mich dabei vielleicht vorne – ich geniesse das. Kann sein, dass sein
Schwanz von hinten zwischen meine Beine drängt, ohne
einzudringen. Schön! Wenn er doch eindringt, beuge
ich mich ein wenig vor und kann so mit meinen Händen
seine Hoden fassen und streicheln oder den Schwanz.
Oder er sagt: „Dreh dich!", oder ich dreh' mich von
selbst, und es ist möglich, dass er sofort reinkommt, weil
ich es will. Oder er will, dass ich über ihn komme, weil
er meine Brüste sehen und küssen will. Dann kommt er
rein und bewegt sich, oder ich bewege mich. Manchmal
sagt er: „Ich möchte Fleisch spüren!" Das heisst soviel
wie: Haut fühlen von oben bis unten. Vielleicht drehen
wir uns, so dass er über mir ist, er die Beine aussen, ich
beide Beine innen, oder umgekehrt. Beides gefällt mir
sehr. Oder ich schlinge meine Beine um ihn und komme mir dabei vor wie eine Affenfrau.

Welche Stellung würden Sie mitnehmen auf die Insel?

Lacht. Ganz klar: Ich liege auf dem Rücken, Martin
kniet zwischen meinen Beinen, packt mich bei der Taille
und zieht mich zu sich hoch, und ich schlinge meine

Beine um ihn herum. Ich sehe seinen Oberkörper, den ich so gern habe, seine Haare. Ich kann an seine Hoden langen, wenn ich will oder wenn er will. Und in dieser Lieblingsstellung liebe ich es auch, wenn er spritzt.

Sie sind in dieser Stellung sehr hingegeben?

Ja, ich kann gar nicht viel machen. Manchmal umfasse ich meine Brüste und bin ganz bei mir, blinzle ihn höchstens an und geniesse seine Erregung.

Ist das „Vorspiel" für Sie beide wichtig?

Für mich sicher, für Martin wohl auch, obwohl er früher nur mit grosser Mühe seinen Orgasmus zurückhalten konnte. Ich muss aber auch zugeben, dass ich ihm manchmal wie eine listige Hexe absichtlich an die Hoden gefasst habe, wenn er noch gar nicht kommen wollte – aber dann konnte er nicht mehr anders. Er hatte dann das Gefühl, er habe versagt. Das war doof von mir.

Und Sex ohne Vorspiel?

Das kommt auch vor, vielleicht bei ein-, zweimal von fünfmal Miteinanderschlafen. Das dauert dann rund zehn Minuten, und es ist gut, schnell seinen Körper, seinen Schweiss und seinen Schwanz zu spüren, ohne dass ich gross erregt werde – das ist für mich gut, auch wenn's nicht optimal ist.

Ein sexueller Höhenflug ohne Vorspiel ist für Sie nicht möglich?

Unmöglich. So ein Quickie ist, als ob ich sonst nichts als ein zartes Stück Fleisch auf dem Teller hätte.

Und lange, vielleicht eine Dreiviertelstunde, miteinander schlafen – ohne Vorspiel?

Das kennen wir gar nicht. Länger als eine Viertelstunde war Martin noch nie in mir, ausnahmsweise in den Ferien – weiss gar nicht, warum. Aber das würde mich enorm reizen! Ich wäre sofort für noch mehr Experimente in dieser Richtung offen. Und Martin kommt jetzt auch aus dem Busch.

Woran merken Sie es?

Vor kurzem tanzten wir vor dem Cheminée-Feuer über eine Stunde lang zu guter Musik und entkleideten uns dabei langsam. Wir waren beide richtig in geiler Trance, und dann schliefen wir miteinander. Es war ein Rauscherlebnis, vor allem unser Tanz. Unser Ziel ist jetzt: mehr solche selbstgemachten Rauschzustände und weniger Orgasmus. Ein Geschenk, dass unsere Bedürfnisse sich jetzt viel mehr treffen als noch vor kurzem.

Was brauchen Sie, um zum Orgasmus zu kommen?

Ich komme auf drei Wegen dazu. Der erste: Martin reibt mit dem Finger oder mit der Eichel an meinem Kitzler. Die Hoden, die drüberfahren, sind auch gut. Voraussetzung ist, dass ich schon ein wenig erregt bin.

Und die Zunge bringt's auch?

Nein. Geschleckt werden habe ich nur mittelgern. In meinem Kopf regt sich da die blöde Frage: „Was soll das?" Es ist eine innere Barriere, nicht etwa Ekel. Ich vermute, dabei gebe ich mich nicht voll hin. Hier könnte ich noch geniessen lernen.

Es törnt Sie doch an?

Ja, wir spielen nämlich manchmal ein gutes Spiel. Ich sage ihm: „Leg dich einfach hin, und ich mach dir was Schönes!" – und umgekehrt. Dieses Spiel liebe ich! Wir könnten es noch entwickeln. Das macht mich unheimlich an.

Wie geht der zweite Weg zu Ihrem Orgasmus?

Martin ist in mir drin und stösst sanft und ganz regelmässig und ganz allmählich schneller. Dann bildet sich in meinem Bauch eine Höhle, die immer grösser und „ziehender" wird, und wenn der Rhythmus zwei, drei Minuten nicht unterbrochen wird, kann ich mich ganz hingeben, und dann kommt's. Voraussetzung: Ich muss schon erregt sein.

Wie spüren Sie Martin dabei?

Gar nicht. Ich spüre nur mich. Aber es ist ein Riesenunterschied zur Selbstbefriedigung. Und der dritte Weg zum Orgasmus geht über meine Lieblings-stellung, in der er mich zu sich hochhebt und ich total hingegeben bin. Da wird der Höhepunkt durch seine Stösse ausgelöst.

Haben Sie gleichzeitige Orgasmen?

Sehr selten, aber wir legen auch keinen Wert dar-auf. Ist mir zu zielgerichtet.

Was wissen Sie über Martins Orgasmus?

Das ist der Moment, in dem er etwas sagt. Das habe ich sehr gern. Er sagt zum Beispiel: „Möchtest du's?" oder „Ich geb's dir jetzt gleich!" oder „Es kommt!" Ich höre das alles wahnsinnig gern und reagie-re meistens darauf, indem ich stöhne, stosse oder sage: „Oh ja!" oder „Komm!" oder „Gib's mir!" Mit diesen Signalen kann ich übrigens seinen Orgasmus auch dann auslösen, wenn er ihn noch gar nicht will. Früher machte ich das tatsächlich! _{Lacht.} Ich greife während seines Orgasmus oft an seinen Damm – zwischen Hoden und Anus – und spüre, wie es aus ihm herausströmt.

Sie geniessen seinen Orgamus?

Ich geniesse das. Auch wenn er sich einen selber macht. Es kommt nämlich vor, dass ich ihn in meiner Lieblingsstellung darum bitte, es am Schluss selber zu machen und mir auf Bauch und Brust zu spritzen. Das geniesse ich als köstlichen Zusatz: ein wunderbares Vergnügen für meine Augen!

Spritzt er Ihnen auch in den Mund?

_{Tiefer Atemzug.} Etwas ganz Heikles fragen Sie mich da. Wir haben kürzlich auch darüber gesprochen. Tatsächlich habe ich es nicht übermässig gern. Es ist ein wenig unangenehm, vor allem das Schlucken. Irgend etwas wehrt sich ganz fein dagegen, eine kleine puritanische Verklemmung. Vielleicht habe ich einfach zu wenig Übung. Saugen und Lutschen ist hingegen gut. Eigentlich könnte ich das Sperma auf seinem Bauch einmassieren – das würde mir gefallen. Ich glaube, das probiere ich nächstens.

Kommt es vor, dass Sie dabei sind, wenn er sich selbst befriedigt?

Ich schaue ihm sehr gern dabei zu: Sein verklärtes Gesicht und seine schöne Hand auf diesem Schwanz – mh, das macht mich ganz scharf!

Berühren Sie ihn dabei auch?

Nein, das ist für meine Augen. Eher berühre ich mich selbst an der Klit. Und gelegentlich mache ich es ihm auch vor, aber er schaut weniger gern zu als ich. Bei mir ist es wohl weniger attraktiv. Manchmal möchte ich halt auch so einen Schwanz haben ...

Bedeutet Orgasmus Befriedigung für Sie?

Wenn ich es mir selber mache, ja. Orgasmen zusammen mit Martin hallen so schön nach während Stunden, dass das Wort Befriedigung dafür nicht ausreicht: Glücksgefühl würde ich diesem Zustand sagen. Und Glücksgefühle empfinde ich oft auch, wenn ich gar keinen Orgasmus erlebt habe, sondern ein geglücktes Zusammensein.

Sind Ihre sexuellen Bedürfnisse ähnlich stark wie die von Martin?

Jetzt ja. Bis vor ein paar Jahren war ich dauernd bedürftiger als er. Das gab regelmässig Anlass zu kleineren Auseinandersetzungen. Jetzt, seit kurzem, läuft viel mehr im Sex, und wir haben uns einander angenähert.

Manche Leute sagen, bei ihnen müsse „alles stimmen", damit sie sexuell ansprechbar seien.

Bei mir ist das nicht so. Zwischen uns muss also nicht unbedingt reiner Tisch sein. Ich habe viel häufiger Lust, als dass bei uns „alles stimmt"! Sex funktioniert auch sehr gut als Versöhnung. Aber Ärger, Kummer oder Angst, die nichts mit Martin zu tun haben, können bei mir so viel Platz einnehmen, dass sexuelle Gefühle lahmgelegt werden. Dann geht's einfach nicht.

Und wenn Martin ärgerlich oder bedrückt ist?

Ich werde sehr schnell erregt, wenn er mir seine traurigen Gefühle offen zeigen kann. Hingegen wenn er schimpft und flucht über irgendeinen Frust, dann stösst mich das ab.

Was steigert Ihre Lust?

Vor ein paar Jahren rasierte mich Martin mit Schaum und Klinge zwischen den Beinen. Alle Haare waren weg, auf dem Schamhügel, neben den Schamlippen, bis zum After. Mir das machen zu lassen, war sehr aufregend. Und dieser nackte Schamberg gefiel mir. Aber die nachwachsenden Stoppeln stechen ein bisschen – das war dann weniger „bestechend". Wir haben uns jetzt vorgenommen, das wieder einmal zu machen. Auch Versuche mit einer Polaroid-Kamera und einem Vibrator sind vorbesprochen. Vielleicht kommt auch einmal ein Sexvideo ins Haus, aber für Martin darf es nicht allzu primitiv sein.

Haben Sie Erfahrung mit anderen exzentrischen Praktiken?

Vereinzelt ja. Vor ein paar Jahren massierte ich Martin mit Vaseline am Schwanz. Über die Hoden fuhr ich nach hinten zu seinem After, rieb dort und drang ein, und es war lustvoll für ihn. Ein andermal fuhr er auch schon ein kleines Stück mit seinem Schwanz bei mir hinten ein. Es war leicht schmerzhaft für mich. Kürzlich versuchten wir es wieder, und dann spritzte er da drin zum ersten Mal, und es tat auch überhaupt nicht weh. Diese Enge machte mich sogar scharf. Es war ein gutes Gefühl, dass Neues bei uns noch möglich ist. Und jetzt beim Erzählen merke ich, dass ich es gern wieder mal hätte ...

Und sexuelle Phantasien?

Habe ich, wenn ich allein bin, aber kaum mit Martin zusammen. Während des Sex bin ich ganz konzentriert. Meine Empfindungen von Haut und Körper sind viel stärker als mögliche Vorstellungen.

Tauschen Sie sich aus über sexuelle Phantasien?

Ja, seit eh. Da waren wir immer offen miteinander. Es ist lustvoll und spannend.

Gibt es keine Phantasie-Reservate bei Ihnen?

Doch, natürlich! Ziemlich ausgedehnte sogar. Ich habe Phantasien, die will ich überhaupt keinem Menschen mitteilen – auch Ihnen nicht: genüssliches, perverses Zeug.

In Ihrer Beziehung erleben Sie jetzt einen mächtigen sexuellen Entwicklungsschub?

Nach einigen, ein wenig langweiligen Jahren war es jetzt an der Zeit, dass es kreativ knallte bei uns. Damit hat unsere Zukunft richtig begonnen – im Bett und rundherum.

Rückfälle in die Langeweile fürchten Sie nicht?

Ich weiss natürlich, dass nichts so bleibt, wie es ist, und alles sich bewegt. Aber ich glaube, wir werden die gegenwärtigen guten Erfahrungen in mageren Zeiten als Ressourcen anzapfen können. Darum habe ich keine Angst.

KURT K.-U. ist 44 Jahre alt, von Beruf Architekt,
seit 20 Jahren liiert und seit 19 Jahren verheiratet mit
Anna, 43 Jahre, Journalistin; ein Sohn, 16 Jahre, und eine
Tochter, 14 Jahre alt. Seine Grösse: 175 Zentimeter,
sein Gewicht: 72 Kilogramm.
Hobby: Klarinette spielen.

Fast zu schön, um wahr zu sein

Wenn sie schreit vor Lust, kommen mir manchmal die Tränen. Es berührt mich, wenn ich sie sehe, wie sie zerfliesst unter mir und mir dabei direkt ins Gesicht sieht. So schön, wie sie sich ausbreitet und hingibt!

Stellen Sie sich vor, Anna sässe hier daneben während unseres Gesprächs ...

Das würde mich antörnen! Vermutlich bekäme ich einen Steifen. Schon jetzt spüre ich, wie's einfährt. Wir haben nämlich im Moment einen sehr lebendigen Sex, Anna und ich.

Sie hätten sie gern dabei jetzt?

Überlegt. Es könnte auch schwierig sein. Beim Thema andere Frauen wäre ich zum Beispiel äusserst wortkarg.

Und innenpolitisch?

Ich weiss nicht genau, wie ehrlich ich bin, aber ich glaube, wir sind im Sex sehr offen miteinander. Anna weiss alles über mich, auch meine brutalsten Phantasien. Seit wir uns kennen, ist diese Offenheit langsam gewachsen. Von Zeit zu Zeit erlebten wir sogar sexuelle Höhepunkte miteinander, wenn wir uns solche Geheimnisse aus unserem tiefsten Innern anvertrauten. Diese Blütezeiten waren manchmal verbunden mit gemeinsamen Reisen – weg vom belastenden Alltag. Und dabei haben wir in den letzten Jahren mehrmals ein für uns wichtiges Spiel gespielt, das Spiel vom Sich-neu-Kennenlernen. Die Idee haben wir aus einer Kurzgeschichte von Milan Kundera übernommen. Wir begegneten uns also zum Beispiel wie zufällig im Zug nach Rom. Und dann lebten wir eine Woche dort, als ob wir uns bisher nicht gekannt hätten. Wir erzählten einander von unseren Ehen und den Mühen, die wir mit unseren Partnern hätten. Ich konnte ihr viele Dinge mitteilen, die ich ihr sonst schlecht hätte ins Gesicht sagen können. Ich glaube, das war der wertvollste Kunstgriff, den wir je auf unsere Beziehung angewendet haben. Darum bin ich sicher, dass ich gelassen über unseren Sex reden könnte, wenn sie zuhören würde.

Sie sagten, im Sex laufe im Augenblick viel bei Ihnen.

Es begann so richtig vor drei Tagen. Da gingen wir am Abend essen miteinander, wie immer einmal in der Woche. Nachher zogen wir uns in mein Büro zurück, ebenfalls wie gewöhnlich. Das Ungewöhnliche: Ich hatte vor kurzem einen Film gesehen mit einem Tantra-Meister, der für Sex ohne Orgasmus plädierte. Das beeindruckte mich, und ich wollte das jetzt ausprobieren. Tatsächlich schlafen wir seither jede freie Minute und die halbe Nacht lang miteinander. Eine unglaubliche Intensität ist da freigesetzt worden. Ich freue mich schon auf das Ende dieses Gesprächs. Ich habe Anna nämlich gefragt, ob ich sie wecken dürfe, wenn ich heimkomme. „Liebend gern!" sagte sie. Lacht. Anna hat übrigens immer darunter gelitten, dass ich in der Nacht und am Morgen für Sex nie zu haben war. Seit wir uns kennen, liegt sie mir mit der Bitte in den Ohren, sie möchte direkt mit dem Schwanz in der Scheide geweckt werden. Bis auf eine einzige Ausnahme war ich immer taub gewesen für ihre Einladung.

Einmal haben Sie's getan?

Ja, vor drei, vier Jahren.

Erzählen Sie!

Wir gehen ab und zu miteinander ins Hotel, hier in der Stadt, um eine aufregende, verfremdete Stimmung zu haben. Ich kam erst spät am Abend ins Hotelzimmer und fand einen Zettel auf der Bettdecke: „Wenn du Lust

hast, nimm mich!" _{Lacht.} Da habe ich sie genommen.
Aber richtig begriffen habe ich erst jetzt. Sie war sexuell
schon immer eine unwahrscheinlich lebendige und
wache Frau, viel lebendiger und wacher als ich. Jetzt bin
ich, wie sie mich seit eh und je gern gehabt hätte: immer
geil.

Auf sie?

Ja, sie ist eine wunderschöne und sexuell interes-
sante Frau. Neu ist auch, dass ich seit einem oder zwei
Jahren ausdauernd vögeln kann. Vorher kam ich immer
zu früh.

Zu früh für wen?

Für uns beide. Natürlich befriedigte ich sie mit der
Hand oder mit dem Mund. Es galt das ungeschriebene
Gesetz, dass ich meinen Orgasmus immer später hatte als
sie den ihren. Aber die Lust am Vögeln selbst entdeckte
sie erst in den letzten Jahren, weil ich es jetzt sehr lange
aushalte in ihr und es auch geniesse, ohne dass ich kommen muss.

Wie haben Sie das geschafft, à discrétion vögeln zu
können?

Ich verlangsame meine Bewegungen. Wenn ich
sehr wild bin, muss ich aufpassen: Dann ziehe ich den
Schwanz zwei Sekunden raus oder fünf.

Das machen alle Männer, die zu früh kommen.

Ich weiss nicht, warum es jetzt geht ... Doch: In
den letzten Jahren bin ich viel freier geworden im Sex.
Ich stehe mehr zu mir als Mann. Es liegt wohl an meiner
veränderten Haltung, nicht an der verfeinerten Technik.
Und Anna kennt mich sehr genau: Sie weiss nach zwan-

zig Jahren, was sie tun und lassen muss, um mich nicht in einen verfrühten Orgasmus hineinzutreiben. Zum Beispiel habe ich sehr empfindliche Brustwarzen. Wenn sie sie berührt, explodiere ich unweigerlich nach vier, fünf Stössen. Lange Jahre hätte ich wohl auch gefürchtet, mit einer andern Frau zu schlafen, weil ich annehmen musste, nach sieben- bis zwölfmal Zustossen bereits am Ende zu sein. Das war jedenfalls meine Phantasie. Ganz genau wusste ich es allerdings nicht, weil wir einander fast zwanzig Jahre lang treu waren.

Jetzt ist es mit der Treue vorbei?

Interessanterweise sprach Anna seit einem oder zwei Jahren immer wieder davon, dass sie gerne eine Öffnung unserer Beziehung hätte. Sie dachte dabei nicht an feste Geliebte, die Energie aus unserer Beziehung absorbieren würden, sondern eher an gelegentliche, lockere sexuelle Kontakte ausserhalb. Ich reagierte immer verängstigt auf ihre Phantasien – bis vor einem halben Jahr, als ich mich auf einmal auch darauf einlassen konnte.

Wie kam das?

Ich hatte einen fürchterlichen Eifersuchtsanfall im letzten Herbst. Anna reiste mit einer Freundin für ein paar Tage nach Wien. Zufällig kam ich darauf, dass ein Freund von uns beiden zur gleichen Zeit ebenfalls in Wien war. Diese Entdeckung löste in mir einen stundenlangen Sturm wüstester Phantasien aus, der während einer einsamen Bergwanderung in mir tobte. Die Beziehung zwischen den beiden hatte mich schon lange beschäftigt. Ich wusste, dass mir dieser Mann gefährlich werden könnte. Kurz vor der Verzweiflung hatte ich eine erlösende Einsicht: „Wenn sie wirklich abhauen wollte, hätte sie es schon lange tun können", dachte ich plötzlich, „aber in Wirklichkeit war sie mir bis jetzt immer zugewendet." Da überkam mich eine grosse Erleichterung und Friede. Als Anna nach Hause kam, sagte ich ihr: „Du kannst mir erzählen, was du willst, kannst lügen oder nicht. Und ich kann dir glauben oder nicht – es ist, wie es ist, und ich bin zufrieden und glücklich damit, dass du jetzt da bist." Für sie war das ein umwerfend gutes Erlebnis, und für uns beide der Turning-point. In den Monaten danach setzten wir uns gründlich mit unserem neuen Paarleben auseinander und einigten uns schliesslich, dass wir beide Aussenbeziehungen leben wollen, mit Mass, und dass wir in unserem Leben bei einander die Nummer eins sein und bleiben werden. Wir handelten die Abmachung aus, dass wir uns keine Einzelheiten über unsere ausserehelichen Aktivitäten erzählen. Wer den andern fragt oder ausfragt, tut dies auf eigenes Risiko. Seit fast einem Jahr läuft das jetzt ganz gut. Wir wünschen uns gegenseitig einen guten Abend, wenn wir in den Ausgang gehen. Ich phantasiere natürlich darüber, was da jetzt laufen könnte – nicht ganz ohne ein banges, ängstliches Gefühl.

Trotzdem gehen Sie davon aus, dass fortgesetzte Treue zunehmenden Beziehungsmief für Sie beide bedeutet hätte?

Ich glaube, ja. Wenn ich eine Öffnung verweigert hätte, hätte Anna es auf eigene Faust und im Geheimen getan. Sie war mir da ein paar Schritte voraus.

Ihre Öffnung scheint für Sie ein Aphrodisiakum zu sein?

Von anderen Frauen bekomme ich Bestätigung als Mann. Was ich sexuell mit ihnen mache, gefällt ihnen. Es tut wohl, das zu hören und zu spüren.

Und von Anna ...

... kommt ebenfalls Bestärkung, für das, was ich tue und wie ich es tue. Meine Stärke als Liebhaber war schon immer, dass ich sehr sensibel und fein-fühlig bin. Meine weiblichen Seiten waren im Sex von jeher ausgeprägt. Aber neuerdings kann ich jetzt auch besser zu meinen männlichen Seiten stehen. Anna ver-misste das lange an mir. Sie hätte immer gern einen etwas grösseren Macho an mir gehabt. Eben einen, der sie nachts um zwei weckt für Sex, einfach weil er scharf ist ...

... und der das Risiko auf sich nimmt, zurückgewiesen zu werden?

Ja! Aber dieses Risiko ist gering bei ihr! _{Lacht.} Sie ist ein Juwel, meine Anna. Ich hatte ein Affenschwein mit ihr! Wenn ich sie vergleiche mit meinen Liebhaberinnen: Mit einer von ihnen verheiratet zu sein, Kinder zu haben und so etwas zu leben wie mit Anna – das ist kaum denkbar! Natürlich gab es auch andere Zeiten. Vor un-gefähr elf, zwölf Jahren hatten wir eine gewaltige Krise, die uns an den Rand der Trennung brachte. Aber die Sexualität blieb immer der unbeschadete, heisse Draht zwischen uns, der niemals abriss, auch nicht im schlimmsten Getümmel.

Beschreiben Sie Ihre Anna, das Juwel!

Sie ist wunderbar gebaut, muskulös, fast gleich gross wie ich, kein wohlfeiles Fett, kleine Brüste – gerade richtig, um sie in meine Hand zu betten. Sie ist einfach unglaublich schön!

Das Gesicht?

Ebenmässig, mit wachen, klaren Augen, aus denen Geist blitzt. Für mich ist sie schöner als eine 20jährige Frau.

Zurück zu Ihrer sexuellen Blüte in den letzten Tagen.

Lacht. Ja, Anna frotzelte gestern vormittag im Bett, wir hätten ein gutes Timing im Hinblick auf dieses Interview: nur die allerbesten Nachrichten.

Was war gestern vormittag?

Sie wollen den genauen Ablauf wissen?

Ja.

Wir hatten beide bei mir im Zimmer geschlafen. Ich war schon erregt beim Aufwachen, nachdem wir bis zwei in der Nacht getanzt, gestrippt und gevögelt hatten, zu fuckgeiler Musik. Jetzt, am Morgen gegen sieben, deckte ich sie ab, sie schien noch zu schlafen, netzte meinen steifen Schwanz mit Speichel, spreizte ihre Schenkel und stieg auf sie.

Also Missionarstellung?

Fast. Ich lege mich häufig etwas schräg auf sie, so dass mein rechter Schenkel zwischen ihren beiden Schenkeln liegt und mein linkes Bein ausserhalb. So brauche ich mich nicht dauernd auf meine Ellbogen zu stützen wie bei der klassischen Missionarstellung, sondern kann mich auf ihrer Herzseite ruhig neben sie legen.

Wachte sie auf, als Sie auf sie stiegen?

Sie schlug die Augen auf und lächelte mich an. Sie küsste mich und begann mich an den Brustwarzen zu streicheln, was bei mir Nachbrennerwirkung* hat. ₗₐ𝚌𝚑𝚝.

Wo spüren Sie den Schub?

Da unten, überall. – Ich stimulierte sie beim Vögeln an der Klitoris, und sie wand sich unter mir ...

Langten Sie von oben oder von der Seite an ihre Klitoris?

Von oben. Dann kam sie. Ich war ganz befriedigt, obwohl ich nicht gespritzt hatte – höchstens ein kleines bisschen. Klatschnass vor Schweiss war ich und weckte dann unsere Kinder. ₗₐ𝚌𝚑𝚝.

Der Orgasmus-Kick fehlte Ihnen also nicht?

Ich möchte jetzt aus dem Orgasmus-Verzicht kein stures Prinzip machen. Ich nehme an, dass ich ab und zu gern wieder spritzen werde. Aber die Erfahrung der letzten Tage ohne Orgasmus ist überwältigend. Ich spüre eine sexuelle Energie, die ich jetzt erstmals bei mir entdecke. Ich war bisher fest überzeugt, spritzen zu müssen – sonst stimme etwas nicht. ₗₐ𝚌𝚑𝚝. Ich kann es Ihnen heiss empfehlen, nicht zu spritzen!

Also werden Sie auch heute abend nicht spritzen?

Vermutlich nicht, nein. Im Moment brauche ich das nicht. Jetzt will ich richtig entdecken, wie es ohne ist.

Sie entdecken jetzt, 500 Jahre nach Kolumbus, eine neue Welt für sich?

---

* Bei Turbinenluftstrahltriebwerken die Verbrennung von zusätzlich eingespritztem Kraftstoff in einem dem Hauptbrenner nachgeschalteten Nachbrenner; dient der Schuberhöhung, zum Beispiel beim Starten.

Ja, haargenau! Meine alte Welt sah so aus, dass mein Zustand nach dem Orgasmus nie besonders angenehm war. Ich war nachher immer grantig und übellaunig. Am nächsten Morgen war ich regelmässig ungeniessbar und streitsüchtig, jahrelang.

Mit der Beschränkung in der Sexualität machen Sie jetzt bessere Erfahrungen?

Viel bessere, ja. Den Orgasmus beschränken ist gut, fesseln ist gut, oder sich gegenseitig zusehen bei der Selbstbefriedigung ist gut und so weiter. Ich spüre eine Menge Energie in mir, ein richtiges sexuelles Feuer, und mit Anna kann ich das hemmungslos ausleben. _{Lacht.} Wenn ich das sage, wird es ganz heiss in meiner Hose!

Sie sprachen vorhin von Annas Orgasmus, den Sie während des Vögelns mit Ihrer Hand auslösten.

Ja, das mache ich sehr häufig. Vom blossen Vögeln kann sie nämlich nicht zum Orgasmus kommen. In meiner Karriere als Liebhaber habe ich erst eine Frau erlebt, die das konnte – nein, zwei!

Fehlt es Ihnen?

Nein, gar nicht. In unserer Geschichte gab es allerdings eine längere Phase, in der Anna mir einen Orgasmus vorspielte. Aber das ist vorbei. – Das war übrigens kürzlich, das mit der einen Frau und dem leichten Orgasmus. Es war ganz verrückt: Du vögelst und küsst und – uuaah! – plötzlich kommt er! Es ist schon schön, eine Frau, die so durchlässig ist! Aber mit Anna ist mir das kein Problem.

Diese Durchlässigkeit fehlt Ihnen bei ihr nicht?

Nein. Für sie ist es am schönsten, wenn ich sie während des Vögelns mit der Hand reize. In letzter Zeit genügt es sogar, sie nur noch an einer Brustwarze zu berühren, wenn ich sie ganz an den Rand des Höhepunktes gebracht habe. Sie kennt zwei Arten von Orgasmus: den Klitoris-Orgasmus und den vaginalen. Der vaginale Orgasmus ist wie ein Fliegen auf endlosen Wellen, die kommen und gehen und kommen und gehen. Es stimmt also nicht ganz, wenn ich sage, dass Anna nur über Handstimulation der Klitoris zum Höhepunkt kommen kann. Ausdauerndes, intensives Vögeln bringt sie in einen orgasmusähnlichen Zustand.

Das beschreibt sie Ihnen so?

Ja, und ich sehe, wie sie stöhnt und schreit: Erst wird sie einen Moment ruhig, und dann kommt eine neue Welle. Den klitoralen Orgasmus löse ich beim Vögeln mit meinen Fingern aus, eben an der Klitoris und an den Brustwarzen.

Machen Sie das auch ohne Koitus?

Ja, häufig. Mit der Hand oder mit der Zunge.

Wie geht das mit der Hand?

Mit der linken Hand ziehe ich die Schamlippen straff über das Schambein, so dass sie ganz prall werden und die Klitoris zum Vorschein kommt. Mit der rechten Hand reize ich sie dann.

Wie?

Mit dem Zeigefinger, mit Spucke, oder mit Feuchtigkeit aus der Vagina. Mit dem Finger kreise ich leicht oder fahre auf und ab.

Fühlen Sie sich sicher: Wissen Sie immer genau, wo Sie sind?

Nein, nicht immer. Annas Klitoris ist klein, und manchmal verliere ich den Kontakt zu ihr, besonders wenn sie ihr Becken bewegt. Oder wenn ich nicht voll konzentriert bin.

Annas Rückmeldungen über Ihre Fingerfertigkeit sind durchweg tadellos?

Ja. Es kommt vor, dass sie mich konkret anweist, mehr oder weniger Druck zu geben.

Und mit der Zunge?

Das ist sehr schön für sie. Ich dringe dabei mit zwei, drei Fingern in ihre Vagina. Sie liebt das sehr. Was ich daran nicht so mag: Ich bin weit weg von ihr. Mit den Händen kann ich ihr an die Brüste langen, wenn's hoch kommt, ihr Gesicht streicheln oder mit den Fingern in ihren Mund greifen. Aber ihr Geschmack da unten ist bezaubernd, und die Schleimhäute sind wundersam glatt: ein Genuss! Aufregend für mich und für sie ist auch, ihre Futz genau und genüsslich anzuschauen.

Was sehen Sie da?

Seit einiger Zeit rasiert sie sich unten. Das Dreieck ist gestutzt, frisiert. Rund um die Schamlippen ist sie glatt rasiert. Jetzt kann man so wunderbar glitschig reingleiten! Der Penis findet – flutsch – seinen Weg von selbst. Lacht. Ein phantastisches Gefühl! Die Nacktheit zwischen den Beinen drückt auch Annas Stolz aus: Sie zeigt ihre schöne Futz und steht unverhohlen zu ihr!

Sie finden Annas Futz schön?

Sehr! Ich liebe ihre einfache, schlichte Machart, durch die man die inneren Schamlippen nicht sieht. Erst mit der Erregung öffnen sich die äusseren Schamlippen wie eine Blume und zeigen ihre ganze Schönheit.

Zurück zu gestern früh: Für mich tönt es ganz unspektakulär, was Sie da mit ihr machten.

Ich habe noch nicht alles erzählt! Lacht. Ich nahm Anna auch im Stehen. Sie hatte vorher zu Musik kurz getanzt für mich. Dann packte ich sie und stellte sie an die Wand. Schön ist, wenn sie Stöckelschuhe trägt. Das liebe ich: elegante hohe Schuhe und einen schwarzen BH, einen schwarzen Tangaslip. Ich drückte sie also an die Wand, als ich in sie eindrang. Manchmal vögle ich sie zuerst nur mit der Eichel, zehnmal. Und dann ein tiefer Stoss! Und dann wieder mehrmals nur mit der Schwanzspitze.

Woher haben Sie denn diese Idee? Aus dem Tantra-Film?

Lacht. Ja. Reizvoll am Sex ist doch, Sehnsüchte und Begierden zu wecken, sie eine Weile auf die Folter zu spannen und nicht sofort zu befriedigen. Orgasmusfrei zu vögeln am Morgen, früh vor der Arbeit, ist so schön!

Wie schön?

Man geht ganz anders in den Tag! Mit dieser leichten, süssen Erregung im Bauch, im Unterbauch, am Schwanz, in den Eiern ... überall. Ich spür's sogar jetzt, wenn ich davon rede.

Wie?

Lacht. Ich bin wund am Schwanz, wund vom vielen Vögeln. Ich habe eine Wundsalbe draufgeschmiert. Aber

in mir ist im Moment ein allgemein erhöhter Erregungs-
pegel. Ich frage mich sogar manchmal allen Ernstes:
„Kurt, spinnst du?? Du vögelst so unmässig viel ... und
mit mehreren Frauen. Bist du gestört oder wirst krank?"
Daneben bin ich jedoch auch kreativ, spiele Klarinette,
arbeite viel und gut, mit den Kindern habe ich's schön.
Doch aus dem Hintergrund lugen moralische Bedenken
hervor, die mir signalisieren möchten, dass es nun doch
zuviel des Guten sei, was ich mache. Es ist so viel, dass es
mir selbst unglaublich vorkommt, und ich kann jeden
verstehen, der meine Schilderung für überrissen hält.

*Gab es gestern früh keine Hygieneprobleme zwischen
Ihnen beiden?*

Hygieneprobleme? Aha, Sie meinen, ob wir beide
am Morgen taufrisch erwacht sind? – Anna riecht immer
himmlisch. Nach einer Nacht ist ihr persönlicher Duft
noch ausgeprägter als sonst.

Wo?

An ihrer Futz. Ich mag es nicht so, wenn sie wie
desinfiziert riecht. Ah, aus dem Mund? Das kann kritisch
sein. Anna sagte gestern: „Komm, wir putzen uns schnell
die Zähne!"

*Hätte diese Aufforderung auch von Ihnen kommen
können?*

Mich störte es bei ihr nicht so stark. Ich war schon
zu erregt: Es war mir egal. Aber ihr nicht. Ich rieche
auch wirklich schlecht aus dem Mund am Morgen, das
weiss ich. Aber ich wollte nicht vorher die Zähne putzen
gehen, sonst wäre die Idee, sie aus dem Schlaf zu vögeln,
futsch gewesen.

Kennen Sie Ekelgefühle Anna gegenüber, vor Menstrua-
tionsblut zum Beispiel?

Nein, gar nicht. Es ist Annas Blut, und das
schlecke ich ohne weiteres. Manchmal stecke ich ihr den
Finger hinten ins Arschloch rein und schlecke mir den
Finger ab. An Anna ekelt mich nichts.

Welches ist die typischste Art, wie Sie miteinander
schlafen?

Bei uns gibt es zwei gängige Möglichkeiten: der
verfremdete Sex und der innige Sex.

Erzählen Sie vom verfremdeten Sex.

Da befehlen wir einander zum Beispiel, das heisst,
einer dominiert den andern. Anna gefällt besonders das
Dominiertwerden, das Dominieren weniger. Da geniesst
sie vor allem, dass es mir gefällt.

Was gefällt Ihnen?

Von Anna dominiert, beherrscht zu werden.
Wenn sie mir zum Beispiel befiehlt, ihr nur in die
Augen zu sehen, wenn sie sich langsam auszieht und
mich mit Schlägen bestraft, wenn ich nicht gehorche.
Oder auch, wenn sie mich fesselt und mich gleichzei-
tig bis aufs äusserste sexuell reizt: die Gleichzeitig-
keit des Süssen und des Harten. Ich geniesse dieses
Mich-bedingungslos-Ausliefern. Ich gehe gern an die
schmale Grenze zwischen Demütigung und lustvoller
Hingabe.

Wohin schlägt sie Sie?

Auf den Arsch oder auf den Oberschenkel, mit
der flachen Hand.

Tut das weh?

Es brennt. Ich merke aber in letzter Zeit, dass mich der Schmerz nicht mehr so anzieht wie früher. Eindrücklich war hingegen jener Abend, an dem sie mich an einen Stuhl fesselte und mich mit einem alten Brunello di Montalcino abfüllte. Es war sehr erregend, mich vollständig in der Gewalt dieser Frau zu fühlen. Sie tanzte vor mir, streichelte mich kurz und ging wieder weg, zeigte sich mir, strich über ihren Körper und kam wieder heran, um mich zu berühren. Das geilte mich unglaublich auf. Sie setzte sich weit weg von mir auf die Terrasse, bekleidet mit einem kurzen, engen schwarzen Kleid – nichts darunter – und in hohen schwarzen Schuhen.

Schlagen Sie sie auch?

Es ist schon vorgekommen, aber es wird mir auch immer unbedeutender. Fesseln und gefesselt werden hingegen gefällt mir. Das wird es sicher auch weiterhin geben.

Gefesselt werden ist verordnete Hingabe. Fällt es Ihnen schwer, sich ohne diese Verordnung hinzugeben?

Nein. Ich lege mich fürs Leben gern hin und lasse mich verwöhnen.

Wozu dann die Fesselung?

Mich erregt unglaublich, wenn ich mich auf Anna stürzen möchte und ich kann nicht: also eine unbändige Kraft in mir spüren und nicht loslegen können! Ich bin ihr ausgeliefert, wenn sie sich aufreizend auf dem Bett wälzt. Es kann so weit gehen, dass ich losschreie. Wenn wir miteinander spielen, macht sie manchmal Striptease vor mir, zieht sich langsam aus und tanzt dazu, oder ich fessle ihre Hände hinter dem Rücken und vögle sie an der Wand. – Kürzlich haben wir etwas Schönes gemacht: Wir waren am Vögeln, das Telefon läutete – ein Kunde –, und wir vögelten weiter. Oben redete ich mit ganz ruhiger, sachlicher Stimme, und unten kochte es. Diese Art von Verfremdung gefällt mir sehr – nein, es ist mehr als Verfremdung … Früher war Sexualität eine heilige Angelegenheit, es durfte nicht geredet oder gelacht werden, und jetzt das! Vögeln und telefonieren! Das ist ganz schön blasphemisch.

Sie reden beim Vögeln?

Ja, natürlich!

Was sagen Sie zueinander?

Natürlich reden wir nicht über das Abstimmungsergebnis vom vergangenen Wochenende. Da würde mein Schwanz sofort schrumpfen.

Ein wenig heilig muss es doch sein?

Es sollte im Zusammenhang mit dem stehen, was wir tun. Ich sage zum Beispiel, dass sie mich scharf macht, oder was ich alles spüre … Übrigens tanzen wir viel miteinander. Wir ziehen uns tanzenderweise aus und tanzen nackt. Ich liebe es, wenn Anna fast nackt ist und dazu Schmuck trägt. Einmal standen wir in einem Hotelzimmer am Fenster: Ich vögelte sie von hinten, und wir schauten unbeteiligt hinaus. Gelegentlich möchten wir's auch mal in einem Taxi machen.

Wie?

Wir stellen uns vor, wir bestechen den Taxichauffeur mit hundert Franken, wenn er sich beim Fahren nicht drum kümmert, was hinten läuft. Lacht.

Sind das Ihre ersten zaghaften Gehversuche in Richtung Sex zu dritt?

Nein. Der Chauffeur tut seinen Job, wir zahlen ihn dafür und machen, was wir wollen. Wir haben auch schon davon gesprochen, im Kino zu vögeln oder unter einem Kirchenportal.

Der Exhibitionismus reizt Sie?

Nnnnein ... Wir wollen nicht wirklich, dass andere Leute uns zuschauen — oder doch? Vielleicht könnte es spannend sein, wenn wildfremde Leute zusehen würden. In der Phantasie jedenfalls könnte mich das jucken. Sie sehen, ich kann mit Anna auf die entlegensten Ideen kommen. Arschvögeln ist ein weiteres Beispiel: Wir haben es bisher noch nie gemacht. Aber ein guter Freund von mir erzählt mir, dass es phantastisch sei. Frauen, die das mal probiert hätten, hätten nichts anderes mehr im Kopf, sagt er. Die engste Freundin von Anna schwärmt auch davon. Also scheint am Arschvögeln was dran zu sein. Man kann es nicht einfach als Perversion abtun, vermute ich. Aber ich bin auch nicht sicher, ob es wirklich für Anna der Hit sein könnte. Wir werden es vielleicht einmal ausprobieren. Schön, dass ich das mit ihr kann.

Sie ist zu allem bereit?

Ja, solange es Hand und Fuss hat und nicht demütigend oder erniedrigend ist.

Spritzen Sie Anna in den Mund?

Das kommt gelegentlich vor. Ich mache es gern, obwohl ich dafür eigentlich die Vagina vorziehe. Sie liebt es sehr, wenn ich ihr ins Gesicht spritze. Vorige Woche liess ich sie vor mich hinknien, mit den Händen auf dem Rücken, ich stand vor ihr, wichste mich selbst und liess ihr den Samen ins Gesicht gehen. Das genoss sie, besonders weil ich so rücksichtslos fordernd auftrat. Genau genommen ist derlei aber nicht ganz mein Stil. Mir ist wichtig, mit ihr einen warmen, liebevollen Kontakt zu haben im Sex. Innigkeit darf nie ganz fehlen, auch wenn es geil zu- und hergeht.

Woher beziehen Sie eigentlich die innovativen Impulse für Ihre Sexualität? Lesen Sie zum Beispiel Bücher?

Nein, unsere Quelle ist unsere Phantasie. Und da war kürzlich dieser Tantra-Film. Anna liest eine Menge einschlägige Literatur.

Der Tantra-Film warb für orgasmusfreien Sex?

Der alte Chinese in dem Film gefiel mir. Er war offensichtlich ein begnadeter Liebhaber dreier junger Frauen! ₍Lacht.₎ Einmal pro Monat hatte er einen Erguss. Sonst vermisste er das nicht. Er sagte, wenn ein Mann 40, 45 Jahre alt sei, dürfe er seine Energie nicht mehr so kopflos verschleudern. Da fand ich: Ich muss auch nicht jedesmal spritzen, wie's die Ideologie vorsieht. Bisher gehörte das einfach dazu. Der Orgasmus ist halt immer ein wunderbares Zückerchen am Schluss, und Anna liebt es, wenn ich komme. Die sechs bis acht kraftvollen Orgasmusstösse seien die schönsten, härtesten, direktesten, sagt sie.

Und wo bleiben diese aufregendsten Stösse jetzt, ohne Orgasmus?

Das ist interessant: Wenn Anna mich an den Brustwarzen reizt, komme ich normalerweise nach ein paar

Stössen. Jetzt, da ich mich darauf eingestellt habe, gar keinen Orgasmus zu haben, hat die Reizung meiner Brustwarzen eine ganz andere Wirkung: Ich werde viel wilder und härter, stosse viel stärker zu, und manchmal stosse ich schwer keuchende Laute aus, aber ich komme nicht.

Ihr ekstatischer Zustand breitet sich überallhin aus?

Ja! In die Muskulatur, in die Atmung, in die Stimme. Das ist natürlich auch wunderbar für Anna: Sie spürt meine ganze Kraft, und die geniesst sie! Meine Erfahrungen bisher sind also mehr als ermutigend.

Zusammenfassend: Verfremdung kann Entfremdung verhindern?

Ja, genau. Verfremdung kann aber auch entfremden, wenn sie nicht im Gleichgewicht ist mit der Innigkeit. Manchmal fehlt uns eben Innigkeit – dann sagt einer von uns, er möchte lieber schmusen als ein Sexspiel machen. Dann streicheln und küssen wir uns, wir vögeln, schauen uns an dabei. Das gehört bei uns immer dazu: Wir schauen uns in die Augen, auch während des Orgasmus, schon lange. Das ist uns wichtig. Ich kann mir nicht vorstellen, praktisch mit einem Phantom zu vögeln, das an die Decke schaut statt in meine Augen.

Was geschieht in Ihrem Inneren, wenn Sie Anna anschauen beim Sex?

Lust, Rührung manchmal. Wenn sie schreit vor Lust, kommen mir manchmal die Tränen. Es berührt mich, wenn ich sie sehe, wie sie zerfliesst unter mir und mir dabei direkt ins Gesicht sieht. So schön, wie sie sich ausbreitet und hingibt!

Sie geniessen Annas Hingabe?

Ja, ihre Hingabe an mich, und die sehe ich vor allem in ihrem Blick. Das rührt mich.

Für Ihre Innigkeit ist das Gesicht die erogenste Zone?

Ja, genau. Etwas vom Schönsten ist: Sie sitzt auf meinem Schoss, wir schauen einander ins Gesicht, wir berühren uns an den Brustwarzen, und ich vögle sie ganz langsam – wunderschön. Es kommt ab und zu vor, dass Anna mir sagt, sie sei unglaublich scharf auf Sex, und ich habe grade null Lust. Für diesen oder den umgekehrten Fall haben wir die Abmachung, dass sich niemand zu Sex genötigt fühlen muss, aber man darf dem anderen eine kühle sexuelle Dienstleistung anbieten, etwa so: „Wenn du möchtest, schlecke ich dich zum Orgasmus." Unsere Erfahrung dabei: Manchmal kommt der Appetit beim Essen. _{Lacht.} Das hat auch mit Innigkeit zu tun. Wir tun einander etwas zuliebe, geben einander ein kleines Geschenk. Interessanterweise mache ich weniger von ihren derartigen Angeboten Gebrauch als sie von meinen. Es kommt nicht selten vor, dass ich den Schlaf vorziehe.

Gehört Reden auch zum innigen Sex?

Ja, schon, aber es steht nicht im Vordergrund.

Für Anna oder für Sie?

Sie ist wohl etwas begabter im Reden beim Sex. Aber ich glaube, ich kann mithalten. Anna ist kein schwelgerischer, schwärmerischer Mensch. Sie ist eher eine nüchterne, schnörkellose Frau, auch wenn es noch so schön ist für sie. Sie bleibt immer auf dem Boden. Manchmal sagt sie: „Kurt, ich hab dich gern. Du bist ein guter Mann." Das kommt dann von Herzen und ist hundertmal mehr wert als wenn sie ein grosses Theater starten würde. Oder sie sagt schlicht: „Dein Schwanz ist gut." oder „Ich geniesse deine Kraft.", fertig. Oder wenn wir ganz lange vögeln, eine Viertelstunde oder zwanzig Minuten, dann kommt sie in eine Trance und sagt: „Dieses Vögeln ist wie Fliegen!" Eigentlich ist sie eine männliche Frau.

Annas Innigkeit ist karg?

Ja, so ist es.

Und Sie, sind Sie barocker?

Nein. Etwas sentimentaler vielleicht, aber nicht wortreich. Ich bin immer wieder entzückt von ihrer Schönheit ...

... ohne es zu sagen?

Doch, doch! Ich sage ihr: „Du bist eine wunderbar schöne Frau! Du hast so schöne Brüste. Dein Arsch ist fein, deine Futz toll ..." Jetzt, da sie rasiert ist, bekomme ich richtige Zustände. Lacht. Das Geheimnis unserer Ehe ist Annas Charakter ...

... und, dass Sie sie hinter ihrer Kargheit immer wieder erkennen.

Ja, stimmt. Ich hatte mehr Glück als Verstand mit ihr. Und Anna hält mich auch für einen guten Mann. Ich gefalle ihr, mit meinem Körper, meinem Schwanz. – Kürzlich erzählte sie mir, sie sei mit einem Lover zusammengewesen, der einen grösseren Schwanz gehabt habe als ich. Ich fragte sie natürlich: „Wie war's?" – „Toll!" sagte sie. Das war ein wenig schwierig für mich, einen ganz kurzen Moment lang. Aber dann konnte ich es wegstecken. Meiner ist nicht ausgesprochen gross, einfach normal, kein Brocken.

Haben Sie ihn gemessen?

15,5 Zentimeter. Was ist die Durchschnittslänge? Zwölf bis 18, glaube ich. Also liege ich leicht über dem statistischen Mittel. Lange Jahre war die Kürze meines Schwanzes ein Thema für mich, aber ich bin zu dem Schluss gekommen, dass es Männer gibt, die ihren 20-Zentimeter-Schwanz noch zu kurz finden – also hat das nichts mit der objektiven Länge zu tun. In letzter Zeit mache ich die Erfahrung, dass verschiedene Frauen Freude haben an meinem Schwanz und an der Art und Weise, wie ich ihn brauche.

Kommt es vor, dass Anna Sie als Sexpartner kritisiert?

Nie! Selbst in der ärgsten Ehekrise hat sie mich nie abgewertet als Mann.

Ich meine eher: Kommen von ihr manchmal irgendwelche Mängelanzeigen oder der Wunsch nach grundsätzlichen Kurskorrekturen im Sex?

Eigentlich nicht. Es kann höchstens sein, dass sie zum Beispiel sagt: „Heute abend möchte ich nicht spielen, sondern einfach schön vögeln." Das heisst, sie hat Lust auf innigen Sex. Und dafür bin ich meist auch zu haben.

Sie können sich also beide Innigkeit wünschen, und sie stellt sich ein?

Ja, genau. Es wird mir jetzt bewusst, dass das eigentlich etwas Besonderes ist. Wir können sogar gewöhnlichen Beziehungsknatsch miteinander ausbügeln, indem wir vögeln.

Innig vögeln?

Weniger innig. Aber verfremdeten Sex können wir auch miteinander haben, wenn wir zum Beispiel in Alltagsschwierigkeiten miteinander stecken. Natürlich sind unsere gemeinsamen Abende auch dazu da, die anstehenden Unstimmigkeiten zu klären.

Haben Anna und Sie immer im gleichen Augenblick Lust auf verfremdeten oder auf innigen Sex?

Nein, nicht immer. Aber wir können uns gegenseitig entgegenkommen und uns auf das Bedürfnis des anderen einstellen. Der schönste Verfremdungssex ist natürlich jener, dessen Hintergrund die Innigkeit ist und der mehr und mehr ins Innige übergeht. Da spielen wir die wildesten Spiele und liegen uns am Schluss mit feuchten Augen in den Armen.

Das tönt alles sehr schön.

Vor drei, vier Wochen hatten wir eine gewaltige Auseinandersetzung miteinander über unser chronisches Hauptproblem: meine Mitwirkung im Haushalt. Um mit einer meiner Geliebten abmarschieren zu können, hatte ich zu Hause alles schlittern und Anna sitzen lassen. Da begriff ich, dass Innigkeit im Alltag mit Aufmerksamkeit für den anderen zu tun hat. Sexualität findet eben nicht nur im Bett statt – sie beginnt schon beim Aufräumen in der Küche. Das vergesse ich immer wieder.

Wie reagiert Anna gewöhnlich auf Ihre Unachtsamkeit im Alltag?

Sie macht es nicht wie andere Frauen, die sich im Bett verweigern. Sie hat praktisch immer Lust auf Sex.

Aber solche Unachtsamkeit drückt auf ihre Stimmung, und die Innigkeit leidet darunter.

Auch Ihre eigenen innigen Gefühle gehen zurück?

Ja. Verfremdeter Sex interessiert mich aber dennoch, und der kann trotz allem ekstatisch und wie ein Feuerwerk sein. Auf lange Sicht sind wir allerdings beide darauf angewiesen, dass wir es auch im Alltag gut haben miteinander.

Ihre Geschichte ist fast zu schön, um wahr zu sein.

Ich weiss. Ich kann es selber kaum glauben, wie gut wir's im Moment haben. Es war nicht immer so, und vielleicht sieht es schon nächste Woche wieder anders aus.

Wo sehen Sie die Schattenseiten Ihrer gemeinsamen Sexualität?

In unserem Lust-Ungleichgewicht: Anna könnte jede Nacht und jeden Morgen vögeln. Ich war häufig ängstlich besorgt um meinen Schlaf und meine Arbeitsfähigkeit. Das war schon immer so. Ich bin ihr dankbar, dass sie in den vielen Jahren lange Durststrecken mit mir ausgehalten hat.

Haben Sie Anna schon gefragt, welche Schattenseiten die Sexualität mit Ihnen für sie hat?

Nein. Ich weiss es nicht.

Ich frage anders: Welchen Preis zahlt Anna dafür, dass sie es sexuell gut hat mit Ihnen?

Sie muss happige Mängel hinnehmen, die ihr das Zusammenleben mit mir oft schwer machen, vor allem meine Untauglichkeit im Haushalt. Wenn sie das nicht in Kauf nehmen könnte, würde unsere Ehe daran scheitern.

Sie sind ein Haushaltsmuffel und werden es bleiben?

Ich weiss nicht. Ich versuche ja, mich zu bemü-
hen. _{Lacht.} Im Moment bin ich aufmerksamer, aber ich
weiss nicht, wie lange.

Als Liebhaber sind Sie begabt, aber …

… genau das sagt sie wörtlich: „Du bist der ideale
Geliebte, aber als Ehemann bist du wenig brauch-
bar." Zum Glück gelang es uns bisher, unsere Liebes-
paar-Seite kaum von der Säure des Alltags verätzen zu
lassen.

Annas Preis ist also, dass sie mit Ihnen leben muss?

So ist es, leider. Vielleicht leben wir später, nach
dem Auszug unserer Kinder, als Geliebte in zwei Woh-
nungen.

Und was zahlen Sie für die Liebschaft mit Ihrer Frau?

Wenn sie sauer ist, wird sie äusserst unangenehm,
aggressiv, fast verbittert. Bei ihrem letzten Ausbruch
war's anders: Da war sie verzweifelt, sie schluchzte und
sagte: „Ich halte die Verächtlichkeit nicht aus, mit der du
über mich hinweggehst und mich als dein Dienstmäd-
chen missbrauchst." Das ging mir nahe. Aber eben, wie
lange? Sicher ist, dass ich einen viel geringeren Preis zahlen muss als Anna.

*Erzählen Sie zum Schluss einen kleinen Phantasie-
Film: Was geschieht, wenn Sie jetzt nach Hause kommen?*

_{Lacht.} Ja. Wieviel Uhr ist es jetzt?

Zehn vor elf.

Also nehmen wir an, Anna schläft bereits. Ich
schleiche mich in die Wohnung, ziehe mich aus – sie

schläft ja auch nackt. Ich gehe in ihr Zimmer, zünde eine Kerze an, und decke sie ab ...

Duschen Sie denn nicht?

Moment – doch, zuerst steige ich in die Dusche.

Werden Sie schon erregt beim Duschen?

Nicht sehr. Ungefähr so scharf, wie ich jetzt schon bin: ein angenehmes Kribbeln da unten in den Hoden, im Becken, aber kein steifer Schwanz.

Halbsteif?

Viertel.

Dann gehen Sie in ihr Zimmer ...

Ich zünde die kleine Kerze an und dann geht es zackig, weil ich weiss, dass sie das liebt: Ich benetze den Schwanz mit Spucke, decke sie ab, spreize ihr die Beine. Dann lege ich mich auf sie und nehme sie.

Wie kommen Sie denn zu einem scharfen Schwanz?

Also, wenn ich in ihrem Zimmer stehe, meine schlafende Frau sehe und weiss, jetzt decke ich sie gleich ab: das genügt. Da sind höchstens zwei, drei Handgriffe nötig.

Sie legen sich auf sie und nehmen sie.

Ja, unten vögle ich sie hart und oben bin ich ganz weich und liebevoll. Ich geniesse ihre glatte, seidene Haut, ihren Mund, ihre leuchtenden Augen. Ich streichle und küsse sie. Es wird eine intensive, liebende, weiche Begegnung werden heute abend.

Schwanz voran?

Ja, der Schwanz ist es, der sie weckt. Und der ist hart. Sie wird mich als erstes anstrahlen. Aus dem Schlaf geholt zu werden von einem steifen Schwanz, der

– paff! – unverschämt zustösst, ist eine tiefe, tiefe Sehnsucht von ihr.

Sie spielen also ihr Instrument auf doppelte Weise:
unten den tiefen sexuellen Grundrhythmus und oben
eine fein ziselierte zärtliche Melodie.

Ja, genau. Und die dritte Musikstimme ist meine
liebevolle Aufmerksamkeit für Anna als meine Partnerin:
Wie geht es ihr? Und auch: Wie geht es uns beiden?

Aha, Sie wahren dabei die Übersicht?

Manchmal, wenn wir zünftig am Vögeln sind,
verliere ich die Übersicht. Der Nachteil des beobachten-
den Auges: Es kann sein, dass ich plötzlich rausfalle aus
einer tragenden und erregenden Stimmung.

Gibt es zwischen Anna und Ihnen in der Sexualität
eine Seelenverwandtschaft?

Ja, ich glaube schon. Aber eigentlich verstehe ich
nicht, woher unsere sexuelle Harmonie kommt. Wichtig
scheint mir, dass unsere Liebe das Klammernde und
Besitzergreifende immer weniger braucht. Anna sagt mir
manchmal, selbst wenn ich mal mit einer anderen Frau
leben sollte, werde sie immer scharf auf mich sein. „Und
ich hoffe", fügt sie dann hinzu, „wir werden dann ab und
zu vögeln können. Aber vermutlich wirst du eine Frau
haben, die dir das nicht erlaubt."

LISBETH S.-M. ist 54 Jahre alt, von Beruf
Hauswirtschaftslehrerin, seit 30 Jahren liiert und seit
26 Jahren verheiratet mit Hans, 49 Jahre, Berufsschullehrer;
eine Tochter, 22 Jahre alt.
Ihre Grösse: 169 Zentimeter, ihr Gewicht: 57 Kilogramm.
Hobby: Segelfliegen.

Fisch unter der Löwenpranke

Ich will ihm nicht zeigen, ob ich es diesmal über mich ergehen lasse oder ob ich ausnahmsweise dabei bin. Ich will nicht, dass er weiss, wie ich zu ihm stehe, eben weil er mich immer mit seinem Sex überfällt.

Können Sie sich erinnern, wann Sie das letzte Mal länger als eine Stunde über Ihre Sexualität gesprochen haben?

Nein. Das ist mir noch nie vorgekommen. Eine Stunde ist sehr lange! Lacht.

Warum haben Sie sich bisher nie ausgiebig darüber geäussert?

Ich habe nicht den entsprechenden Mann. Mit Freundinnen geht es auch nicht wirklich, höchstens oberflächlich. Und mit einem fremden Mann kommt das für mich gar nicht in Frage.

Fühlen Sie sich nicht allein mit diesem Thema?

Nein. Es ist, wie es ist. Da braucht man auch nicht sehr lange drüber zu diskutieren.

Auch mit Ihrem Mann nicht?

Nein. Wir diskutieren ausschliesslich im Streit und mit Vorliebe im fahrenden Auto: Da kann er nicht weglaufen. Lacht. Sonst habe ich keine Chance, mit ihm zu reden.

Über Sexualität haben Sie mit Ihrem Mann auch noch nie auf der Autobahn gesprochen?

Nein, darüber reden wir nie. Ich würde mit meinen Ideen sowieso nicht durchkommen.

Woher wissen Sie das, wenn Sie doch nie mit ihm reden?

Ich habe lange Erfahrung mit ihm. Lacht.

Sie lachen jetzt darüber. Ist Ihnen zum Lachen bei diesem Thema?

Weint. Nein.

Es ist eher traurig.

Ja, aber nicht nur in bezug auf Sex, sondern überhaupt. Auch meine Tochter sagt ihm: „Papi, mit dir kann man nicht diskutieren." Ich glaube auch, dass er, obwohl er jünger ist als ich, schon viel älter ist.

Viel älter als Sie?

Ja. Er wird schnell alt, weil er sich in jeder Hinsicht ausgegeben hat. Und jetzt will er mir offenbar langsam entgegenkommen. Aber jetzt ist es zu spät. _{Weint.} Jetzt ist alles verhärtet bei mir. Ich will gar nicht mehr. Jetzt bin ich diejenige, die nicht mehr entgegenkommt. Er hat mich lange genug niedergetreten.

Sie wollen nicht weiter verletzt werden?

Ja. Ich habe eine Schale um mich herum aufgebaut.

Woran erkennen Sie, dass er Ihnen entgegenkommen möchte?

Ich hatte zum Beispiel schon lange vor, im nächsten Monat allein nach Stromboli zu fahren. Wir machen ja schon viele Jahre getrennte Ferien. Jetzt kürzlich bietet er mir an: „Ich möchte gern mit dir nach Stromboli." Das wäre bis vor kurzem undenkbar gewesen.

Sie haben abgelehnt?

Nein. Wir fahren tatsächlich zusammen nach Stromboli.

Und Sie können sich vorstellen, dort im Schatten des Vulkans mit ihm zu schlafen?

Ja.

Ihre harte Schale scheint durchlässig zu sein.

Ja, ich habe von jeher für unseren Zusammenhalt gesorgt, trotz allem. Ich bin nie weggelaufen.

Sie sind ihm treu geblieben?

Sozial treu, ja.

Sonst nicht?

Nein. Ich fühle mich nicht verpflichtet, wenn man mir soviel zuleide tut. Dann muss ich einfach weg.

Angefangen hat es gut mit Ihrem Mann?

Sehr gut. Aber irgendwann stellte er mich das erste Mal ab mit einem knappen: „Schweig!" – nein, „Shut up!" sagte er. Wir lebten damals in Wales. Das war ungefähr fünf Jahre nach unserer Heirat.

Die ersten fünf Jahre waren sexuell gut?

Ja. Es war genau, wie ich es mir gewünscht hatte.

Dann verursachten beleidigende Grobheiten die ersten Haarrisse in Ihrer Beziehung?

Ja, genau. Ich reagierte jeweils merkwürdig darauf: Ich stieg ins Auto, fuhr in die Stadt, kaufte mir irgendein interessantes Buch, las es und kehrte nach Hause zurück – alles war wieder bestens.

Sie hatten die Verletzung von Buchstaben- und Wortströmen wegspülen lassen?

Ja. Ich lenkte mich ab, weil ich wusste, dass es unmöglich ist, sich mit meinem Mann auseinanderzusetzen und die Dinge zu klären.

Das machen Sie immer noch so?

Nein, nicht mehr. Das ist mir zu anstrengend geworden. Lacht. Jetzt laufe ich einfach aus dem Zimmer.

Und sexuell sind Sie auch weggelaufen?

Ja. Ich habe mich zurückgezogen, fast ohne es zu merken. Und heute wirft mir mein Mann vor, ich sei im Bett immer passiv gewesen. Weint.

In Wirklichkeit konnten Sie sich, verletzt wie Sie waren, nicht mit ihm sexuell einlassen?

Ja, und ich wollte auch nicht mehr. Es geht nicht, dass man mir auf der untersten Treppenstufe Gemeinheiten an den Kopf wirft und auf der obersten mit mir schlafen will. Trotz – vielleicht ist das Trotz: Das habe ich nicht nötig.

Sie wollten Ihre Würde wahren?

Ja, ganz genau. Bei dem ersten „Shut up!" ist bei mir eine Welt zusammengebrochen.

Sein „Shut up!" haben Sie dann wörtlich genommen: „Mach zu!" Sie machten auch im Sex dicht?

Ja. Ja, das müsste ich ihm mal sagen. Ich machte, was er von mir verlangte.

Begannen Sie, sich ihm zu verweigern?

Ja.

Wie machten Sie das?

Ich ging später zu Bett als er und stand früher auf. <small>Lacht.</small>

Wie lange mussten Sie am Abend warten?

Eine Stunde. Am Morgen war es nie ein Problem: Ich bin Frühaufsteherin.

Hat er das nie durchschaut?

Nein.

Sie verweigerten sich in Form taktischer Manöver. Taten Sie es auch ausdrücklich und direkt?

Nein, das wagte ich nicht.

Und dann?

Dann gab ich manchmal nach. Aber das spürte er immer. Trotzdem: Er schaute einfach für sich.

Er befriedigte sich an Ihnen?

Ja.

Mit welchen Gefühlen liessen Sie es über sich ergehen?

Ich hasse ihn ja nicht.

Es war also nicht nur unangenehm?

Er liebt mich, das weiss ich. Und ich würde ihn auch lieben, wenn er seine Liebe zeigen könnte. Für ihn gibt es nur sich selbst.

Und wo ist seine Liebe zu Ihnen?

Wenn ich mal krank bin, ist er ganz fürsorglich und sehr beunruhigt. Aber vielleicht ist auch das nur seine Ich-Sucht, die befürchtet, mich zu verlieren. Er klebte mir kürzlich einen Sticker auf den Nachttisch: Ein Löwe mit einem Fisch unter den Pranken – im Sternzeichen ist er Löwe und ich Fisch. Ich sagte ihm: „Das stimmt genau, aber du hättest es auf deinen Nachttisch kleben sollen." Leider bin ich keine Asiatin, die ihn anhimmelt und ihm jeden Tag versichert: „Du bist der Grösste!"

Lassen Sie den Sex immer noch über sich ergehen?

Ja, wenn ich nicht ausweichen kann. Aber es ist viel seltener geworden, zum Glück.

Lassen Sie ihn spüren, dass Sie sich ihm widerwillig zur Verfügung stellen?

Ja.

Wie machen Sie das?

Ich kann gar nicht anders: Ohne Romantik und Zärtlichkeit geht bei mir nichts im Sex.

Und bei ihm?

Jahrelang schien ihm reiner Sex zu genügen.

Aber jetzt erwartet er offenbar von mir, dass ich das wieder bringe, die romantische Zärtlichkeit. Muss ich das?

Sie haben keine Lust darauf?

Nein. Wenn wir zum Beispiel auswärts essen gehen, mag ich nicht schon beim Aperitif mit ihm flirten, nur damit er auf den Gedanken kommt, er könnte nachher mit mir schlafen.

Von sich aus kommt er nicht darauf?

Nein. Beim Essen denkt er ans Essen und nicht an mich, und dann gibt es eine Menge sachlichen Gesprächsstoff. Persönliches kann ich nicht bringen, weil er schnell beleidigt ist, wenn ich etwas „Falsches" gesagt habe. Dann ist der Abend im Eimer.

Ich kann mir noch nicht vorstellen, wie Sie ihm zeigen, dass Sie alles nur über sich ergehen lassen?

Ich bin alles andere als aktiv, ich werde nämlich richtiggehend überfallen – nicht vergewaltigt. Von Schmusen keine Spur.

Und Sie legen sich einfach hin?

Ja.

Sie haben nichts davon?

Doch. Ich denke mir aber dann, es könnte so viel schöner sein, wenn man mich aktivieren und nicht überfallen würde.

Haben Sie sexuelle Phantasien dabei?

Ja.

Denken Sie an andere Männer?

An einen bestimmten: „Schade, dass er nicht da ist ...", denke ich dann.

Darum sind Sie erregt?

Ja. Erregt, aber passiv.

Ist die Initiative Ihres Mannes verbal, zum Beispiel: „Ich möchte mit dir schlafen!"?

Nein, so etwas sagt er nie. Er macht es einfach.

Sie wehren sich nie und werden sofort passiv?

Ja.

Dann versucht er, Sie zu erregen?

Nein. Einmal habe ich ihm gesagt, ich bräuchte das eigentlich. Er gab zurück, es sei ihm verleidet, immer der aktive Teil zu sein.

Er geht also unvermittelt aufs Ganze?

Ja.

Geht das physiologisch: Werden Sie so schnell feucht?

Ja. Körperlich bin ich schon bereit ...

... ohne dass jemand nachhilft und ohne Hilfsmittel.

Ja, ohne.

Sie sind eine naturbegabte Senkrechtstarterin?

_{Lacht.} Der Körper sagt ja, und eben, ich hasse meinen Mann nicht.

Wieviel Zeit lässt er Ihrem Körper ungefähr, sich vorzubereiten, bis er aufsteigt?

Höchstens eine Minute. Ich merke ja im voraus, wenn er vorhat, zu mir zu kommen. Dann weiss ich, was mir bevorsteht.

Woran merken Sie es?

Zum Beispiel steigt er nackt ins Bett – im Gegensatz zu sonst. Oder am Morgen: Wenn er nackt von der Dusche ins Bett zurückkommt, dann ist es auch klar.

Sie haben also eine kurze Frühwarnzeit?

Ja, die habe ich. Das bedeutet, dass ich immer noch die Chance habe, schnell aufzustehen und zu gehen, wenn ich absolut nicht will.

Was geht Ihnen durch den Kopf, wenn er nackt zu Ihnen kommt?

Ich denke: „Muss das sein?" oder „Schade, dass es der falsche Mann ist."

Gar keine angenehmen Gefühle?

Nein. Letzthin fuhr er mir mit der Hand kurz über den Arm, als er kam. Da dachte ich: „Das ist ja etwas Neues! – Was ist das??" Ich schreibe das seinem Alter zu: Er muss nicht mehr so mit dem Kopf durch die Wand. Wenn er nur ein klein wenig lieb zu mir wäre, hätte ich keine Probleme. Es wäre wie zu ledigen Zeiten.

Jetzt nimmt er Sie kurzerhand, indem er sich auf Sie legt?

Ja, manchmal zieht er mich auch auf sich.

Schaut er Sie an, wenn er bei Ihnen drin ist?

Ja.

Schauen Sie ihn auch an?

Nein. Ich mache meine Augen zu.

Woher wissen Sie dann, dass er Sie anschaut?

Ich sehe nur kurz hin.

Sie begegnen seinem Blick, machen aber die Augen wieder zu?

Ja.

Warum?

Ich habe Angst, ich könnte mich verraten.

Was könnten Sie verraten?

Ich will ihm nicht zeigen, ob ich es diesmal über mich ergehen lasse oder ob ich ausnahmsweise dabei bin. Ich will nicht, dass er weiss, wie ich zu ihm stehe, eben weil er mich immer mit seinem Sex überfällt.

Es kommt aber vor, dass Sie durch den Koitus erregt werden?

Ja, das kommt vor.

Was für ein Gesicht hat Ihr Mann, wenn er mit Ihnen schläft: sein Alltagsgesicht oder ein weiches, offenes Gesicht?

Immer das Alltagsgesicht. Weich – das ist mein Mann nie. Wir waren einmal auf einer Hochzeit, der Pfarrer sprach von „Herz". Draussen vor der Kirche griff ich meinem Mann unter die Jacke, und meine Schwiegermutter, die dabeistand, fragte mich: „Suchst du sein Herz?" Und ich sagte: „Ja, aber es gibt keins." Ich glaube, sie weiss es auch. Weint.

Spricht er zu Ihnen während des Koitus?

Nein.

Es fällt kein Wort? Auch nicht Ihr Name?

Nein. Früher vielleicht, aber jetzt: kein Ton.

Auch kein Ton der Lust und Erregung?

Doch, das schon, aber nicht auf mich bezogen.

Es scheint ihm zu gefallen, was er da macht?

Ich glaube nicht. Ich nehme an, er ist enttäuscht, über mich und auch über sich. Er weiss, dass man es besser machen könnte.

Woher wissen Sie das?

Er hat sicher nicht einen derartigen Gedächtnisschwund, dass er nicht mehr wüsste, wie es früher war im Bett. Es gelingt ihm eben jetzt nicht mehr, mich zu aktivieren.

Ist es für Sie ein gutes Gefühl, seinen Penis in sich zu haben?

Ja, das gefällt mir, nur das Umfeld stimmt nicht.

Streichelt er Sie während des Koitus?

Dann schon, ja. Das ist gut.

Wo berührt er Sie?

An den Brüsten eventuell.

Eventuell?

Selten. Er will einfach nicht zugeben, dass die Liebe doch noch da ist.

Wie würde er wohl reagieren, wenn Sie ihm sagen würden: „Es wäre so schön und erregend für mich, wenn du mich an den Brüsten streicheln würdest." ?

Er würde es abtun als abwegige Phantasie von mir: „Was erzählst du wieder für Geschichten?!"

Sie schützen sich durch Schweigen vor neuen Verletzungen?

Ja. Je älter ich werde, um so mehr.

Wo berührt er Sie sonst beim Zusammensein?

Er hält mich fest. Und ich kuschele mich in seine Arme hinein. Ich bin also doch nicht ganz passiv, aber ich verführe ihn nicht, wie er das gerne möchte.

Und was tun Ihre Hände unterdessen?

Die machen seit langem gar nichts mehr, halten ihn nur noch. Sie sind unter meiner Kontrolle. <small>Lacht.</small> Da spüre ich meine Härte.

Ihre Stimme haben Sie auch unter Kontrolle?

Ja. Von mir hört man nichts, höchstens etwas mehr Schnauf.

Aber ganz „privat" geniessen Sie es trotzdem ein wenig, sagten Sie?

Ja, ich denke einfach, es sei ein anderer. _{Lacht.} Gemein, nicht?

Wie lange bleibt er in Ihnen?

Schwer zu schätzen – sagen wir: zehn Minuten. Er konnte sich immer gut steuern. Wenn ich nicht motiviert bin, wäre ich sehr froh, es wäre in einer Minute vorbei.

Und dann spüren Sie ihn kommen?

Ja. Er schnauft heftiger, er wird wärmer, heiss sogar, am ganzen Körper. Er wird feuchtheiss und tropisch überall.

Mögen Sie dieses tropische Klima kurz vor seinem Orgasmus?

Ja, es nicht unangenehm.

Sein herannahender Orgasmus gefällt Ihnen auch?

Ja. Das ist ein guter Moment, wenn er kommt.

Ist das eine Explosion?

Eine kleine Explosion, nicht mehr wie früher. Da ist es mir fast unheimlich vorgekommen. Jetzt finde ich es besser, ausser wenn es mal überhaupt nicht funktioniert und sein Orgasmus auf der Strecke bleibt. Das ist dann, wie wenn wir beide in der Luft hängen bleiben würden. Er schlafft dann ab und wäre nicht wieder in Schwung zu bringen. Das ist unangenehm, auch für mich. Ich habe schon ein-, zweimal versucht, ihn darauf anzusprechen. Aber es kam keine Antwort, kein Wort.

In Büchern habe ich gelesen, dass die Sexualität rostet, wenn sie rastet ... Lacht.

Was ist eigentlich mit Ihrem Orgasmus?

Den habe ich meistens kurz vor oder kurz nach seinem Höhepunkt.

Wartet er auf Sie?

Nein! Nicht mehr. Aber wenn ich nur ein wenig motiviert bin, geht das. Wenn nicht – das tut mir nicht mehr weh, weder dem Herzen noch der Seele, noch dem Körper. Ich denke einfach: „Wenn's jemand anders gewesen wäre, hätte es jetzt funktioniert."

Stimuliert er Sie nicht an der Klitoris?

Nein, nicht mehr. Früher, in unseren besten Zeiten, tat er es auf mein ausdrückliches Bitten hin.

Sie selbst helfen auch nicht mit den Fingern nach?

Nein.

Haben Sie es nicht nötig?

Doch, schon, aber ich brauche ihm ja nicht zu zeigen, dass ich ihn nicht mehr brauchen will.

Brauchen Sie ihn gar nicht mehr?

Ein wenig schon, doch. Ich nehme, was noch zu haben ist.

Sind Sie auch still, wenn Sie Ihren Orgasmus haben?

Ja. Aber er merkt es natürlich schon.

Woran kann er es merken?

Mein Körper wird wärmer, drückt sich intensiver an den seinen. Früher sagte ich ab und zu so etwas wie: „Zieh mich an dich heran!" oder „Halt mich fest!"

Jetzt ist das alles unter Ihrer Kontrolle?

Ja.

*Nehmen wir an, Sie hätten beide Ihren Höhepunkt
gehabt: Was passiert unmittelbar nachher?*

Gar nichts mehr.

Sie sind noch einen Moment still ineinander?

Ja, ein paar Minuten.

Niemand sagt ein Wort?

Niemand. Seit ich nichts mehr sage, ist es ganz still
bei uns.

Kein Streicheln?

Nein.

Weder von ihm noch von Ihnen?

Von niemandem.

Sind das gute Momente, nachher?

Nein!

Nein?

Nein! Nicht nur ich, sondern alle Frauen, glaube
ich, möchten, dass es nachher weitergeht. Gut sind
vielleicht die ersten paar stillen Sekunden, fast eine Erlösung. Aber nachher möchte man doch, dass etwas
geschieht: Es wäre nötig, etwas zu sagen ...

Damit die Verbindung nicht abreisst, meinen Sie?

Ja, genau. Wir haben ein Loch – niemand weiss,
wie weiter. Dann drückt irgendwo ein Bein oder ein
Arm, oder etwas ist eingeschlafen ... _{Lacht.}

Dann winden Sie sich auseinander?

Ja, und einer schläft und der andere vielleicht noch
nicht.

Keine Hygienevorkehrungen?

Doch, natürlich! Nacheinander gehen wir in die
Dusche.

Jedesmal nachher?

Ja, immer.

Und dann?

Dann würde ich am liebsten fernsehen, wenn ich es wagen würde. Er schläft nämlich schnell ein. In Frage käme auch ein Buch oder irgendeine andere, ablenkende Tätigkeit. Für mich ist es eben schwierig, dass unser Sex keine Fortsetzung hat, nach dem Orgasmus.

Sie möchten das Loch allein füllen, weil es gemeinsam nicht möglich ist?

Ja. Eigentlich möchte ich kuscheln mit ihm.

Warum geht das nicht?

Es ist gar keiner mehr da zum Kuscheln.

Weil er sich weggedreht hat ...

... und schon eingeschlafen ist. Er ist nicht interessiert am Kuscheln.

Sind Sie sicher?

Ja.

Es könnte ja sein, dass er meint, Sie seien am Kuscheln nicht interessiert, weil Sie so passiv sind?

Nein. Ich habe es schon ausprobiert.

Was kommt dann?

Nichts. Er ist nicht ansprechbar. Unser Sex lief in den letzten zwanzig Jahren immer gleich ab, von ganz wenigen Ausnahmen abgesehen.

Ist es für Sie unangenehm, den Sex-Parcours so genau zu kennen?

In unserer Situation ist es auch angenehm. Ich weiss immer, womit ich rechnen muss, und es gibt keine bösen Überraschungen. Übrigens habe ich mich vor

Jahren energisch dagegen gewehrt, dass einer von uns sich sterilisieren lässt, weil ich wusste, dass man nachher leicht richtig sexbesessen werden kann, und das hätte ich nie gewollt!

Sagten Sie ihm, warum Sie sich der Unterbindung widersetzten?

Nein, das habe ich ihm nicht gesagt! Ich führte andere Gründe an.

Sprechen wir von Ihren gemeinsamen Ferien.

Ferien sind speziell: Da bin ich ein anderer Mensch und ergreife immer die sexuelle Initiative. Ich habe abgeschaltet, auch all die vielen Verletzungen. Ich bin ausgeruht, habe Zeit und etwas mehr Alkohol intus als zu Hause. Es ist spät am Abend, und man sitzt irgendwo in einer Bar am Strand ...

... fast ein wenig romantisch?

Ja, und dann kann ich nicht einfach schlafen gehen. Meist gibt es auch keinen Fernseher und keine Zeitung: Man hat nur sich selbst. In dieser Ambiance bin ich gerne aktiv, und das mag er.

Hat er sich deswegen an gemeinsamen Stromboli-Ferien interessiert gezeigt?

Nein, er möchte einfach mit mir in die Ferien, sagt er. Sexuelle Absichten stehen bei ihm nicht im Vordergrund. Andererseits weiss ich, dass ich ihn in den Ferien ohne weiteres steuern könnte, wie ich möchte. Zum Beispiel wäre es möglich, ihn dazu zu bringen, dass wir 48 Stunden nicht aus dem Zimmer gehen und uns fast ununterbrochen im Bett wälzen würden. Das hätte er noch lieber als seinen geliebten Sport.

Könnten Sie sich das für Stromboli vorstellen?

Ist nicht ausgeschlossen. Ich würde es sogar länger als zwei Tage mit ihm im Bett aushalten. Wir sind gut aufeinander eingespielt, eigentlich.

Ihr Mann ist also in den Ferien auch verändert?

Nein.

Trotzdem ist dort alles anders?

In den Ferien ist alles normal, finde ich. Warum ist das zu Hause nicht auch so?

In den Ferien verführen Sie ihn?

Ja. Es ist auch sehr einfach.

Wie machen Sie das?

Es beginnt meist mit Aperitif und Essen. Da ist alles ein bisschen lockerer als zu Hause: Musik liegt in der Luft, man hat weniger an, man ist fröhlich und lacht. Das ganze Drum und Dran stimmt, und am Schluss ist es gar keine Frage mehr, dass man jetzt ins Zimmer geht und miteinander schläft.

Berühren Sie einander schon im Restaurant oder draussen am Strand?

Ich mache das vor allem, ich bin die Aktive.

Aber Sie berühren ihn harmlos?

Jaja! ₗₐcₕₜ. Wir sind schon so lange verheiratet. Hand auf Hand ist bereits schön.

Er lässt Sie machen und wehrt Sie nicht ab?

Ich glaube, er hat es gern.

Und wie verführen Sie ihn dann im Bett?

Ein klein bisschen schmusen hatte gewöhnlich immer zur Folge, dass er sofort zu allem bereit war. In letzter Zeit harzt es aber zunehmend, bei ihm und bei mir. Wir müssen immer mehr Zeit aufwenden, damit uns schliesslich ein gutes sexuelles Erlebnis gelingt.

Sie müssen immer mehr Schutt wegräumen, um ans Lebendige heranzukommen?

Ja, genau. In letzter Zeit konnte ich mir überhaupt nicht mehr vorstellen, dass wir noch einmal miteinander in die Ferien verreisen würden.

Jetzt können Sie sich vorstellen, ihn auf Stromboli direkt sexuell zu stimulieren?

Ja. Er wird auch sofort sehr stark erregt, wenn ich das mache. Leider lässt er sich aber immer ausdrücklich bitten: „Würdest du mich jetzt bitte auch in die Arme nehmen?!"

In die Arme nehmen?

Ja, viel mehr kann ich nicht erwarten.

Wenn Sie also aktiv werden, verfällt er in Passivität?

Ja. Vielleicht ist es zu ungewohnt für ihn. Wir leben wirklich merkwürdig aneinander vorbei! Ich brauche auch Romantik rund um die Sexualität, während er das bestenfalls in Kauf nimmt.

Zu Hause gibt's ja bei Ihnen beiden kein „Vorspiel" – wie ist es damit in den Ferien?

Vorspiel – ja, aber kurz und mühsam.

Warum mühsam?

Ich muss ja jede Zärtlichkeit bei ihm bestellen.

Macht er, was Sie sich von ihm wünschen?

Ja.

Macht er's gut?

Ja. Er war ein guter Liebhaber, und auf Bestellung ist er's immer noch.

Können Sie es trotzdem geniessen?

Schon, aber es ist mühsam, weil er spontan keine Freude daran hat, mir etwas zu geben. _{Lacht.} Ich würde jetzt zu gern hören, was er dazu sagen würde ...

In den Ferien sind Sie selbst viel offenherziger im Bett als sonst?

Ja.

Schlecken Sie ihn auch am Penis?

Ja.

Machen Sie's gern?

Ja. Ich will und kann ihm in den Ferien gut zeigen, dass ich ihn gern habe – vorausgesetzt, dass mich nicht der Alltag einholt. Das kann es auch mal geben.

Schleckt er Sie auch?

Das liegt unglaublich weit zurück, sicher zwanzig Jahre.

Auf Stromboli würden Sie ihn nicht darum bitten?

Nein. Es müsste von ihm kommen, wenn überhaupt.

Sie hätten es gern?

Ja.

Warum muss es von ihm kommen? Es ist doch Ihr Wunsch?

Er muss mich ja auch nicht bitten. Ich will nicht alles erbetteln müssen.

Kommt nichts von selbst?

Doch: Sex ohne Romantik, ohne Vorspiel, ohne Nachspiel. Ich weiss, dass es nicht an mir liegt. Wenn ich mit anderen Männern schlafe, ist es ganz anders. Da haben wir zum Beispiel nie ein Loch, sondern immer ein schönes Nachspiel.

In den Ferien werden Sie das Vorspiel gestalten?

Ja, die Romantik stimuliert mich dazu.

Wer bestimmt, dass das Vorspiel zu Ende ist?

Mein Mann.

Sie sagen dann nicht: „Warte, nicht so schnell! Es ist so schön!"?

Nein, ich wehre mich nicht mehr. Ich habe nämlich keine Ahnung, wie er reagieren würde. Vermutlich ginge es schief, und dann wäre alles versaut.

Sind Sie ein wenig traurig, dass das Vorspiel so schnell fertig ist?

Ja, aber das ist doch weiblich. Und er ist männlich, sehr männlich. Und dann kommt bei mir wieder etwas Passivität zurück.

Nach dem Ende des Vorspiels läuft es weiter wie zu Hause?

Ich bin schon etwas mehr dabei, bin aktiver, habe mehr davon, geniesse es mehr. Ich bin erregter und eindeutiger auf ihn bezogen.

Ist er auch anders?

Nein.

Kein bisschen anders? Berührt er Sie nicht, an den Brüsten zum Beispiel?

Nur, wenn ich es ihm sage. Er nimmt, was er bekommt. Ich glaube, es war von Anfang an so — ich merkte es nur nicht.

Können Sie ihn besser anschauen als zu Hause?

Ja. Jetzt habe ich auch kein schlechtes Gewissen.

Machen Sie mehr Töne während des Koitus?

Ich rede mehr.

Was sagen Sie?

Ich gerate fast ein wenig ins Schwärmen und sage vielleicht: „Warum ist es nicht immer so?" Es kommt natürlich keine Antwort, weil solche Fragen bei ihm ans Lebendige gehen. Ich sollte sagen: „Du bist der Grösste und der Beste und der Stärkste! Du bist ein Supermann." Ich müsste fragen: „Warum reagiere ich nicht immer so?!" Bei mir müsste ich den Fehler suchen, sonst ist Bahnhof. Aber ich kann doch meine Würde nicht fallen lassen!

Was kommt von ihm, wenn Sie etwas mehr reden?

Gar nichts. Ich habe mir das alles bisher nie so genau überlegt. Ich habe es hingenommen, so wie es ist.

Sie haben alle Hoffnung auf eine Verbesserung fahren lassen?

Ja. Ich glaube nicht, dass da noch viel zu ändern ist.

Erleben Sie Ihren Orgasmus oder den Ihres Partners anders in den Ferien?

Vielleicht erlebe ich es etwas intensiver, weil ich nicht müde bin. Aber nachher ist alles wie immer – immer dieses Loch. Ganz früher, vor vielen Jahren, konnte ich das Loch überspielen, indem ich dafür sorgte, dass wir wieder von vorn anfingen. Lacht.

Ist der Orgasmus etwas Einsames für Sie?

Nein. Es gehört ein Gegenüber dazu. Ich könnte auch nie Selbstbefriedigung machen.

Nie gemacht?

Nein, nie. Das reizt mich gar nicht. Mein Mann hilft allerdings nicht mehr mit, meinen Orgasmus zu einem gemeinsamen Erlebnis werden zu lassen.

Sie haben ihm nie einen Orgasmus vorgespielt?

Nein. Das wäre unter meiner Würde. Und mein Orgasmus interessiert ihn auch gar nicht.

Übrigens: Schlafen Sie in den Ferien im gleichen Zimmer?

Ja, sicher! Im gleichen Bett sogar. Manchmal kommt es vor, dass wir in einem Hotel ein Grand lit vorfinden, also ein breites Bett mit einer einzigen Matratze. Ich freue mich immer darüber, aber mein Mann schimpft darauf, und wir haben regelmässig eine Horrornacht in so einem Grand lit.

Was finden Sie so grossartig an einem Grand lit?

Dass er mir nicht ausweichen kann.

Warum dann die Horrornacht?

Sein Horror: so nahe beieinander sein, und meiner: Ich muss mich in den äussersten Winkel verdrücken, um ihn ja nicht zu stören. Zu Hause möchte ich allerdings viel lieber getrennte Schlafzimmer haben.

Zu Hause schlafen Sie auch im gleichen Zimmer?

Ja. Ich wollte mal mein eigenes Zimmer, aber da schimpfte mein Mann so laut, dass ich ihm vorschlug: „Okay, dann nehmen wir wenigstens die Betten auseinander!" Aber das wollte er auch nicht. Ich bleibe eigentlich nur im gemeinsamen Schlafzimmer, weil wir dort zwei super Betten haben.

Könnten Sie sich Ihre Ehe ohne Sex vorstellen?

Ja, aber dann würde ich mir den Sex auswärts holen. Ganz ohne – nein, das geht nicht. Sex ist zu schön.

Haben Sie einen Liebhaber?

Ja.

Ihr Mann weiss nichts davon?

Nein. Es ist ein Mann, der mich beschützt: ein Verehrer, mit dem ich nie ins Bett gehen werde. Solange ich ihn habe, werde ich aber auch niemals mit einem anderen Mann schlafen.

Ausser der Sex in Ihrer Ehe würde vollständig ein-schlafen?

Dann würde ich doch zuerst versuchen, aus mei-nem Verehrer einen richtigen Liebhaber zu machen.

Er will also nicht mit Ihnen schlafen?

Nein, er will nicht. Vielleicht wegen seines Glau-bens oder weil er meinen Mann kennt, ich weiss es nicht.

Warum darf Ihr Mann nichts von dieser Beziehung wis-sen?

Es wäre zu heiss! Ich gehöre ihm, ganz! Er ist sehr eifersüchtig. Merkwürdigerweise besonders auf eher korpulente, ältere Männer, mit denen ich in Wirklichkeit gar nichts anfangen kann. Ich lasse ihn gern in seinem Irrtum, der von der heissen Spur ab-lenkt.

Was für ein Typ Mann spricht Sie tatsächlich an?

Ein Mann, der an mich glaubt und mir sagt: „Das schaffst du schon!", ein Mann, der mich ein wenig bestätigt und bewundert. Schönheit und Geld spielen keine Rolle. Für die Ehe allerdings – lacht – brauche ich wahrscheinlich doch eher einen Kampfgefährten, sonst wäre mir bald zu langweilig.

Sie machen manchmal Sex mit Ihrem Mann aus nicht-sexuellen Gründen?

Ja.

Aus welchen anderen Motiven denn?

Um des lieben Friedens und der Ehe willen, und ganz klar: aus materiellen Erwägungen.

Kennen Sie den Unterschied zwischen „Häreha", das heisst, sich widerwillig sexuell zur Verfügung stellen, und sich hingeben?

Ja, sicher! Meistens verbinde ich beides: Zuerst lasse ich mich brauchen, und dann vergesse ich das etwas und kann mich einigermassen hingeben. Ich habe gelernt, das Beste aus meiner unbefriedigenden Situation zu machen.

Sie haben sich arrangiert in Ihrer Ehe?

Ich glaube, ja. Das war nicht immer so klar wie heute. Früher setzte ich mir Zeitlimiten: „Wenn meine Tochter zwölf ist, gehe ich", sagte ich mir. Dann kam: „Wenn meine Tochter aus der Schule kommt, gehe ich." Und als sie wirklich aus der Schule war, dachte ich: „Ich wär' ja blöd zu gehen! Jetzt habe ich so lange gearbeitet, wir haben viel erreicht, ich kann mir fast alles leisten. Mein Mann ist überaus grosszügig mit mir. Ich habe eigenes Geld. Er lässt mir alle Freiheit. Was soll ich davonlaufen?" Er merkt natürlich, dass ich unabhängig bin von ihm und ihn nicht brauche, aber das würde er nie zugeben.

Gibt es für Ihre gemeinsame Sexualität, realistisch betrachtet, noch positive Entwicklungschancen?

Realistisch? Möglich, dass es etwas besser wird, aber so wie vor dreissig Jahren – nein, so wird es nie wieder werden. Mein Mann scheint jetzt etwas weicher zu werden und nicht mehr nur sich selbst zu sehen. Vielleicht könnten wir ein klein wenig mehr Zeit für einander einräumen, ein paar Tage zusammen weg sein, zum Beispiel. Das könnte realistisch sein.

WALTER B.-I. ist 45 Jahre alt, von Beruf Sanitärinstallateur,
seit 21 Jahren liiert und seit 19 Jahren verheiratet mit
Silvia, 44 Jahre, Sekretärin und Hausfrau;
ein Sohn, 18 Jahre alt. Seine Grösse: 179 Zentimeter,
sein Gewicht: 74 Kilogramm.
Hobby: Schlagzeug spielen.

Die falsche Frau im Bett

Ihr Mund gefällt mir eben nicht besonders. So kommt Zungenkuss für uns einfach nicht in Frage. Wir hatten Geschlechtsverkehr, damit ich mich medizinisch entladen konnte, fertig. Schluss, Punkt!

Sie scheinen angespannt.

Ich bin angespannt.

Was beschäftigt Sie?

Meine Sexualität, meine Beziehung zu Frauen.

Zu Ihrer Frau, meinen Sie?

Ja. Aber das Thema beschäftigt mich seit eh. Ohne dieses Problem wäre ich wohl an die richtige Frau geraten.

Ihre Frau ist die falsche?

Was die Sexualität betrifft, ja. Als Lebenspartnerin ist sie in Ordnung.

Sexuell bietet sie Ihnen nichts?

Nicht viel.

Wann haben Sie das letzte Mal mit ihr geschlafen?

Vor einem halben Jahr, glaube ich.

Es war aber nicht immer so selten?

Nein. Am Anfang kam es einmal pro Woche vor. Seit einem Jahr ist es plötzlich viel seltener.

In den ersten Ehejahren waren Sie zufrieden?

Ja, da wurde ich sexuell befriedigt. Aber ...

Ihre Frau entsprach Ihren sexuellen Bedürfnissen nicht wirklich?

Nein, sie gefiel mir einfach nie richtig.

Was gefällt Ihnen nicht an ihr?

Wenn ich sie sehe, nackt.

Sie sind ein Augenmensch?

Im Zusammenhang mit Sex ja.

Ihre Frau macht Sie gar nicht an, wenn Sie sie sehen?

Ja, genau!

Wie sah sie denn aus vor 18 Jahren?

<small>Lacht verlegen.</small> Es war vielleicht noch nicht so extrem wie jetzt: Da war sie noch schlanker. Jetzt, nach der Abänderung*, ist sie dicker geworden.

Wie schwer ist sie jetzt?

Ich habe sie noch nie gefragt, ich weiss es nicht. Das ist eben das heikle Thema.

Heikel für wen?

Für mich.

Fürchten Sie, Ihre Frau zu verletzen, wenn Sie das Thema auf den Tisch bringen würden?

Ja! Ich glaube, ich könnte es nicht so gut formulieren, dass es ihr nicht weh täte. Ich möchte sie wirklich nicht verlieren.

Weiss sie, dass Sie Mühe haben mit ihrem Aussehen?

Ja, ich glaube schon.

Woher weiss sie es, wenn Sie es ihr nicht sagen?

Es kommt vor, dass ich Bemerkungen mache wie: „Du, die jungen Frauen, die machen mich schon an ..."

Wie reagiert sie auf so etwas?

Sie versteht mich eigentlich schon. Sie ist ja meine Lebenspartnerin, und das ist ein Problem, das das Leben mit sich bringt. Aber das Thema ganz direkt anschneiden, das geht nicht.

Sie macht Sie nicht an, weil sie Ihnen zu dick ist?

Nein, weil sie oben schmal und unten dick ist. Becken und Oberschenkel sind mir zuviel.

Ihr Gesicht: Gefällt Ihnen das?

Ja, doch – das gefällt mir eigentlich noch.

---

* Schweizerdeutsch für Wechseljahre.

Was hat sie für Augen?

<small>Überlegt.</small> Braun, glaube ich ... Dunkelbraun.

Dunkelbraun?

Ich weiss es nicht so genau. Sehen Sie, so Details ... Aber am Anfang, da gefielen mir die Augen am besten, glaube ich.

Und ihr Mund?

Der geht. Nicht besonders.

Hat sie so volle Lippen wie Sie?

Vollere, glaube ich.

Und ihre Zähne?

<small>Lacht verlegen.</small> Ich weiss nicht ... Damit habe ich mich noch nie beschäftigt.

Und die Ohren?

Die Ohren? Weiss ich nicht.

Ihre Brüste?

Ach, die gefallen mir weniger.

Wieso?

Sie sind mir zu klein.

Eine Handvoll?

Weniger.

Sie hätten gern etwas mehr Brust als nur eine Handvoll?

Ja.

Geniessen Sie die feine Haut ihrer Schenkel?

Ihre Schenkel? Das habe ich mich noch nie gefragt, ich weiss es nicht.

Wissen Sie, wie ihre Hände aussehen?

Ich glaube, ich kann sie nicht beschreiben.

Sind sie so kurz und kompakt wie meine oder eher fein?

Eher feingliedrig. Lacht. Aber was haben Hände mit unserem Thema zu tun?

Wenn Sie miteinander spielen wollen, brauchen Sie vielleicht die Hände dazu.

Überrascht. Spielen? Gespielt haben wir noch nie. Das kann ich gar nicht, hab' ich noch nie erlebt – etwas streicheln vielleicht. Aber die Hände waren nie besonders wichtig für mich.

Hände können sehr erotisch sein.

Erotisch? Hände? Für Frauen vielleicht. Aber für Männer ... Vielleicht könnten mir etwas festere Hände besser zusagen als feine.

Lackiert Ihre Frau ihre Fingernägel?

Nein.

Könnte Sie das anmachen?

Eigentlich schon, ja.

Haben Sie ihr diesen Wunsch schon mitgeteilt?

Nein. Aber es würde auch gar nicht zu ihr passen.

Was hat sie für Haare?

Blonde. Hellblonde gerade, gefärbt jetzt.

Kurz? Lang?

Ungefähr schulterlang.

Und vorne: Fransen oder nicht?

Ich glaube, keine Fransen.

Trägt sie einen Scheitel?

Lacht. Ich habe mich damit nicht befasst.

Ihr Bild von Ihrer Frau ist etwas verschwommen.

Wenn wir zusammen sind, reden wir nicht über solche Dinge. Eher über gesellschaftliche Probleme, über Sport.

Sehen Sie sie dabei nicht an?

Doch, aber nicht so intensiv.

Sie wissen von ihr vor allem, dass sie Ihnen nicht gefällt, so wie sie gemacht ist.

Es gefällt mir eben nicht, so wie sie gemacht ist.

Und umgekehrt: Gefallen Sie Ihrer Frau?

Ja, ich glaube schon.

Sagt sie es Ihnen?

Nein, aber sonst hätte sie mich wahrscheinlich nicht geheiratet.

Sie hingegen haben sie geheiratet, obwohl sie Ihnen nicht gefiel.

Ja, so blöd ist keine Frau. Das weiss ich. Aber ich bin sauer auf die Frauen, weil sie nie auf einen Mann zugehen.

Immer muss der Mann den ersten Schritt machen?

Ja, genau. Anmachen, pickeln, schaufeln muss immer ich! Aber wenn ich es mache, wirkt es plump und unbeholfen. Darum ist es vermutlich aussichtslos für mich, je eine andere Frau kennenzulernen.

Von Ihrer eigenen Frau waren Sie von Anfang an enttäuscht, auch wenn sie Sie sexuell befriedigen konnte?

Ja, ich konnte mich entladen, mechanisch oder medizinisch. _{Lacht.} Mehr oder weniger.

Das tönt bitter.

Ja, es ist bitter. Das Spielerische, das Leichte fehlte mir immer. Im Unterschied zu meiner Frau, die das offenbar nicht braucht. Sie sagte mir aber ab und zu, dass sie mich gern hat. Ich tröstete mich damit, dass ich dachte: „Was will ich einem Topmodel nachlaufen, das mich vielleicht gar nicht gern hat?" Also nehme ich lieber die, die mich gern hat. „Sexualität", dachte ich, „ist am Ende nicht so wichtig."

Was macht Sie am meisten scharf mit Ihrer Frau?

Überlegt lange. Sehen Sie, wie lange ich nachdenken muss? Das ist es ja: Sie geilt mich einfach nicht auf. In meinem Leben hatte ich noch nie eine Frau, die mich wirklich anmacht.

Berühren Sie Ihre Frau im Alltag?

Ja, wir umarmen uns bei Abschieden und beim Wiedersehen zum Beispiel. Wir küssen uns auf die Wangen.

Spüren Sie dabei Ihre Körper?

Ganz kurz, ja. Etwas länger spüren wir einander vor dem Einschlafen.

Im Pyjama?

Im Pyjama, ja.

Schlafen Sie nahe beieinander ein?

Ja, manchmal schon. Hintereinander.

In der Löffelstellung?

Ja, genau so.

Das gefällt Ihnen?

Ja, das ist schön.

Eine sinnliche Hauterfahrung?

Aha, ja.

Befriedigen Sie sich auch selbst?

Ja, regelmässig. Irgendwie muss es ja raus.

Jeden Tag?

Nein, ungefähr zweimal pro Woche.

Wieviele Finger brauchen Sie dazu?

Keine.

Keine?

Ich stosse ins Kissen.

Sie reiben Ihren Penis am Kissen?

Ja, und ich stelle mir dazu eine Frau vor, die mir gefällt. Ich finde es schön, diese Frau dabei in den Armen zu halten.

Ihre Hand und ein Gleitmittel brauchen Sie nicht?

Nein. Wo kann man so etwas kaufen?

In der Migros. Gleitgel oder Baumnussöl.

<small>Lacht.</small> Baumnussöl? Aha.

Wie war das, als Sie noch Sex miteinander hatten, bis vor einem halben Jahr: Wer von Ihnen beiden ergriff jeweils die Initiative?

Ich.

Im Bett?

Meistens vorher, am Tisch vielleicht.

Wie?

Ich sagte zum Beispiel: „Könnten wir nicht miteinander schlafen?"

Was antwortete sie gewöhnlich auf eine solche Anfrage?

Zum Beispiel „Ja, doch!" oder so.

Freuten Sie sich jeweils auf den Sex mit Ihrer Frau?

Freuen? Nein. Es ging alles schnell und mechanisch.

Mit abschlägigem Bescheid mussten Sie nie rechnen?

Nein.

Und dann fanden Sie sich stracks mit ihr im Bett?

Ja.

Immer im gleichen Bett?

<small>Lacht.</small> Ja. Wo denn sonst?

Ist das nicht langweilig?

Klar ist das langweilig! Aber sie verführte mich nie zu etwas anderem.

Und Sie?

Ich? Ich kann das nicht. Ich kann nicht spielen. Aber bringt das etwas – auf dem Kanapee oder auf dem Teppich?

Wer war gewöhnlich zuerst im Bett?

Ich.

Sie warteten auf Ihre Frau?

Ja.

Waren Sie immer sauber?

Sauber? Sollte man immer vorher duschen? Eigentlich schon, gewöhnlich habe ich mich unten gewaschen, nicht geduscht.

Und Ihre Frau?

Sie wäscht ihre Geschlechtsteile auch.

Ist sie sauber?

Sie wäscht sich da mit Seife, glaube ich.

Ist sie ganz sauber?

Das weiss ich nicht. Ich rieche jedenfalls nichts.

Sie kommt also zu Ihnen ins Bett.

Ja.

Sind Sie beide nackt?

Ja.

Sie legt sich zu Ihnen?

Ja. Und dann wird etwas gestreichelt.

Wer streichelt?

Ich weiss es nicht genau. Vielleicht eher meine Frau.

Und Ihnen ist nicht so ums Streicheln?

Eigentlich nicht. Jetzt habe ich fast ein schlechtes Gewissen.

Sie haben keine Lust.

Nicht viel. Aber das ist doch nicht normal in einer Ehe.

Wo streichelt Sie Ihre Frau?

Am Rücken.

Ah, liegen Sie auf dem Bauch?

<small>Lacht.</small> Dann ist es wohl mit dem Streicheln nicht so weit her. Nein, nein, wenn ich über ihr bin, streichelt sie mich am Rücken und am Gesäss.

Jetzt verstehe ich: Wenn sie kommt, steigen Sie sofort auf.

Ja, so. Ich küsse ihr Gesicht, nur die Backen.

Sie küssen sie nicht auf den Mund?

Nein, nie. Zungenküsse mag sie nicht.

Hat sie Ihnen das gesagt?

Ja.

Wissen Sie, warum sie es nicht will?

Nein.

Sie selbst würden gern zungenküssen?

Ja, schon. Aber ihr Mund gefällt mir eben nicht besonders. So kommt Zungenkuss für uns einfach nicht in Frage. Wir hatten Geschlechtsverkehr, damit ich mich medizinisch entladen konnte, fertig. Schluss, Punkt!

Sie vermissen ein genüssliches „Vorspiel" mit Streicheln und Küssen?

Ja, in meiner Phantasie müsste es viel länger gehen als bloss eine Viertelstunde.

Könnten Sie sich vorstellen, Ihrer Frau anzubieten: „Komm, leg' dich einfach hin. Ich möchte dich mal eine halbe Stunde lang streicheln"?

_{Überlegt.} Ja, das wäre vielleicht schon eine Möglichkeit ... Aber wenn man durch die Stadt geht, sieht man so viele Frauen. Und meine eigene Frau zieht mich nicht an.

Immerhin scheinen Sie so schnell erregt zu sein, dass Sie sofort in sie eindringen können.

Aha, ja. Sie berührte mich manchmal am Penis.

Hatte sie es gern, wenn Sie in sie eindrangen?

Sie hatte es nicht ungern. Ich musste nie Gewalt anwenden. _{Lacht.}

Woran merkten Sie, dass sie es gern hatte?

Sie sagte manchmal, es sei schön. Das heisst, direkt gesagt hat sie's nicht ...

Atmete sie tiefer?

Etwas ja, nicht extrem.

Und wie war's für Sie, in Ihre Frau einzudringen?

Es war nicht unangenehm.

Nicht aufregend?

Nein, aufregend nicht.

Ich meine, aufreizend?

Jaaa, ... doch, ein wenig.

War sie nass?

_{Überlegt.} Da hab' ich nie drauf geachtet. Das war kein Thema.

Spürten Sie es nicht, ob's nass war in der Scheide?

Spüren? Nein! Ich hab' mich nie mit solchen Details befasst. Sie hatte es jedenfalls nicht ungern.

Und Sie verstanden es nicht, zu geniessen?

Nein, ich bin kein Geniesser.

Sehen Sie Ihrer Frau in die Augen, wenn Sie in sie eingedrungen sind?

Nein, nein!

Wohin schauen Sie?

Ins Kissen, nehme ich an. Anderswohin. Ich stelle mir häufig vor, ich sei mit einer anderen Frau zusammen, mit einer, die mich anzieht.

Hat Ihre Frau die Augen offen dabei?

Ich weiss es nicht, vermutlich nicht.

Was machen Ihre Hände? Was berühren sie?

Wenn ich das wüsste ... Sie greifen vielleicht in die Haare, kann sein. Wissen Sie, das geht alles so schnell.

Sie irren durch den Paradiesgarten und rufen: „Wo, um Himmels willen, ist hier das Paradies?"

Ja, ich bräuchte eben eine Frau, die mir gefällt und die mich gern hat. Das wäre das Paradies für mich. Die Frau, die mir guttäte, müsste mich sexuell aus dem Busch klopfen. Aber ich komme leider nicht an solche Frauen heran.

Reden Sie miteinander im Bett?

Nein.

Nichts?

Jedenfalls nichts Sexuelles.

Etwas anderes?

Nein.

Auch nicht: „Ich hab' dich gern."?

Ah, nein, so nicht!

Auch nicht: „Du bist so schön weich und warm.“?

Nein, nein. _{Lacht.} Leider nicht.

Wie lange bleiben Sie in Ihrer Frau?

Zwei Minuten vielleicht.

Dann stossen Sie?

Zweimal bis viermal. Dann entlädt es sich, und dann ist es aus.

Ihr Orgasmus ist ein gutes Erlebnis?

Er entspannt. Aber eben, seit einem halben Jahr ist das nicht mehr vorgekommen.

Hört man etwas, wenn Sie einen Orgasmus haben?

Ja, manchmal habe ich ein wenig gestöhnt.

Sagt Ihre Frau etwas zu Ihnen in diesem Augenblick?

Nein, gar nicht.

Liebt sie es, wenn Sie kommen?

Darüber haben wir nie gesprochen. Ich weiss es nicht.

Was machen Sie, wenn es vorbei ist?

Ich gehe duschen.

Sofort nach dem Orgasmus?

Ja.

Geniessen Sie es nicht noch ein bisschen?

Nein, eigentlich nicht. Aber nach dem Duschen gehe ich noch ein wenig zu ihr. Vielleicht kuscheln wir noch ein Weilchen.

Sie duschen sofort, weil Sie das Gefühl haben, Sie seien dreckig?

_{Lacht ein wenig.} Ja, irgendwie schon.

Ihre Frau duscht nicht nachher?

Nein. Sie bleibt liegen.

Es stört sie nicht, wenn sie ausläuft und es eine Pfütze gibt im Bett?

Sie ist nicht so empfindlich, nein. Sie fragte mich einmal, warum ich eigentlich immer sofort unter die Dusche müsse.

Was sagten Sie ihr?

Ich sagte, ich wolle einfach sauber sein.

Was ist mit dem Orgasmus Ihrer Frau?

Darüber weiss ich nicht Bescheid. Vor ein paar Jahren fragte ich sie mal, ob sie gekommen sei. Sie sagte: „Ja, ja." Wissen Sie, das ist bei uns eigentlich kein Thema.

Merken Sie, dass sie einen Orgasmus hat?

Wie sollte ich das merken?

Vielleicht stöhnt sie, oder sie schreit, es sei schön …

Nein, nein! Das nicht. Aber sie atmet stärker.

In dem Moment, in dem Sie selbst Ihren Orgasmus haben?

Möglich, aber ich kann es nicht genau sagen.

Helfen Sie ihr, einen Orgasmus zu haben, indem Sie sie an der Klitoris reizen?

Nein, nein, gar nicht!

Warum nicht?

Darauf sind wir noch nie gekommen. Sie hat nie etwas gesagt. Nie. Weil sie nichts sagt, weiss ich auch nichts davon.

Waren Sie Ihrer Frau immer treu?

Nein. Ich gehe hin und wieder zu einer Prostituierten.

Was läuft dort?

Ungefähr dasselbe wie mit meiner Frau.

Warum gehen Sie dann zu Prostituierten?

Ich kann mir wenigstens die Frau auslesen, die mir gefällt und mich anzieht.

Was für ein Gefühl bleibt zurück nach dem Prostituiertenbesuch?

Kein gutes. Eine Frau bezahlen zu müssen, damit sie mit mir kommt, ist nicht gut. Es geht bloss um Befriedigung, Entladung.

Wie mit Ihrer Frau?

Ja, genau gleich.

PAUL B. ist 40 Jahre alt, von Beruf Grundschullehrer,
seit 13 Jahren liiert und seit elf Jahren verheiratet mit
Martha, 43 Jahre, Hausfrau und Teilzeitlehrerin;
zwei Söhne, zehn und sechs Jahre alt.
Seine Grösse: 181 Zentimeter, sein Gewicht: 81 Kilogramm.
Hobbys: Bergsteigen, Schwimmen.

Warten bis der Knopf aufgeht

Unsere Sexualität ist eng, verkorkst. Merkwürdigerweise
würde man das gar nicht mit
Martha in Verbindung bringen: Sie ist eigentlich eine
erfrischende Powerfrau – aber
mit mir ... <small>Lacht.</small> Vermutlich
gäbe es bessere Männer für sie
als mich.

Weiss Ihre Frau, dass Sie hier sind?

Nein.

Warum nicht?

Was sie da zu lesen bekäme, könnte sie verletzen. Und sie wäre vermutlich enttäuscht, dass ich ihr die Sachen nicht selber gesagt habe.

Es gibt Dinge in Ihrer gemeinsamen Sexualität, die schwierig auszudrücken sind, und die könnten ihr in den falschen Hals geraten?

Ja. Ich bin nicht mutig genug, diese Themen auf den Tisch zu bringen.

Was zum Beispiel?

Sie wirft mir vor, ich sei ihr zu direkt und unverblümt, zu „technisch". Meine sexuellen Vorstösse seien zu wenig eingebettet in eine Atmosphäre, die für sie stimmt, sagt sie. Ich schaffe den Zugang zu ihr nicht, so wie ich ihn gestalten möchte. Umgekehrt bräuchte ich von ihr wohlige Kuscheligkeit, um in Fahrt zu kommen. Das spricht sie überhaupt nicht an, sexuell. Für sie heisst das: kuscheln und einschlafen.

Stecker und Steckdose passen nicht zusammen?

Ja, genau. Manchmal lässt sich der Stecker hineinzwängen, aber es flutscht nicht. _{Lacht.} Martha möchte über verbale Phantasien in den Sex einsteigen, aber ich fühle mich in dieser Welt nicht zuhause.

Wie könnte, müsste das tönen, damit sie in Schwung käme?

_{Überlegt länger.} Ich weiss es nicht. Wenn ich es wüsste, wären wir nicht so verkantet seit 13 Jahren. Vielleicht so: Martha würde gern kokett, anzüglich mit mir reden, um

erotisch in Stimmung zu kommen. Und diese Anmache geht mir vollständig ab. Ich hab' das nie gekonnt.

Was Martha scharf macht, stellt Ihnen ab …

… und was mich scharf machen würde, macht sie todmüde. _{Lacht.}

Eine kuschelige Martha würde Sie reizen?

Zärtlich möchte ich sie.

Beschreiben Sie bitte konkret so eine verkantete Szene!

Wir liegen zusammen im Bett. Ich streichle sie, unter anderem auch an Orten, die sie als eindeutig erogene Zonen empfindet, also an ihrer Brust, ihrem Hintern, ihren Schenkeln zum Beispiel. Das empfindet sie als lästig. Es bringt sie überhaupt nicht in Stimmung. Seelenloses Rubbeln ist das für sie.

Sie haben keine Ahnung, wo ihr Lieferanteneingang ist?

Ja, ich beherrsche die Kunst nicht, an sie heranzukommen. Es gelingt nur, wenn sie bereits in sexueller Stimmung ist. Ich selbst verbreite offenbar keine erotische Atmosphäre, obwohl ich oft in mir erotische und sexuelle Gefühle und Lüste spüre. Martha scheint nichts davon mitzubekommen, und ich zeige es auch nicht ausdrücklich. Das muss ich wohl auf meine Kappe nehmen.

So dass sie dann im Bett in fünf Sekunden von null auf hundert kommen muss …

_{Lacht.} Ja, sozusagen. Und das findet sie mühsam und ist enttäuscht.

Sie selbst sind enttäuscht, weil Sie sich exponiert haben und dann eins auf die Finger kriegen?

Genau, lange Zeit war das so. Da schlüpfte ich zu ihr unter die Decke und versuchte, sie zu streicheln.

Dann blitzte ich regelmässig ab und war verletzt. Heute kläre ich vorher meine Chancen ab.

Kleine Sondierbohrungen?

Ja, ich frage sie verschlüsselt und indirekt. Leider bin ich nicht der Künstler, der schon am Mittag beginnen kann, etwas aufzubauen im Hinblick auf Sex am Abend. Ich habe meinen Kopf den ganzen Tag anderswo. Und gegen elf Uhr abends sind wir beide so müde, dass ausser Schlafen nichts mehr drin ist. _{Lacht.} Also einfach normal, oder?

Können Sie das auf die Dauer als „normal" hinnehmen?

Nein, das macht mich mit der Zeit depressiv und aggressiv. Jedesmal, wenn es nicht gelingt, kommt eine neue Enttäuschung hinzu. Ich ziehe mich mehr und mehr zurück und denke: „Jetzt rege ich mich einen Monat lang überhaupt nicht mehr. Mal schauen, wie lange es geht, bis sie sexuell etwas unternimmt."

Und, wie lange dauert es?

Sehr lange, bis zwei Monate oder länger. Und dann stellt sie eher die Beziehung in Frage, anstatt mir endlich Sex anzubieten: „Was haben wir denn eigentlich für eine Ehe? Zwischen uns ist nichts mehr da. Wir leben bloss nebeneinander her!" schimpft sie.

Stimmt das: Ist sexuell nicht viel los zwischen Ihnen?

Im Moment ist es nicht ganz so. Aber Ihr Bild mit dem Stecker und der Steckdose, die verkantet sind, passt über weite Strecken genau. Unsere Sexualität ist eng, verkorkst. Merkwürdigerweise würde man das gar nicht mit Martha in Verbindung bringen: Sie ist eigentlich eine erfrischende Powerfrau – aber mit mir ... _{Lacht.} Vermutlich gäbe es bessere Männer für sie als mich.

Und handlichere Frauen für Sie?

Ja, natürlich! _{Lacht.} Tatsächlich hatte ich es auch schon mit richtig wilden Frauen zu tun, vor Martha – Frauen mit ausschweifenden Phantasien. Da läuft jetzt gar nichts, sicher nichts Gemeinsames.

Sie haben es versucht, und es funktionierte nicht?

Ich habe sie nie gefragt, welche Phantasien sie hat. Ich musste aber immer wieder erfahren, dass es einfach nicht geht. Wenn ich zum Beispiel im Bett ein wenig warm werde und sexuell etwas in Schwung komme, sagt sie plötzlich: „Nimm dein spitziges Knie weg!" oder „Du drückst mich auf die Brust." Dann fällt die ganze Stimmung in sich zusammen. Ich verstehe einfach nicht, ob sie in einer ganz anderen Welt lebt oder ob sie in der Lage ist, so blitzartig umzuschalten. Ich würde mich gern mit ihr zusammen in einer tragenden Stimmung einrichten, in der wir beide wohl wären. Leider gelingt das nur ganz selten.

Wie kann es gelingen?

Wenn sie von sich aus bereits in Stimmung ist. Ich selbst kann sie eindeutig nicht dahin bringen.

Und umgekehrt geht's?

Ja. Mich kann sie vergleichsweise leicht in Gang setzen. So ungerecht ist das! _{Lacht.} Das habe ich ihr auch schon gesagt. Gestern abend zum Beispiel war's gut.

Wie war das gestern abend?

Wir lagen nebeneinander im Ehebett. Unser Ehebett ist eigentlich eine ausladende Familienkutsche, zusammengesetzt aus zwei Betten: zweimal 140 Zentimeter breit! Wenn die Kinder kommen, haben sie auch Platz.

Sie lagen also nebeneinander in der Familienkutsche ...

... und ich hatte das Gefühl, es könnte gut werden, für uns beide.

Woran merkten Sie das?

Schon im Bad hatte ich die Bemerkung gemacht: „Heute abend haben wir doch das Bett für uns ..." oder so ähnlich. Jedenfalls hatte ich nicht das Gefühl, sie wolle gleich schlafen. Wir schwatzten lange miteinander, und ich streichelte ihr übers Haar und kraulte sie am Hals und berührte ihren Rücken. Wir lagen dabei hintereinander, vielleicht hatten wir auch unsere Beine verschlungen. Mit der Zeit lag ich auf dem Rücken und war ganz entspannt. Plötzlich wurde Martha aktiver: Sie begann mich zu streicheln und abzuküssen, fast wie in der ersten Zeit unserer Bekanntschaft.

Das gefiel ihr offenbar?

Ja, sie hat es gern im Griff, wenn wir im Bett sind. Sie schätzt es, über Gestaltungsmöglichkeiten zu verfügen. Ausgeliefertsein mag sie nicht, glaube ich.

Gestern abend lieferten Sie sich aus?

Ja.

Können Sie denn das?

Tatsächlich erst seit kurzem. Ich hielt es lange nicht aus, dass man mich liebt. Ich war immer zum Verzweifeln kitzlig! Komplimente vertrug ich auch nicht. Ich habe also selbst viel verhindert. Jetzt fange ich an, solche Zuwendung zu geniessen. So wie gestern, als ich freudig überrascht war, dass ich wirklich etwas bekomme, wenn ich mich einfach bloss hinlege. Und ich konnte es annehmen.

Weiss Martha gut, wie sie Sie berühren kann, um Ihnen wohlzutun?

Heute viel besser als früher.

Besser als früher, aber nicht gut?

Genau. Früher berührte sie mich zupackend, grob. Das törnte mich nicht an. Gestern war sie feiner und gleichzeitig bestimmt und deutlich. Gewöhnlich liess sie übrigens meinen Penis einfach aus, im Gegensatz zu heute. Gestern fragte sie mich dabei sogar: „Ist das gut für dich?" Das war neu: wohltuend, wohlwollend, vertraut, interessiert, zugewendet. Ich habe gemerkt, dass ich das Kuschelige ja gar nicht mehr so brauche wie noch vor Jahren. Es scheint, dass es jetzt für sie einfacher werden könnte, auf mich zuzugehen. Schön, dass das ausgerechnet gestern möglich wurde – just vor unserem Interview! Es wurde aber auch Zeit, weil wir schon mehr als zwei Wochen nichts mehr miteinander gehabt hatten. Nach solchen Pausen beginnt sie üblicherweise zu spüren, dass ich wieder anfange, Druck zu machen.

Druck, den Sie auch in sich spüren?

Ja, aber er wirkt sich kontraproduktiv aus.

Ich verstehe nicht, warum Martha diese Dinge nicht erfahren sollte?

Das hab' ich mir jetzt auch überlegt. Ich glaube, ich bin beinah soweit. Es ist bald reif.

Was könnte ausserdem noch verletzend sein?

Am schwierigsten erschien mir immer, uns darüber auszutauschen, was uns erregt, und dann feststellen zu müssen, wie verschieden wir sind. Ich empfand uns beide immer als sehr verletzlich in diesem Punkt. Es hätte ja sein können, dass wir erkennen, dass wir überhaupt nicht zusammen passen, und dass das ein ausgewachsener Scheidungsgrund wäre.

Sie fürchten also solche fatalen Schlussfolgerungen?

_{Lacht.} Ja! Das ist gut gesagt. Aber jetzt sehe ich, dass kleine Schritte in die richtige Richtung uns einander näher bringen könnten, ohne unsere Beziehung wirklich zu gefährden. Bisher hatte ich immer den Eindruck, dass sie Fragen wie: „Hast du das gern?" nicht mochte, weil sie dahinter ein „technisches" Interesse vermutete: „Du willst doch nur wissen, ...

... wo der Knopf ist."?

Genau. Sie sagte es sogar genau mit diesen Worten.

Was antworten Sie ihr darauf?

„Ja, das möchte ich wissen, aber nicht nur!" Leider war es dann schon gelaufen: Ich zog mich verletzt zurück.

Sie sind auch nach 13 Jahren noch auf die kleinen Schritte angewiesen, weil Sie noch sehr wenig wissen voneinander?

Ja, es gibt noch viel zu entdecken. Immerhin hat es in jüngster Zeit schon einzelne Entdeckungen gegeben. Zum Beispiel hat sie mitbekommen, wie unbeschreiblich erregbar ich an der Brust bin, speziell an den Brustwarzen. Und jetzt berührt sie mich dort gut, wahrscheinlich ohne dieses unbehagliche Gefühl, sie manipuliere mich technisch.

Woher wissen Sie das?

Ich vermute es. Darüber gesprochen haben wir noch nie. Ich wagte sie noch nie direkt mit dieser Schwierigkeit zu konfrontieren. Gelegentlich müsste ich ihr klar sagen, dass diese technischen Manipulationen, die sie als unannehmbar empfindet, nichts anderes sind als meine Sehnsüchte und Herzenswünsche. Wir reden immer nur um den Brei herum und benennen die Schwierigkeiten nie konkret.

Nicht schonungslose Erkenntnisse, sondern kleine Entdeckerschritte sind jetzt bei Ihnen beiden fällig?

Ganz genau. Das gibt mir auch den Mut, wirklich dranzubleiben. Es hat nämlich schon sehr schwierige Zeiten gegeben, in denen ich fast nicht mehr dran glaubte, dass wir es schaffen würden.

Wie ging es gestern abend weiter?

Sie küsste mich. Das macht sie sehr gern und intensiv. Sie gibt mir schöne Zungenküsse.

Und Sie ihr?

Weiss ich nicht. Ich hab' sie noch nie gefragt. Lacht.

Erregen Sie ihre Küsse?

Ja. Martha wird auch scharf, wenn sie mich küsst. Umgekehrt – weiss ich eben nicht genau.

Und was geschah dann?

Sie küsste mich am Bauch herum und sogar am Glied.

Trocken oder nass?

Nass, mit dem Mund. Auch mit der Zunge, glaube ich.

Sie nahm Ihr Glied in den Mund?

Nein, nein! Das hat sie noch nie gemacht.

Haben Sie sich das noch nie zu Weihnachten gewünscht?

_{Lacht unbändig.} Nein, solche Wünsche gehen mir nicht über die Lippen! Mit einer früheren Frau habe ich es erlebt: Es war sehr schön.

Und jetzt sind Sie auf Dauerentzug?

In dieser Hinsicht ja.

Und Martha weiss nichts davon?

Sie merkt einfach, dass ich es geniesse – so wie gestern abend.

Da war aber kein Glied in ihrem Mund ...

Nein, reingebissen hat sie nicht ... _{Lacht.}

Also weiss sie nicht, dass Sie davon träumen?

Ja, sie weiss nicht, wie wichtig mir das ist, stimmt. Aber ich sage ihr eben nicht, dass ich es schön finde.

Sie haben auch noch nie miteinander ein Pornoheft angeschaut? Dort kommt derlei massenhaft vor.

Nein, das machen wir nicht. _{Lacht.} Was Martha eher antörnt, sind leicht verklemmte Streifen aus den fünfziger Jahren, die manchmal am Sonntag abend am Bildschirm zu sehen sind.

Und Sie, was macht Sie sonst noch an und Sie bekommen es nicht?

Dass Martha mich überhaupt dort berührt ...

Wo?

Am Glied. Bis vor kurzem machte sie das gar nicht, jetzt selten.

Woran konnte sie gestern abend merken, dass Sie es wirklich geniessen?

Ich sagte: „Das ist gut!" oder „Mh, es ist schön!" oder so. Ich stöhnte auch ein wenig dazu. Sie musste merken, dass es mir gefiel. Dass das Glied berührt oder massiert wird, dass man lange mit ihm spielt oder so ...

Davon können Sie gar nicht genug kriegen?

Ja, da habe ich nie viel bekommen!

Wieviel bekamen Sie denn gestern abend davon?

Fünf Minuten vielleicht. Ich streichle Martha übrigens auch gern an – an der Scheide. Wie sag' ich dem eigentlich? Ich habe kein Wort dafür. „Zwischen den Beinen", wollte ich sagen. Erst seit ungefähr einem halben Jahr habe ich das Gefühl, dass sie es wirklich geniesst, wenn ich sie dort mit der Zunge berühre. Früher war das vermutlich ganz schwierig für sie, jetzt offenbar nicht mehr so. Allerdings kommt das auch jetzt nur ganz selten vor.

Und Ihre Hoden hat sie gestern auch berührt?

Ja. Lacht. Das war lustig. Sie sagte: „Du, die quellen aber auch mächtig hervor!" oder so. Sie waren eingeklemmt und schauten hinten raus. Lacht. Wir lachten beide.

Und dann?

Sie legte sich auf mich, und rieb sich an der Rückseite meines Schwanzes und hatte in kürzester Zeit fast einen Orgasmus. Und dann packte sie mich bei sich ein – mit gespreizten Beinen. Sie ergriff mich bei meinem Hintern, und ich stiess zu. Es war fast die umgekehrte Rollenverteilung: sie der Mann, ich die Frau. Lacht. Ich hielt sie bei den Schultern. Sobald ich bei ihr drin bin, ist es problemlos für sie. Das war schon immer so.

Wer unten liegt, hat üblicherweise auch mehr Mühe, mitzukommen. Wenn ich oben bin, kommt es mir häufig zu früh, schneller als ich möchte. Ich verliere die Kontrolle über mich. _{Lacht.} Lange Jahre war ich kaum drin bei ihr, als es schon spritzte. Wenn ich hingegen unten bin, muss ich mich sogar ein wenig anstrengen, dass es mir überhaupt kommt. Unten ist es für mich einfach gemütlicher: Ich geniesse es mehr. Oben muss ich ständig aufpassen, und es ist anstrengend.

Schauen Sie einander an dabei?

Selten. Nein, höchstens einen Augenblick lang.

Reden Sie miteinander?

Doch, ja. Martha redet sogar sehr gern dabei. Ich habe inzwischen etwas aufgeholt. Sie gibt mir vereinzelte Anweisungen und drückt ihr Wohlbehagen aus. Ich hingegen formuliere eher, wie die Stimmung gerade ist, oder ich beschreibe ihr Gesicht, das dann ganz jung aussieht. Das fasziniert mich jedesmal. Oder ich sage etwas über ihre Brüste – die gefallen mir sehr und erregen mich, vor allem, wenn sie oben ist. Ich greife nach ihnen: Eine schöne Handvoll Brüste sind das! Ich würde auch noch etwas grössere vertragen, wenn ich wählen könnte. _{Lacht.}

Martha selbst gefallen ihre eigenen Brüste?

Ich glaube, ja. Sie findet höchstens, dass sie ein bisschen älter würden, ein wenig herunterhängen.

Gestern abend gab es gute, hoffnungsvolle Momente für Sie?

Ja, weil ich dachte, wenn es so weitergeht, könnte es doch noch gut werden mit uns. Ein unerwartetes

Geschenk eigentlich, das ich gut annehmen konnte. Wenn ich hingegen viel investierte, verbissen kämpfte, kam ich mir immer vor wie süchtig nach immer noch mehr, gehetzt von der Frage: Wie geht es weiter? Jetzt, nach gestern, hatte ich eher das Gefühl, ...

... ich muss gar nicht soviel tun?

Genau. Es gelingt eher, wenn ich nicht zuviel Druck mache.

Sie schliessen Ihr sexuelles Zusammensein mit dem Orgasmus ab?

In den allermeisten Fällen ja.

Wie geschah das denn gestern?

Also, sie liegt auf mir, und dann geht es schnell, fünf Minuten oder so. Wir lieben es beide, wenn ich ganz tief in ihr drin bin. Dann braucht es nicht mehr viel Bewegung, nur wenige Stösse. Wir sind ganz aneinandergedrückt, und dann kommt es uns gleichzeitig.

Können Sie ihre Orgasmen koordinieren?

Das ist ganz einfach. _{Lacht.} Wir spüren voneinander gut, wann wir kommen. Da hatten wir noch nie Probleme. Ich warte darauf, dass es ihr kommt. Wenn sie oben ist, muss ich besorgt sein, dass ich rechtzeitig mitkomme. Wenn ich den „Anschluss" verpasse, drehen wir uns um, und dann habe ich noch meinen Orgasmus. Sie hat oft drei, vier Höhepunkte kurz nacheinander. Wie kleine Erdbeben, die allmählich ausklingen. Das ist sehr schön, und sie geniesst es. Ich selbst kann das nicht.

Sind Sie in der Lage, Ihre Ejakulation zu kontrollieren?

Wenn ich oben bin, ist das ein fast aussichtsloses Unterfangen. Kritisch ist manchmal auch der Moment des Eindringens: Da kann es mich glatt wegspülen, oder irgendeine unkonzentrierte Bewegung löst den Höhepunkt aus. Wenn ich sexuell nicht allzu geladen bin, gelingt es mir aber oft, mich zu bremsen, meine Bewegungen zu verlangsamen.

Martha hat noch nie reklamiert, Sie hätten zu früh ejakuliert?

Nein. Ich glaube nicht, dass sie in diesem Punkt unzufrieden ist mit mir. Ich selbst bin nicht sehr interessiert an den technischen Möglichkeiten, mich zu kontrollieren. Wenn es mir zu früh kommt, befriedige ich sie nachher einfach mit der Hand. In diesem Punkt sind wir beide nicht sehr anspruchsvoll.

Befriedigen Sie sich selbst?

Wenig – höchstens, wenn zwei Wochen zwischen uns gar nichts läuft. Wenn ich dann massiv unter sexuellem Druck bin, habe ich das Gefühl, jetzt gehe es gar nicht mehr um meine Frau, sondern um Sexualität schlechthin. Dann onaniere ich sehr gern.

Weiss das Ihre Frau?

Nein. Ich glaube, das interessiert sie auch gar nicht. Lacht. Da haben wir noch nie darüber geredet.

Sie haben ihr auch noch nie vorgeschlagen, voreinander zu onanieren?

Doch, indirekt schon.

Wie machten Sie das indirekt?

Ich stimulierte sie zum Beispiel an der Klitoris. Dann nahm ich ihre Hand und legte sie dorthin, während ich mit meiner Hand zu ihrer Brust ging, um sie dort zu streicheln.

Ist sie darauf eingestiegen?

Eben nicht.

Sie könnten Sie ja auch ausdrücklich, mit Worten, dazu einladen?

Soweit bin ich bisher nicht gegangen, weil ich bei ihr immer eine eindeutige Bremse zu spüren glaubte.

Wissen Sie, ob Martha sich selbst befriedigt?

Ich weiss es nicht. Vermutlich gar nicht oder sehr selten.

Zum Geschlechtsverkehr gehört bei Ihnen immer der Orgasmus?

Für mich ja, für Martha nicht. Orgasmus wünsche ich mir als Körpergefühl, und Geschlechtsverkehr ohne Orgasmus hinterlässt bei mir richtige Schmerzen. Ich glaube, es ist der Samenleiter, der mir ziemlich weh tut, oft bis zum nächsten Morgen.

Wie lösen Sie das Problem?

Ich muss es selber lösen. Sie jedenfalls würde mich nicht mit der Hand befriedigen. Das wäre ihr zu technisch.

Hat sie Ihnen das gesagt?

Ich bin ein gebranntes Kind und würde es nicht riskieren, sie zu fragen. Mein Stolz gibt es mir auch nicht zu, darum zu betteln.

Beprechen Sie ausserhalb des Bettes, in „neutraler" Umgebung, sexuelle Themen?

Kaum, selten. Typisch ist aber für Martha, dass sie mich in Gesellschaft anzündet mit anzüglichen Anspielungen und Bemerkungen. Ich kann überhaupt nicht mitspielen, weil ich mich vollständig lahmgelegt fühle.

Sie scheint den Schutz fremder Leute zu brauchen, um mit heissen und animierenden Sprüchen herauszukommen und dazu schamlos zu kichern. ₗₐ𝒸ₕₜ. Für mich ist das nichts als eine peinliche Blossstellung. Wahrscheinlich revanchiert sie sich auf diese Weise dafür, dass ich sie im Bett mit „technischem" Streicheln zu animieren versuche. Der Stecker passt einfach nicht in die Steckdose ...

Lässt sich Martha eigentlich auch von hinten nehmen?

Das ist eine gute Frage: nein. Das ist auch so ein Tabu wie das technische Animinieren, meinen Penis berühren, schlecken und sich schlecken lassen und so weiter. Ich habe das einmal mit einer Frau erlebt. Die war unersättlich: Wenn wir mitten in der Nacht aufwachten, passierte es von hinten, ganz selbstverständlich. Und nach einer Viertelstunde schliefen wir, hintereinander liegend, weiter. Das war wundervoll!

Das Selbstverständliche, Natürliche fehlt Ihnen?

Ja, sehr.

Ihre Sexualität ist eine Staatsaffäre?

Ja, sie ist aufwendig und mit Risiken behaftet.

Könnten Sie sich vorstellen, ihr auf einem Spaziergang zu gestehen, dass es Sie nach einem schönen Geschlechtsverkehr von hinten gelüstet?

Lacht schallend. Nein! Sie würde laut herauslachen! Das ist ihr zu mühsam, oder eben zu technisch. Und weil ich das von ihr weiss, habe ich auch keine Lust mehr, ihr so etwas Unzumutbares anzutun. Dann halt nicht ...

Was haben Sie sonst noch abgeschrieben?

Das Probieren und Experimentieren im Sex. Ich muss vergessen, mit Martha eine sexuelle Situation spontan kreativ entwickeln zu wollen. Sie hat ihre fixierten Vorstellungen von Abläufen, mit denen sie gute Erfahrungen gemacht hat. Etwas anderes, Neues kommt für sie nicht in Betracht. Offenbar will sie die Kontrolle nicht verlieren. Ich würde das sehr gern: Es liegt mir daran, sanft neue Wege zu erforschen.

Andererseits ist Martha ausgeprägt orgasmisch begabt, und Orgasmus ist nicht möglich, ohne den Kopf zu verlieren.

Stimmt. Ich brauche sie nicht einmal an der Klitoris zu reizen, um ihr zum Orgasmus zu verhelfen. Das wäre für sie sogar lästig.

Manchmal befriedigen Sie sie auch mit der Hand?

Das kommt vor.

Sie wissen, wie sie gemacht ist und funktioniert?

Lacht unbändig. Ja, das weiss ich! Sie tut aber immer so, als wär' sie was weiss ich wie kompliziert! Sie meint offenbar, ich kenne mich bei ihr nicht aus! Aber ich habe das Gefühl, ich weiss, was ich wissen muss.

Sie wissen, wo ihre Klitoris ist?

Lacht. Ja, wirklich, das weiss ich!

Ihre Ortskenntnisse scheinen aber nach der Einschätzung Ihrer Frau nicht ganz zuverlässig zu sein ...

Das bestreite ich eben. Lacht. Ich hab' doch gottlob Erfahrungen auch mit anderen Frauen gemacht! Wenn sie meine erste Frau wäre, käme ich mir schwer irritiert vor. Schliesslich merke ich ja, wo es dann ein wenig anschwillt, oder? Ich glaube eher, dass Martha sich vorstellt, das sei bei ihr eine ganz komplizierte Sache da unten, mit vielen verwirrenden Fältchen. Und wenn sie noch trocken ist, geniert sie sich, dass ich da „herumsuche", wie sie meint. Dabei suche ich gar nicht, sondern streichle sie einfach, und der Rest ergibt sich von selbst.

Trockenheit ist vielleicht für sie nicht angenehm. Netzen Sie sie nicht, mit Speichel zum Beispiel?

Ou, nein, das findet sie nicht lustig. Das läuft unter „technisch". Entweder ist es nass oder nicht.

Gibt sie Ihnen keine konkreten Informationen über die Handhabung ihrer Klitoris?

Eben nicht! Sie sagt mir nie: „Du, da wär's schön!", sondern es kommt: „He! Du bist am falschen Ort!" oder nachher: „Du hast es wieder nicht gefunden ..." Und wenn ich sie ausdrücklich frage, sagt sie mir: „Du findest es dann schon selbst heraus."

Ich bin gespannt, ob Sie herausfinden, wo die Klitoris sitzt. Holt einen Bildband und schlägt ihn auf*.

Ich zeige sie Ihnen gern.

Wo ist die Klitoris?

Eh ... hier. Zeigt auf eine Stelle, circa fünf Millimeter unterhalb des oben zusammenlaufenden Endes der kleinen Schamlippen. Dieser Punkt hier wird ziemlich gross, wenn Martha erregt ist.

Nein.

Falsch?

Ja.

Bin ich falsch? Ist sie weiter innen?

Nein.

---

* Will McBride, Helga Fleischhauer-Hardt: ZEIG MAL!, Jugenddienst Verlag, Wuppertal 1975; Seite 102/103: Lebensgrosse Darstellung der weiblichen Genitalien.

Wo denn?

Weiter innen ist gar nichts.

Ist es da rundherum? <small>Deutet auf die obere Hälfte der kleinen</small>
<small>Schamlippen.</small>

Nein.

Aber wenn es dieser Punkt nicht ist, wo ist sie denn? – Sie ist nicht etwa da oben, oder? <small>Zeigt auf den oberen</small>
<small>„Mundwinkel" der kleinen Schamlippen.</small>

Nein.

Ja, aber wo denn? <small>Lacht.</small> Ich war sicher, dass sie da ist!

Nein, dort ist sie nicht.

<small>Lacht.</small> Das gibt's ja nicht! Liege ich tatsächlich falsch?! Dann zeigen Sie's mir doch!

Also: Hier sind die grossen Schamlippen – hier die klei-nen. Und darüber ist eine bogenförmige Hautfalte. Wenn man die hochzieht …

… dann schaut sie erst heraus?

Ja. Sie ist länglich wie ein kleiner Penis, und wenn sie erregt ist, schaut ihre Eichel heraus. Was Sie vorhin als Klitoris identifizierten, sind die kleinen Schamlippen, die hier zusammenlaufen.

Aha, ja. Ich kenne das Gebiet zu wenig im uner-regten Zustand.

Hier ist die Klitoris nicht erregt. Möchten Sie Martha nicht genau anschauen, wenn sie nicht erregt ist?

Ich möchte schon, aber sie nicht. Für sie ist das wieder ein „technischer Eingriff", der mich einzig in die Lage versetzen sollte, ein erfolgreicher Techniker zu sein. Das ist für mich nicht sehr ermutigend. Aber Martha ist ja nicht meine erste Frau, darum empfinde ich es nicht als so dramatisch, dass es nicht geht. Ich glaube, sonst bräuchte ich eine andere Frau, um zu wissen, ob es wirklich an mir liegt.

Sie sind einander sexuell treu?

Ich ja, seit ich sie kenne. Sie vermutlich auch.

„Vermutlich"? Würden Sie ihr eine versteckte Liebschaft zutrauen?

Ja, eine langjährige Beziehung ausserhalb nicht, aber kurze Affären schon. Ich könnte mir vorstellen, dass sie sich dort das leisten würde, worin sie bei uns zu kurz kommt: im Bereich des Anzüglichen, verbal Animierenden. Vermutlich interessiert sie besonders der anmachende Flirt, weniger das Bett selbst, glaube ich.

Zurück in Ihr Ehebett: Wie ist Ihr Ausklang nach dem Orgasmus?

Wir liegen noch eine Weile, wie wir gerade sind – je nach Stellung. Dabei sagen wir uns, wie schön nass und tropfend es ist und warm und weich und entspannt. Das geniessen wir beide. Nach fünf, zehn Minuten wälzen wir uns auseinander und liegen uns noch etwas in den Armen. Dann gehen wir ins Bad und putzen uns ein wenig. Wir sind beide Abend-Duscher.

Vor dem Sex duschen Sie dann nicht?

Wir duschen immer am Abend, bevor wir ins Bett gehen, so oder so.

Und wenn mal am Tag etwas losginge?

Da geht nie was los – wegen der Kinder, höchstens in den Ferien.

Sie können einander gut riechen?

Ja, das ist mir auch sehr wichtig.

Sie kommen also vom Badezimmer zurück und …

... und dann schlafen wir ziemlich rasch ein, ich schneller als Martha. Sie sagt manchmal, ich tauche immer sofort weg und sie sei noch eine Zeitlang wach.

Noch allein wach?

Ja, das meint sie. Sie ist offenbar noch etwas aufgeregt. Vielleicht möchte sie auch mal als Erste einschlafen und wissen, dass ich noch wache. _{Lacht.}

Wenn Sie jetzt Ihren gewohnten Sex-Parcours aus der Distanz betrachten: Sind Sie zufrieden damit?

Er könnte anders sein. Ich finde ihn eng, gleichförmig. Wenn wir nicht eine Familie wären, würden wir sicher andere Zeiten wählen als immer den Abend. Unter dieser Einengung leiden wir. Der Abend ist nämlich nicht unsere gute Zeit, und doch bleibt uns nichts anderes übrig. Tagsüber könnte unser Ablauf auch anders sein, flexibler, variantenreicher, überraschender, spontaner.

Was macht Sie eigentlich scharf?

Das hängt davon ab, wie ich durch die Welt laufe: Wenn ich lebenslustig, leicht und offen bin, kann ich mir Sex fast jederzeit vorstellen. Dann braucht es sehr wenig, nur eine kleine, feine Berührung, einen schönen Kuss!

Und im Bett selbst?

Berührungen. Berührungen, die gleichzeitig liebevoll und neugierig sind, vielleicht auch ein wenig frech, schamlos, aber doch nicht grob oder anmachend oder herausfordernd – sonst komme ich nicht mit. Wenn sie mir unvermittelt zwischen die Beine greifen würde,

zum Beispiel, das könnte ich nicht lustig finden. Ich vertrage es nicht, wenn der Zugriff die Frage ausdrückt:
„So, zeig mal, was du da hast!" Wenn hingegen die
Stimmung schon etwas vorbereitet wäre, fände ich es
aufregend, wenn sie mir in die Hose langen würde. Das
macht sie aber nicht ...

In vielen Ehen müssen stimmungsmässig anspruchsvolle
Voraussetzungen erfüllt sein, damit Sex überhaupt mög-
lich ist ...

Jaja, das sagt Martha auch. Der vorausgegangene
Tag muss gestimmt haben, sonst – sonst findet sie es
daneben, im Bett was vom Stapel zu lassen.

Sie selbst wären weniger heikel?

Ich bin nicht heikel, nein. Im Gegenteil: Sex wäre
für mich immer eine Chance, in eine andere Stimmung
zu kommen. Für Martha ist Sex eher eine Belohnung für
gutes Verhalten vorher. Auch in diesem Punkt treffen
wir uns überhaupt nicht.

Können Sie sich Sex ohne „Vorspiel" vorstellen?

Ich schon. Und sie – sie auch! Ich glaube, sie
könnte auch rassig reinkommen, wenn die Voraussetzungen günstig wären.

Machen Sie „Liebe"?

Überlegt. Nein.

Dann machen Sie eher Sex?

Ja. Für mich ist es ein sinnliches Erlebnis auf
dem Boden von Wohlwollen, Gernhaben. Die gröbsten
Missverständnisse müssen ausgeräumt sein. Ich könnte
mir sogar vorstellen, mit Sex eine gewisse Aggressivität
auszudrücken, wenn wir auf eine ironisch-spielerische

Ebene wechseln würden. Leider spielt Martha hier nicht gern: Ihr bedeutet Sex Liebesbezeugung, für die erst der Tag stimmen muss und bei der dann nichts zu „technisch" sein darf.

Lässt es Martha nie zu, dass Sie gegen ihren Willen mit ihr schlafen?

Nein ... Eh, doch! Das ist schon vorgekommen. Da musste ich hinterher von ihr hören: „Hast eigentlich nicht gemerkt, dass ich gar nicht will?" Das war furchtbar für mich. Ich sagte ihr jedesmal: „Das darfst du nicht mehr machen."

Und ein spielerisches Sich-zur-Verfügung-Stellen – ist das denkbar?

Das findet sie nicht lustig. Sie würde es höchstens erdulden. Darum habe ich es ihr auch nie vorgeschlagen, obwohl es mich reizen würde. Manchmal ist sie guter Laune und findet, ich sei ein ganz armer Kerl, der zu kurz kommt. Aber das vermag mich nicht zu reizen.

Was ist die Schattenseite Ihrer gemeinsamen Sexualität?

Dass viele sexuellen Themen im Schatten des Schweigens liegen, nicht besprochen und bereinigt werden können, ist für mich das Belastendste. Die Ängste, Rücksichten, Unsicherheiten, Ungewissheiten, die daraus entstehen, sind schwer auszuhalten.

Die Lichtseite?

In dem Moment, in dem ich in ihr bin, fallen alle Probleme ab – fast alle. Ein wenig störend ist manchmal, dass es mir zu früh kommt, aber das ist nicht dramatisch. Den Klang rund um den Orgasmus und den Nachklang geniessen wir beide. Ich frage mich allerdings auch da immer wieder: Spüre ich wohl alles, was man beim Orgasmus spüren kann? Erreicht mein Orgasmus die Tiefe, die möglich ist?

Sie sind etwas unzufrieden mit Ihrem Orgasmus?

Nein, misstrauisch. Martha hat, wie gesagt, oft vier oder fünf Orgasmen hintereinander, und ich frage mich, wieso habe ich nur einen, oder: Könnte ich vielleicht mehr erleben beim Orgasmus? Wie schaffe ich es, mich mit Martha zusammen mehr hinzugeben, statt mich immer noch zu kontrollieren?

Sie sind ständig suchend?

Ja, genau. Die Entdeckerlust möchte ich nie aufgeben. Vielleicht geht uns beiden irgendwann richtig der Knopf auf, wenn ich mutiger werde. Lacht.

ALEXANDER W.-V. ist 49 Jahre alt, von Beruf Bauführer,
seit 17 Jahren liiert und seit 15 Jahren verheiratet mit
Silvia, 44 Jahre, Physiotherapeutin;
zwei Söhne, 14 und 11 Jahre alt.
Seine Grösse: 180 Zentimeter, sein Gewicht: 89 Kilogramm.
Hobbys: Bergsteigen, Wandern.

Der holprige Weg zum Sex

Ich fluche: „Gott verdamm' mich!" oder so. Lacht. Und Silvia lacht dabei. Orgasmus, Fluchen und Lachen – das ist die Erlösung! Oft liegen wir am Schluss im Bett und lachen wie die Esel.

Am Telefon sagten Sie mir bereits, Ihre Frau sei im Sex nicht gerade pflegeleicht, ...

Nicht nur im Sex! _{Lacht.}

... sie sei nicht besonders spontan, ...

Überhaupt nicht spontan!

... es müsse verdammt viel stimmen, damit Sex möglich werde, ...

Ja.

... und sie sei eine unbegabte Verführerin – ...

Das ist richtig, ja.

... aber eigentlich hätten Sie es gut miteinander.

Ja, wenn wir uns finden und zusammenkommen, dann ist es gut.

Ihr Anmarschweg zur Sexualität ist holprig?

Ja, genau.

Sie haben ausgeprägtere sexuelle Bedürfnisse als Ihre Frau?

Nein. Ich glaube, sie ist sexuell bedürftiger.

Das verstehe ich nicht.

Sie kann die Bedürfnisse nicht zeigen und hat grosse Angst, abgewiesen zu werden.

Woher wissen Sie, dass sie mehr Sex möchte?

Silvia gibt es mir irgendwie indirekt zu verstehen.

Wie denn?

Sie sagt zum Beispiel: „Ich nehme jetzt ein Bad."

Wie entschlüsseln Sie das?

Ich übersetze: „Ich mache mich jetzt sauber und schön." Wenn wir „dreckig" sind, gibt's bei uns nämlich nie Sex.

Sie sind beide hygienisch anspruchsvoll?

Ja, wir sind beide eher heikel.

Silvia sagt: „Ich nehme jetzt ein Bad." Wie reagieren Sie?

Entweder sage ich gar nichts, oder ich steige auch ins Bad und setze mich hinter sie ins Wasser.

Hinter sie?

Ja, wie auf dem Tandem. So kann ich sie gut anfassen und streicheln und kneten.

Das Bad hat also bei Ihnen eindeutig sexuellen Charakter?

Ja, es ist der Haupteinstieg in unsere Sexualität. Wenn ich mich allerdings ihr gegenüber in die Wanne setze, statt hinter sie, dann gibt es gewöhnlich keinen Sex, sondern es entsteht eher eine harte Diskussion, die leicht in Streit ausarten kann.

Manchmal reagieren Sie nicht auf ihre verschlüsselte Einladung – warum?

Oftmals ist das TV-Programm attraktiver. Es kommt auch vor, dass ich sie leerlaufen lassen will. Oder ich möchte sie auf diese feine, fiese Tour für irgend etwas bestrafen ... Dann nimmt sie ihr Bad und verschwindet danach endgültig in ihrem Zimmer.

Dann ist sie nicht mehr erreichbar?

Nein. Damit habe ich den Einstieg verpasst. Später könnte ich nur noch mit Mühe und Not etwas in Gang bringen.

Haben Sie über diese Einstiegsmodalitäten auch schon miteinander gesprochen?

Nicht so wie wir zwei jetzt gerade. Sie wirft mir höchstens nachher vor, dass ich nicht mit ihr ins

Bad gekommen bin. Sie habe noch gewartet, sagt sie mir.

Aber meistens folgen Sie ihrer indirekten Einladung?

Häufig. Sie lässt das Wasser einlaufen und gibt Badeöl dazu. Das ist gut für die Haut und auch gut zum Berühren. Die Haut wird ganz geschmeidig. Es riecht auch fein. Lavendel-Balsam heisst es, glaube ich.

Die Kinder stören Sie nie?

Die können hereinkommen und etwas fragen, das stört nicht. Was wir da miteinander machen, ist noch nicht richtig sexuell.

Gefällt Ihnen Silvia im Bad, zum Anschauen, meine ich?

Zum Anschauen? Ja, ich habe Freude an ihr. Ich schaue sie überhaupt gern an – soweit sie sich zeigt. Lacht.

Zeigt sie sich nicht so ausgiebig?

Nein, sie zeigt sich nicht besonders gern, obwohl wir in den Ferien an Nacktstränden baden.

Haben Sie das eingeführt?

Nein, Silvia. Sie ist sonnenhungrig und zeigt sich offenbar gern – öffentlich. Lacht. Sie pflegt sich auch gut, achtet auf das Zusammenspiel der Farben von Augen, Haaren, Nägeln, Kleidern.

Gefallen Sie Ihrer Frau auch?

Doch, sie sagt, ich gefalle ihr, meine Proportionen besonders.

Sagt sie Ihnen das direkt?

Nein, ich höre es, wenn Besuch da ist und sie über mich spricht. Lacht.

Im Bad sitzen Sie immer hinten und Silvia vorne?

Ja.

Reden Sie miteinander?

Ja, wir reden eigentlich über alles, aber nicht in der gleichen hitzigen Art, wie wenn wir vis-à-vis sitzen. Und dazu haben wir sehr engen Kontakt. Ich kann Silvia greifen, an den Brüsten und so.

Auch zwischen den Beinen?

Ja.

Langen Sie ihr in die Scheide?

Ja. Sie hat es allerdings nicht so gern, wenn Badewasser hineinkommt, wegen des Scheidenklimas. Sie ist dort etwas empfindlich.

Berühren Sie sie an der Klitoris?

Im Bad noch nicht so direkt.

Fühlen Sie sich sicher, dass ihr Ihre Berührungen gefallen?

Ja. Meistens wehrt sie bei der Klitoris ab. Es geht ihr vermutlich zu schnell.

Wie wehrt sie ab?

„Hör auf!", oder sie nimmt mir entschieden die Hand weg. Manchmal greift sie rückwärts nach meinem Schwanz. Oder wir waschen uns gegenseitig, wenn wir uns gegenübersitzen. Wir hieven einander aus dem Wasser, damit wir uns schön einseifen und waschen können. Das ist fast wie eine Versicherung, dass der andere dann wirklich sauber ist.

Sauberkeit ist für Ihren Sex wichtig?

Ja. Weil wir sehr viel mit dem Mund machen. Dabei ist jeder geringste Geruch natürlich ein Absteller.

Für wen?

Für mich.

Sie weiss das?

Jää — ich weiss nicht. Ich sage natürlich nicht: „Puh, du stinkst!" Ich ziehe mich eher zurück, das heisst, ich mache etwas anderes, mit dem Finger zum Beispiel. Sie selber weiss es auch, wenn sie mal nicht hundertprozentig sauber ist und wir es spontan und unvorbereitet machen, was selten vorkommt: Dann ist sie unfrei und verkrampft, und wir machen nicht dieselben Dinge miteinander wie nach dem Bad.

Im Bad werden Sie scharf?

Ja, besonders wenn Sie nach dem Schwanz greift und ihn wäscht. Das macht sie sehr gern und gut und einfühlsam.

Sie selber könnten es nicht besser?

Ich glaube nicht.

„Waschen" heisst immer „sexuell waschen"?

Ja, immer.

Am Schluss steigen Sie miteinander aus dem Bad?

Sie bleibt gewöhnlich etwas länger und pflegt noch ihre Nägel zum Beispiel. Ich warte im Bett auf sie.

Und es ist klar, dass jetzt Sex kommt?

Ja, wenn unser Zusammensein im Bad so rituell verläuft, ist mit Sicherheit damit zu rechnen.

Wie häufig ist das pro Monat?

Ungefähr zweimal, plus höchstens einmal im Monat spontaner Sex. Spontan ist es darum so selten, weil ich es nicht lange aushalten kann. Ich meine, mir kommt's schnell. Also muss ich Silvia ...

... gut vorbereiten?

... gut vorbereiten können, ja. Beim spontanen Sex kann man das dann eben nicht, ausser mit dem Finger. Das macht sie sich manchmal auch selbst. Überhaupt: Wenn sie merkt, dass sie nicht so auf Touren kommt, reizt sie sich selber. Das mussten wir alles mit der Zeit lernen. Am Anfang war es nämlich für sie nicht besonders lustig, wenn es so schnell ging bei mir.

Sagte sie Ihnen ausdrücklich, dass sie Ihr Tempo überforderte?

Sie sagte etwa: „Ou, das ist aber wieder schnell gegangen!" Das war nicht sehr angenehm anzuhören. Es beschäftigte mich jedesmal. Aber wir probierten, es besser zu machen.

Mit Hand- und Mundarbeit versuchten Sie, Ihre beiden Erregungen auf ein ähnliches Niveau zu bringen?

Ja, genau. Es kommt auch vor, dass bei ihr die Erregung so stark wird, wenn ich sie schlecke, dass sie kommt. Aber dann ist Ende bei ihr: Ihre Klitoris ist so überreizt, dass sie gar keine Berührung mehr verträgt.

Sie warten also im Bett auf Silvia, die aus dem Bad kommt.

Ja, das ist immer ein guter Moment.

Von diesem Moment an ist alles ganz einfach, ihre Einstiegsprobleme liegen hinter Ihnen?

Ja. Aber ich darf auch jetzt nicht stracks auf sie losgehen, sondern es geht langsam und sukzessive weiter mit vorbereiten, küssen und streicheln. Wenn ich ihr aber beim Einstieg im Bad einen Korb gebe, zum Beispiel indem ich auf ihre indirekte Einladung gar nicht reagiere, dann ist es passiert: Ihr Frust ist total, weil sie sich abgewiesen fühlt. Andererseits möchte ich auch, dass sie mich mehr und deutlicher umwirbt, indem sie mich umarmt oder sogar ihre Körperreize etwas spielen lässt, mit Reizwäsche zum Beispiel.

Haben Sie ihr Reizwäsche geschenkt?

Sie hat sie selber gekauft. Aber leider zieht sie sie nur dann an, wenn sie ganz sicher ist, dass sie nicht abgewiesen wird. Sie würde sich bestimmt nicht in die Reizwäsche stürzen, um mich vor dem Fernseher zu bezirzen. _{Lacht.} Ich möchte das sehr gern.

Weiss sie das?

Ja, aber sie sagt, sie könne es nicht.

Warum nicht?

Eben, sie fürchtet sich davor, abgewiesen zu werden, sagt sie mir. Darum würde sie mich nie beispielsweise im Wohnzimmer verführen oder mir direkt ins Gesicht sagen: „Ich bin scharf, ich möchte mit dir schlafen!"

Was fehlt Ihnen mehr: dass sie Ihnen ihre sexuelle Bereitschaft zeigt oder sie ausspricht?

Ich möchte lieber, dass sie es mir spontan zeigt. Aber das kann sie nicht. Ich muss sie nehmen, wie sie ist.

Ihren Einstieg in die Sexualität empfinden Sie also als gleichförmig, starr und unspontan?

Ja, ich hätte gern einen ausgefalleneren Start, nicht immer dasselbe Ritual.

Ein ausgefallener Start könnte sein, dass Sie Silvia vor dem Fernseher verführen.

Das geht nicht gut. Da hat jeder seinen Sessel und sitzt in seiner festen Polsterecke. _{Lacht.} Man ist ausser

Reichweite des andern. Natürlich, auf dem Sofa hätten wir schon beide Platz und wären einander näher. Aber das ist mir noch nie in den Sinn gekommen. Kommt dazu, dass sie eigentlich das Fernsehen nicht mag und sehr wenig davor sitzt, und sie nimmt es mir übel, dass ich so viel fernsehe. Ehrlich gesagt, stinkt es mir selber auch, dass ich ein wenig TV-süchtig bin. Manchmal verkrieche ich mich aber auch vor dem Fernseher, wenn wir Streit gehabt haben oder dicke Luft ist.

Ein direkter Anstoss zum Sex kommt also nicht von Ihnen?

Das ist eher selten. Ab und zu überrede ich sie zum Sex. So kann es vorkommen, dass nur ich einen Orgasmus habe und sie nicht. Aber dann ist es immer abgesprochen mit ihr – ich vergewaltige sie nicht.

Wie sprechen Sie es miteinander ab?

Sie sagt: „Komm einfach – ich kann heute nicht." Vielleicht ist sie einfach zu müde oder spürt, dass es aus einem anderen Grund nicht geht. Sie stellt sich mir aber trotzdem zur Verfügung. Das ist nicht optimal für mich, aber besser als nichts.

Sie tut es Ihnen zuliebe?

Ja, diesen Anstrich hat es halt. Ich habe manchmal etwas Mühe, das zu akzeptieren, obwohl sie es sicher immer echt meint.

Sie würde sich Ihnen nicht gegen ihren Willen zur Verfügung stellen oder Ihnen etwas vorspielen?

Nie. Manchmal sagt sie mittendrin: „Nein, es geht nicht. Es geht wirklich nicht!" Das begreife ich auch ohne weiteres.

Wie geht es weiter in Ihrem Drehbuch, wenn Sie nach dem gemeinsamen Bad miteinander ins Bett steigen?

Meistens streicheln wir einander abwechslungsweise. Sie liegt zum Beispiel einfach da und lässt sich liebkosen, und wenn ich das Gefühl habe, jetzt ist genug, dann lege ich mich hin und sage: „So, jetzt komme ich ein wenig dran!" Während unserer Zärtlichkeiten liegen wir meistens. Ich möchte eigentlich gern mehr stehen dabei oder sitzen, damit wir uns besser umfassen könnten.

Weiss sie das?

Ja, aber sie macht es nicht gern. Vielleicht liegt es an ihren grossen Brüsten. Die sehen besser aus, wenn sie liegt.

Wer sagt das?

Sie! Lacht.

Ihnen selbst würden ihre Brüste gefallen, auch wenn sie herunterhängen?

Ja, die gefallen mir! Das einzige, was mich stört, ist, dass sie praktisch leblos sind. Sie reagieren nicht auf Streicheln. Lacht. Die Brustwarzen werden nicht hart, höchstens ein wenig geschrumpelt, und es gibt keinen Kontakt zwischen der Brustwarze und der Scheide.

Woher wissen Sie das?

Das haben wir zusammen herausgefunden.

Ausprobiert?

Ja. Ich habe Frauen erlebt, denen kam es sofort, kaum hatte man sie an der Brust berührt. Bei Silvia bringt eine Berührung dort praktisch überhaupt nichts.

Schlecken und saugen auch nicht?

Gar nichts. Ich probiere es immer wieder und reize sie auf alle möglichen Arten, weil ich glaube, diese Nerven müssten doch irgendwann irgendwie zusammenwachsen. _{Lacht.} Eine fixe Idee! Eine Frau, die mit ihren Brüsten richtig reagiert, das ist etwas Verrücktes für mich. Gelegentlich neckt sie mich auf der Strasse: „Schau dort, die hätte jetzt, was du brauchst!" _{Lacht.} Ihre Brustwarzen sieht man eben nicht durch den Pullover. – Wenn die Brust ausfällt, bleiben halt nicht viele Stellen am Körper zum Reizen: der Hals, der Rücken ... und natürlich die Schamgegend. Aber sonst ...

Sonst erregt sie nichts?

Doch, ein grosser Schwanz! Sie liebt grosse Schwänze in sich drin. Mein Schwanz gefällt ihr: Er hat gute Proportionen, aber er ist nicht gross. Er entspricht nicht ihrer Wunschgrösse. Sie vergleicht mit Männern, die sie früher gehabt hat. Da bin ich kein Supermann.

Ihnen selbst gefällt Ihr Schwanz?

Ja, er ist schön, wirklich elegant. Und Silvia „behandelt" ihn auch gut.

Schleckt sie ihn auch?

Ja, das macht sie. Gefährlich ist nur, wenn sie plötzlich beisst, spasseshalber natürlich. Sie beisst einfach gern in etwas Pralles! _{Lacht.} Aber für mich ist es unangenehm.

Berührt sie Ihre Hoden?

Ja, sehr einfühlsam.

Spritzen Sie nicht ab, wenn Silvia Sie so intensiv reizt?

Nein, gewöhnlich nicht. Wir machen uns gegenseitig durch Zeichen verständlich. Ab und zu kommen die Signale zu spät, und dann spritze ich.

Was geschieht dann?

Sie sorgt dafür, dass es gut verläuft, ist aber ein bisschen frustriert und befriedigt sich nachher selbst noch.

Was macht sie, damit „es gut verläuft"?

Sie hilft bis zum Schluss des Orgasmus mit, indem sie den Schwanz hält und massiert.

Behält sie den Schwanz auch im Mund?

Uh, nein! Das darf ich nicht! Sperma im Mund hat sie gar nicht gern.

Hat sie das Ihnen gesagt?

Sie hat es vor langer Zeit einmal probiert und hatte einen Hustenanfall. Sie sagte mir, das sei nicht das Elixier, das sie brauche! Lacht. Ich habe Verständnis dafür. Ich habe auch schon Sperma versucht – es ist wirklich keine Konfitüre. Lacht.

Vermissen Sie es, dass sie sich in den Mund spritzen lässt?

Es wär' schon schön! Es wird immer so kalt, wenn ich aus dem Mund raus muss. Aber dann macht sie mit der Hand fertig. Das ist auch gut.

Sie schlecken Silvia auch?

Natürlich. Früher schleckte ich sie immer unter der Bettdecke.

Hatte sie kalt?

Nein, sie schämte sich. Und ich bekam fast keine Luft und sah nichts. Vor fünf, sechs Jahren hatte ich eines Tages genug davon und sagte ihr, ich wolle nicht mehr ihr Futzenlecker sein. Wissen Sie, Futzenlecker sind diese kleinen Pinscherchen mit der farbigen Masche im Haar. _{Lacht.} Als das ausgesprochen war, konnten wir endlich diese Decke weglassen.

Und jetzt schlecken Sie gern?

Ja, es gefällt mir, und ich mache es ausgiebig, manchmal bis zu einer Stunde.

Sie machen es gekonnt?

Ja, sie geniesst es wirklich.

Sie reizen einander also gegenseitig?

Ja, wir bringen uns immer wieder an die Grenze des Orgasmus, und dort gebieten wir einander Halt.

Wie sind die Haltesignale?

Sie stösst mir den Kopf weg, ich sage es eher mit Worten. Manchmal drehe ich mich einfach ab.

Ist das Spielen mit den Grenzen genüsslich für Sie?

Sehr. Ich kann mir „kleine Orgasmen" kommen lassen.

Können Sie die „kleinen Orgasmen" beschreiben?

Das ist schwierig ... Sie sind vielleicht wie Wellen, die mich aber nicht wegspülen. Nachher wird der Schwanz kleiner, weil doch etwas Energie verlorengeht. Dann sagt sie etwa: „He, jetzt ist er kleiner geworden! Was ist jetzt wieder los?" _{Lacht.} In dieser Phase geht man eben sehr stark aufeinander ein und ist sich sehr nahe.

Sind Sie dabei meistens oben?

Ich bin auch gern unten.

Noch einmal zurück zum Ende des „Vorspiels": Wer von Ihnen bestimmt, dass jetzt zum Koitus übergegangen wird?

Das ist unterschiedlich. Manchmal sagt Silvia: „Ou, ich kann nicht mehr! Jetzt ist genug!", oder ich: „So, jetzt los! Jetzt will ich!"

Den Übergang markieren Sie immer mit Worten?

Manchmal steige ich einfach ein. Und ab dann geht alles ziemlich schnell. Fünf-, sechsmal.

Fünf- oder sechsmal stossen?

Ja, ausser wenn Silvia oben ist. Dann gibt's noch ein paar Stösse mehr. Und sie kann sich besser reiben an mir, besser für sie. Wenn ich mich nicht bewege und Silvia sich auch nicht, dann könnte ich den Schwanz theoretisch fünf Minuten drin lassen. Aber wir können uns beide fast nicht beherrschen, die Becken gegeneinanderzustossen.

Möchte Silvia, dass Sie länger in ihr bleiben?

Das sagt sie ausdrücklich. Sie kennt das von früher, eben von den Männern mit den grossen Schwänzen ... Lacht. Dieser Wunsch kann mit mir halt nicht in Erfüllung gehen.

Schauen Sie einander an, wenn Sie in Silvia drin sind?

Ja. Hin und wieder sagt einer von uns: „Sieh mich an!" Wir empfinden es als starken sexuellen Reiz, einander voll in die Augen zu schauen. Man sieht doch einander fast ins Innerste – das ist Spitze!

Das „Sieh mich an!" kann von Ihnen beiden kommen?

Ich sage das meistens.

Haben Sie noch weitere Wünsche?

Eine engere Scheide wäre schön. Silvia ist etwas weit gebaut für mich, und ich bin wohl zu dünn für sie:

In der Missionarstellung oder wenn sie oben ist, spüre ich zu wenig.

Sie könnte sich doch enger machen ...

Das kann sie nicht. Höchstens mit anderen Stellungen, zum Beispiel seitlich. Es kann supergut sein, wenn wir uns wie zwei Scheren ineinander fügen.

Eine enge Scheide könnte Ihren Orgasmus beschleunigen.

Das weiss ich nicht, kann sein.

Machen Sie es auch von hinten in die Scheide?

Nicht so häufig. Es kommt uns selten in den Sinn, interessanterweise. Dabei wär's doch gut, für Silvia jedenfalls. So kann sie sich nämlich bis hart an den Orgasmus heran noch supergut reizen. In dieser Stellung darf ich mich nicht allzu viel bewegen, sonst geht mir der Schuss ab. Darum hilft sie mit.

Möchten Sie, wenn Sie könnten, Ihren Koitus verlängern?

Eigentlich nicht. Wir sind meistens über eine Stunde sexuell zusammen. Das ist doch unglaublich lang! Ich kann allerdings nicht aufhocken und runde fünfzig Mal zustossen. Ich weiss nicht, ob es viele Männer gibt, die das wirklich können. Vielleicht sind das eher schöne Märchen. Natürlich, früher war mir das schon ein Problem, dass ich nicht länger konnte. Aber es dauerte immerhin so lange, dass ich zwei Kinder zeugen konnte. _{Lacht.} Und überhaupt: Niemand kennt das westeuropäische Mittelmass ...

Sie spielen vor dem Koitus ausgiebig: Sie streicheln und schlecken und stimulieren einander mit der Hand und mit dem Mund. Und der Koitus ist der Schlussakkord dieses ausführlichen Spiels?

Ja, genau. Und dieser Schlussakkord ist mir lang genug. So wie's jetzt abläuft, ist es gut. Natürlich habe ich Wünsche offen: Ich möchte zum Beispiel gern einmal bei ihr hinten hinein, um wirklich Enge zu erleben.

Sie meinen in ihren Anus?

Ja.

Weiss sie das?

Ja, und sie hat schon lange ein Klistier in der Apotheke besorgt. _{Lacht.} Aber sie braucht es nie. Ich glaube, ihre Hemmschwelle ist zu hoch.

Sie selbst haben hier keine Hemmungen?

Nein. Ich sage ihr: „Jetzt möchte ich dann wirklich mal!"

Haben Sie ihr schon gesagt: „Ich möchte gern jetzt gleich!"?

Aha – nnnein, so direkt nicht. _{Lacht.}

Haben Sie Erfahrung mit Analverkehr?

Wir haben es einmal versucht. Aber es war ein Geknorze. Ich glaube, es ist ihr einfach zuwider. Die Zone rund um den Anus ist für sie noch ziemlich verboten – oder heilig. Ich probiere ab und zu mit dem Finger, aber ich glaube, sie müsste ganz wahnsinnig scharf sein, bis sie zulassen würde, dass ich dort eindringe.

Sie würde anziehen, dass Silvia am Anus sehr eng ist?

Ja. Und gefallen würde mir auch, dass sie quasi vor mir knien muss. Es könnte erregend sein, sie zu beherrschen, und sie würde sich total hingeben. Das gefällt mir auch, wenn wir's von hinten in die Scheide machen. Auch da gibt sie sich ganz hin, indem sie sich voll exponiert und ausbreitet – in ihrer ganzen Pracht.

Gehen Ihre sexuellen Bedürfnisse noch in anderer Hinsicht auseinander?

Ja. Ich möchte zum Beispiel, dass Silvia mich anal befriedigt, mit einem Massagestab. Sie sagt, sie könne das nicht. Diese Gegend scheint ihr wirklich heilig zu sein. Lacht.

Sie berührt Sie nie am Anus?

Eher nicht. Und wenn, dann nur zögernd. Vielleicht ist es für sie einfach etwas Dreckiges, ich weiss es nicht.

Haben Sie noch andere unerfüllte Wünsche?

Ich würde sie gern ein wenig schlagen – Vater/Tochter ... Aber sie würde es überhaupt nicht vertragen, wenn man ihr eins auf den Hintern haut, auch nicht spielerisch, gar nicht. Aber mich würde es reizen. Und sie will es mir umgekehrt auch nicht machen, obwohl ich es gern hätte. Das alles ist in Gesprächen klar geworden.

Reden Sie auch ausserhalb des Bettes über Ihren Sex?

Nein, immer nur in der Situation.

Tauschen Sie Ihre sexuellen Phantasien miteinander aus?

Sie hat mich auch schon gefragt: „An wen denkst du jetzt gerade?", aber da wagte ich nicht, es zu sagen. Wir reden also nicht offen darüber.

Befriedigen Sie sich selbst?

Ja.

Weiss Silvia das?

Ja. Sie macht es auch.

Ist sie manchmal dabei, wenn Sie es machen?

Das kommt vor. Manchmal gehört es zum Vorspiel, nämlich dann, wenn sie das Gefühl hat, sie sei noch weit weg vom Orgasmus. Dann sorgt sie dafür, dass es schneller vorwärtsgeht bei ihr. Dann schauen wir einander zu.

Sagen Sie etwas, wenn Sie ihr zuschauen?

Nein. Wir reden wenig. Mich stört, dass sie wenig oder gar nicht stöhnt. Ich höre höchstens im allerallerletzten Moment, beim Orgasmus, etwas von ihr. In Sexfilmen hört man doch: „Uh, gib's mir!" oder „Ich komme!" oder was weiss ich. Und ich habe persönlich schon Frauen erlebt, die ganz anders aus sich herausgekommen sind.

Und Sie, schreien Sie?

Manchmal ja. Es ist vorgekommen, dass man mir das Kissen ins Gesicht drücken musste. _{Lacht.}

Wer macht das mit dem Kissen?

Silvia oder ich selbst. Leider kann sie nicht laut werden – alles scheint durch einen hemmenden Filter zu gehen. Sie sagt zwar, sie habe einen Superorgasmus, aber das totale Loslassen fehlt. Das würde mir gefallen.

Sie scheinen Ihre Orgasmen zu synchronisieren.

Meistens. Ich kann mich gut anpassen. Sie braucht ihren Weg und sagt mir frühzeitig: „Jetzt kommt's!"

Und dann springen Sie auf den einfahrenden Zug auf?

Ja, genau. Es ist eine Wechselwirkung: Wenn man merkt, der andere fährt ein, dann lässt man sich selbst auch gehen. Das haben wir im Lauf der Jahre miteinander gelernt. Früher stellte ich mir den Orgasmus immer als wahnwitziges Ereignis vor, so, wie er in den Büchern manchmal beschrieben wird. Und ich wartete auf ihn, obwohl ich ihn eigentlich schon längst gehabt hatte. Ich stellte mir vor, er müsste noch unermesslich viel verrückter sein. Ich brauchte ziemlich lange, bis ich den Orgasmus nicht mehr nur als Zuschauer erlebte. Erst mit der Zeit konnte ich mich wirklich gehen lassen. Früher war mein Sex mit verschiedenen Frauen viel wilder, fast verrucht. Heute, mit Silvia, ist er einfach gut, sehr gut.

Sagen Sie etwas, wenn Sie kommen?

Ich fluche: „Gott verdamm' mich!" oder so. _{Lacht.} Und Silvia lacht dabei. Orgasmus, Fluchen und Lachen – das ist die Erlösung! Oft liegen wir am Schluss im Bett und lachen wie die Esel.

Und nachher?

Nachher bleiben wir noch etwas beieinander, bis irgendein Bein einschläft.

Sie liegen aufeinander?

Ja. Silvia braucht dafür ihr Kopfkissen.

Ihr Kopfkissen?

Ihr Kopfkissen begleitet sie überallhin. Es bedeutet ihr sehr viel, besonders sein Geruch. Manchmal spielen wir damit. Ich sage ihr: „Hör mal, du hast jetzt mich, vergiss dein Kopfkissen!" Sie liebt auch die Bettdecke und zieht sie immer bis zur Nase hoch. Sie deckt sich mit Vorliebe zu, während ich sie gern wieder abdecke. _{Lacht.} Mir gefällt das Spiel.

Sie liegen also noch etwas aufeinander, und dann?

Dann putzen wir uns, mit Papiertaschentüchern, weil immer irgendwo Sperma herausrinnt. Das fühlt sich so kalt an, und das Bett ist voll. Dann halten wir uns noch etwas, vielleicht auch nur an den Händen.

Reden Sie dabei noch etwas?

Nein, dann ist es still.

Und es geht in den Schlaf über?

Ja. Das Ganze findet ja meistens am Tag statt, sprich: am Wochenende, wenn wir Zeit haben, uns nachher ein gemeinsames Nickerchen zu leisten. Silvia ist sowieso am Abend müde und nur am Tag sexuell in Stimmung.

Es gefällt Ihnen, wie Ihr Sex ausklingt?

Das schätze ich sehr. Ich mag es nicht, wenn eine Frau nachher alles zerredet oder wenn ich bei einer Freundin gewesen bin und aus dem warmen Bett an die unfreundliche frische Luft hinaus und nach Hause gehen muss.

Sie sind nicht monogam?

Jetzt bin ich es, aber vor ein paar Jahren noch nicht.

Warum sind Sie treu geworden?

Ich bin nicht mehr der Jüngste, und meine Ansprüche sind in der letzten Zeit so gestiegen, dass der Aufwand viel zu gross würde. Es muss wirklich nicht unbedingt sein, fremdzugehen. Nicht, dass ich mich strikte gegen eine gute Gelegenheit wehren würde, aber in einem Auto zum Beispiel käme das für mich nicht mehr in Frage.

Ihre Vereinbarungen mit Silvia würden eine qualitativ hochstehende sexuelle Begegnung ausserhalb Ihrer Ehe zulassen?

Es ist einseitig: Sie würde es mir nicht verzeihen, wenn sie es erfahren würde. Ich habe ihr gesagt: „Ich garantiere dir nicht absolute Treue. Es ist möglich, dass es mich wieder mal irgendwo erwischt." Umgekehrt würde ich es ihr auch zugestehen, wenn sie sich himmlisch verlieben würde und es würde etwas daraus – eine Nacht.

Das würde Sie nicht umhauen?

Nein, ausser ich käme nach Hause und der Kerl läge immer noch in unserem Nest oder so. Ich möchte nicht damit konfrontiert werden.

Sie möchten es beide nicht wissen?

Ja, schon, aber Silvia will jederzeit sicher sein, dass bei mir nichts läuft im Hintergrund. Sie toleriert keine Frau neben sich. Sie ist sehr eifersüchtig.

Aber Sie nehmen nicht unbedingt Rücksicht auf ihre Eifersucht?

Ich würde es trotzdem machen, wenn alles stimmen würde.

Leidenschaft – was fällt Ihnen dazu ein?

Leidenschaft fehlt mir etwas, als Gewürz! Vielleicht müsste sie von mir kommen, da ich sie von Silvia nicht mehr erwarten kann. Ich müsste wohl selbst ein besserer Verführer werden.

MARA J.-H. ist 37 Jahre alt, von Beruf Sachbearbeiterin,
seit 14 Jahren liiert und seit 13 Jahren verheiratet mit
Peter, 38 Jahre, Innenarchitekt; ein Sohn, zwölf Jahre alt.
Ihre Grösse: 158 Zentimeter, ihr Gewicht: 50 Kilogramm.
Hobbys: Kanufahren, Saxophon spielen.

Der Traum von der totalen Umarmung

Ich glaube, der Orgasmus wird mit der Zeit nicht mehr so wichtig sein wie jetzt. Aber es ist ja wirklich ein schönes Gefühl! Lacht. Ich möchte es nicht missen, jetzt, da ich gerade dabei bin, es zu entdecken. Ich geniesse es in vollen Zügen.

Sind Sie daran gewöhnt, über Sex zu reden?

In den letzten Jahren, ja – mit zwei, drei Freundinnen. Ich erzählte von mir, und dann bekam ich auch viel von ihnen zu hören.

Was erzählten Sie von sich?

Von meinen Orgasmusschwierigkeiten zum Beispiel oder von meinen zwiespältigen Gefühlen, wenn ich meinen Mann immer wieder zurückweisen musste, weil er viel Sex wollte und ich wenig.

Ihren Freundinnen gegenüber waren Sie offener als mit Ihrem Mann?

Ja, meine Öffnung begann mit meinen Freundinnen. Da merkte ich, dass ich mit meinen Problemen nicht allein bin.

Sich Ihrem Mann zu öffnen war schwieriger?

Ich fürchtete immer, ihn zu verletzen oder mich nicht wehren zu können. Er ist jemand, der immer alles haarklein analysieren muss. Mit seinem Bohren blockierte er mich häufig.

Und heute?

Jetzt verstehe ich seinen Gesprächsstil besser und lasse mich nicht mehr so leicht drausbringen.

Begannen Ihre Probleme im Bett schon früh in Ihrer Ehe?

Sie bestanden von Anfang an. Kaum hatten wir geheiratet, verstand ich überhaupt nicht mehr, warum ich das getan hatte. _{Lacht.}

Mussten Sie heiraten?

Eigentlich schon. Wir wollten zwar heiraten, aber nicht so schnell. Ich hatte eine Spiralenschwangerschaft.

Inzwischen könnte mir das nicht mehr passieren: Ich bin seit kurzem unterbunden und sehr froh darüber.

Was überschattete den Start in Ihre Ehe?

Ich hatte Ängste und hörte nicht darauf, Bindungsängste. Ich fürchtete eigentlich um den Verlust meiner Freiheit.

Und was war in der Sexualität nicht gut?

Ich war zwar erregt, hatte aber einfach nie einen Orgasmus. Ich geriet unter Zwang, einen haben zu müssen, und dann ging es erst recht nicht.

Kam der Zwang von innen oder von aussen?

Zuerst von innen: Meine Gefühle waren so stark, dass ich das Bedürfnis hatte nach einer Auflösung.

Und von aussen?

Mein Mann bekam den Eindruck, er mache etwas falsch. Er fragte immer: „Was muss ich tun?", und ich konnte es ihm nicht sagen, weil ich es selber nicht wusste.

Sie wussten nicht, wie Sie zu einem Orgasmus kommen konnten?

Nur, wie ich mir selbst einen machen musste.

Sie konnten ihm nicht zeigen, wie er's Ihnen nachmachen könnte, mit der Hand?

Nein.

Und mit der Zunge?

Das wollte er nicht. Er hatte grosse Hemmungen.

Hätten Sie's gern gehabt?

Ich hätte es mir gut vorstellen können.

Sagten Sie es ihm?

Ja, aber ich drängte ihn nicht.

*Für sich allein hatten Sie Orgasmen, mit Ihrem Mann
aber keine: Wie erklärten Sie sich das?*

Ich führte es auf meinen ersten Beischlaf zurück.
Ich war damals 17. Ich fühlte mich überrumpelt und
ausgenützt, weil der Mann schnell mit mir schlief und
mich dann stehenliess. Ich blutete und hatte das Gefühl, ich hätte ein schmerzendes Höllenfeuer zwischen
den Beinen und alle Leute müssten das sehen. Es war
fürchterlich. Ich hatte auch Angst, dass der Mann mich
geschwängert haben könnte, weil meine Periode vor
lauter Verkrampfung zwei Wochen Verspätung hatte ...
Zwei Jahre lang konnte ich mich danach von keinem
Mann mehr berühren lassen.

*Sie glauben, dass Sie später im Bett immer wieder von
diesem schlimmen Erlebnis eingeholt wurden?*

Ja. Ich hatte nämlich gute Gefühle mit meinem
Mann, aber sobald er in mich eindrang, war Schluss. Es
könnte aber auch damit zu tun haben, dass Sexualität in
meinem Elternhaus als widerlich galt und möglichst
weggedrängt wurde. Manchmal denke ich sogar, ich
könnte als Kind missbraucht worden sein, zumindest
seelisch. Ich erinnere mich zum Beispiel, wie mich mein
Vater oft auskitzelte und nicht damit aufhörte, obwohl
ich inständig darum bat – bis mir vor Lachen sterbens-
elend wurde. Aus dem erzwungenen Lachen war ein
Weinen geworden, das ich aber nicht zu zeigen wagte.
Ich verkroch mich unter den Tisch.

*Auf Ihre sexuellen Gefühle fiel immer ein Schatten,
sobald Ihr Mann eindrang?*

Eigentlich bereits vorher. Schon wenn er mich

streichelte, hatte ich vor Augen, was mich erwartete. Er berührte mich nämlich immer nur, wenn er mit mir schlafen wollte.

Zärtlichkeit war für Sie zu eng an die Sexualität gebunden – sagten Sie ihm das?

Ja, ziemlich häufig.

Es nützte nichts?

Nein. Lacht. Er sagte mir, wenn er mich streichle, wolle er tatsächlich immer Sex.

Sie waren also jedesmal dran, wenn er Sie berührte?

Nein, ich lehnte häufig ab, jedenfalls nach ein paar Jahren.

Das war unangenehm für Sie?

Ja, sehr. Ich schützte nie Begründungen vor, die nicht stimmten. Ich sagte einfach: „Ich habe keine Lust."

Wie reagierte er darauf?

Er respektierte es schon ...

Aber?

Es war schwierig für ihn: Er hat immer sehr Lust auf mich und wollte viel mit mir schlafen. Mit der Zeit wagte er mich gar nicht mehr zu fragen. Es kamen aber auch Vorwürfe. Er sagte, er begreife mich nicht und ich betrüge ihn, wenn ich Selbstbefriedigung mache, statt mit ihm zu schlafen.

Stimmte das?

Nein. Ich hatte nicht einmal darauf Lust. Er konnte es lange fast nicht glauben. Ich war eigentlich die Traumfrau für ihn, meine Verliebtheit war hingegen flugs zerronnen. Ich heiratete ihn, weil „man" das macht. In Wirklichkeit heiratete er mich.

Ist es vorgekommen, dass Sie gegen Ihren Willen mit ihm schliefen?

Ja, von Zeit zu Zeit wollte er wirklich! Er hielt es einfach nicht mehr aus. Da habe ich nachgegeben und gesagt: „Also gut, musst mir einfach etwas Zeit lassen."

Zeit wofür?

Zum Reden, zum längeren Streicheln. Dann kam ein klein wenig Lust bei mir.

Aber für den Orgasmus reichte es nicht?

Nein, das lief schon mit meinen früheren Freunden nicht. Ausser einmal, da wusste ich: Ich könnte es eigentlich! Ich wäre fähig, einen Orgasmus zu erleben.

Wie war dieses eine Mal?

Unglaublich! Den meisten würde es wohl ablöschen unter diesen Bedingungen. Mein damaliger Freund und ich waren auf einem Schiff. Die Nacht verbrachten wir auf offenem Deck zusammen mit vielen anderen Leuten, die immer wieder vorbeigingen. Wir begannen zu schmusen, und bald einmal schlüpfte ich aus dem rechten Hosenbein und er aus dem linken. _{Lacht.} So schliefen wir miteinander, und ich hatte tatsächlich einen Orgasmus, meinen ersten und für die nächsten zehn Jahre einzigen mit einem Mann.

Stehend?

Nein, er sass auf einem Sessel und ich auf ihm drauf.

Es muss für Sie sehr aufregend gewesen sein.

Ja, total verrückt!

Stimulierte er Ihre Klitoris mit der Hand?

Nein, er streichelte meine Brüste. – Jetzt erinnere ich mich, warum das ging mit dem Orgasmus: Er hatte mich vorher so gut geküsst, auf den Mund, dass es mir unwahrscheinlich eingefahren ist. Ich bekam ein grenzenloses Begehren, ein richtig körperliches Begehren.

Und dieses Begehren konnte nachher niemand mehr auslösen bei Ihnen?

Nein, niemand. Etwa ein Jahr später lernte ich, mich selbst zu befriedigen.

Wer zeigte es Ihnen?

Ein Buch, von einer Amerikanerin, FOR YOURSELF* hiess es. Das Buch half mir herauszufinden, woran es liegen könnte, dass es nicht geht. Als ich es raushatte, klappte es auch schon beim zweiten Mal.

Mit Ihrem Mann klappte es aber nicht?

Nein. Ich verheimlichte es ihm nicht. Ich spielte ihm auch nie etwas vor.

Versuchten Sie auch, mit ihm zusammen Ihr Problem zu lösen?

Ich nahm ein paar Anläufe, ja. Aber ihm war es schnell zu mühsam, ein Buch zu lesen, zum Beispiel. In FOR YOURSELF wären Partnerübungen gewesen, aber das stank ihm. Und ich hatte zu wenig Mut, darauf zu beharren, und liess das Ganze wieder liegen. Während meiner Schwangerschaft hatte ich überhaupt keine Lust auf Sex, und nach der Geburt erst recht nicht. So über-

---

* Lonnie G. Barbach: FOR YOURSELF. DIE ERFÜLLUNG WEIBLICHER SEXUALITÄT, Ullstein-Verlag, Berlin 1977.

schattete mein Orgasmusproblem mein ganzes Leben über Jahre. Ich fühlte mich richtig eingeklemmt. „Das muss doch gehen!" dachte ich ständig. Ich versuchte, die Situation auf dem Schiff mit meinem Mann herbeizuführen.

Wusste er von diesem Erlebnis?

Nein, wir probierten verschiedenes aus: neue Stellungen, veränderter Druck und so weiter, aber es ging nicht.

Ihr Mann war viel auf Entzug?

Ja. Er befriedigte sich seit jeher selbst.

Wussten Sie das immer?

Ja, er macht's abends im Bett, vor dem Einschlafen.

Sind Sie dabei?

Ja. Am Anfang plagte es mich, weil ich dachte, da entgehe mir etwas – eigentlich sollte er's mit mir machen. Aber ich wollte ja gar nicht, also konnte ich nichts dagegen sagen. _{Lacht.} Mit der Zeit störte es mich nicht mehr.

Was machen Sie denn neben ihm, wenn er sich befriedigt?

Einschlafen. _{Lacht.} Sobald ich im Bett liege, bin ich weg.

Und er liegt neben Ihnen …

… unter der Decke.

Und die Spermaflecken: Wechseln Sie seine Bettwäsche?

Ja, aber er benutzt immer Papiertaschentücher.

Haben Sie ihm auch schon zugeschaut beim Onanieren?

Selten, aber nicht so genau. Lacht.

Wie macht er's?

Mit beiden Händen, die er gegeneinander reibt, bis es ihm kommt.

Machen Sie ihm das auch?

Ja, häufig, aber nur mit einer Hand.

Trocken oder mit Gleitmittel?

Trocken, mit der Vorhaut. Als es bei mir nie klappte während des Geschlechtsverkehrs, überlegten wir, was wir sonst machen könnten, um es trotzdem schön zu haben miteinander. Dann fingen wir mit Handarbeit an.

Zeigte er Ihnen, wie Sie ihn zu bearbeiten hatten?

Das war nicht nötig. Lacht. Das beherrschte ich seit eh. Ich konnte die Männer immer leicht in den siebenten Himmel befördern.

Sie sind manuell begabt und mögen Handarbeit?

Ja. Ich glaube, ich habe den Beruf verfehlt. Ein Handwerk entspräche mir besser oder auch Massage oder Kinesiologie.

Setzen Sie jetzt immer noch Handarbeit ein als Ersatz für einen geglückten Geschlechtsverkehr?

Nein, jetzt klappt es besser, seit kurzem. Aber in all den Ehejahren hatte ich nur sechs Orgasmen beim Geschlechtsverkehr – bis vor ungefähr einem Jahr.

Machen Sie trotzdem noch Handarbeit?

Ja, wenn's schnell gehen muss, weil wir müde sind. Das nennen wir einen „Schnellen". Ich mache es ihm und mir gleichzeitig, mit je einer Hand, und er streichelt mir dabei die Brüste.

Wie nennen Sie seine Geschlechtsteile, wenn Sie mit ihm reden?

„Schwanz" und „Hoden". „Schwanz" passt gut – das ist doch etwas Deftiges! _{Lacht.}

Gefällt Ihnen sein Schwanz?

Jetzt schon, früher weniger.

Kennen Sie ihn genau?

Ja, wir haben lange Zeit Kondome benützt, und wenn ich eins drüberstreifte, schaute ich immer genau hin.

Gehört zur Handarbeit auch Mundarbeit?

Ja, das machen wir jetzt auch. Früher hätte ich ihn gern geschleckt, aber der Reiz war für ihn zu stark. Er war schnell überreizt. Dann sagte er etwa: „Küss mich lieber auf den Mund!"

Ejakuliert er in Ihren Mund?

Nein, wir sind beide nicht so scharf drauf. Wenn er seinen Orgasmus hat, ist er mit einem Papiertaschentuch zur Stelle, oder es geht ihm auf den Bauch.

Ist Ihnen Sperma unangenehm?

Mir nicht, aber er riecht es nicht gern. Es ekelt ihn etwas an, glaube ich.

Früher war seine Handarbeit an Ihnen wenig erfolgreich, sagten Sie?

Ja, sein Druck auf die Klitoris war zu stark, oder er war daneben. Ich war seine erste Frau gewesen.

Er kannte Sie nicht?

Nein. Ich hätte ihm gern mal alles gezeigt, bei Tageslicht. _{Lacht.} Erst vor kurzem konnte ich ihm endlich präzis sagen, wo er hinlangen, wie fest er drücken und wie er sich bewegen sollte. Ich führte seine Finger mit meiner Hand, aber richtig hinzuschauen wagte er immer noch nicht. Ich konnte mich jetzt auch besser hingeben, während ich bis vor etwa einem Jahr immer fürchtete, mich ausliefern zu müssen, und das wollte ich nicht.

Und jetzt schafft er es, Sie per Handarbeit zum Orgasmus zu bringen?

Nein, noch nicht ganz. Wir müssen noch etwas üben. Ich sage ihm, welche Gefühle er bei mir auslöst und was er noch besser machen könnte.

Was fehlt noch?

Das Spielerische! Er ist ganz verkrampft, weil er es gut machen will, und ist ganz auf das Technische konzentriert, nimmt alles so furchtbar ernst. Er ist verbohrt bei seiner Arbeit da unten! _{Lacht.}

Sind Sie nass?

Ja, sehr.

Dann fehlt also nur noch das lockere Spiel …

Technisch dürfte es auch noch etwas besser werden. _{Lacht.} Ich bin nicht einfach zu handhaben. Ich selber mache es halt auch immer gleich und bin darum etwas fixiert. Ich sollte selbst flexibler werden. Es ist eben viel interessanter, wenn er's mir macht.

Schleckt er Sie?

Nein, bis vor etwa drei Wochen nie. Da leerte er mir plötzlich eiskaltes Fruchtjoghurt, Kirschen-Aroma, auf die Brüste, den Hals, den Bauch, die Oberschenkel und zwischen die Beine, und dann schleckte er alles weg. Ich musste furchtbar lachen, es war so aufregend und überraschend. Ein wenig kitzlig, aber angenehm. Es war überhaupt das erste Mal, dass er mich an der Klitoris geschleckt hat.

Hatte er das mit dem Joghurt selber erfunden?

Er sagte mir, er habe es vor einem Jahr zufällig in einem TV-Film gesehen.

Sonst sind Sie innovativer im Sex als er?

Ich bin neugierig, und er ist fixiert auf gewisse Vorstellungen. Zum Beispiel ist Küssen auf die Lippen fast sein ein und alles und natürlich der normale Geschlechtsverkehr.

Küssen Sie ihn auch gern?

Nicht so extrem. _{Lacht.} Ich kam mir immer vor wie eine Mutterbrust.

Ausgesaugt?

Ja, genau. Ich fühlte mich eingeengt, um den Atem gebracht, fast missbraucht.

Missbraucht für ein saugendes Bedürfnis?

Ja.

Sagten Sie ihm das?

Ja, aber er hörte es nicht besonders gern.

Änderte sich dann etwas?

Ich muss ihm die Dinge immer mehrmals sagen. _{Lacht.} Inzwischen ist es besser geworden. Er lässt mich jetzt an vielen anderen Körperstellen küssen, während er mich früher immer sofort an seinen Mund zog.

Auf den Geschlechtsverkehr ist er auch fixiert?

Ja.

Nennen Sie das „Geschlechtsverkehr", wenn Sie mit Ihrem Mann darüber reden?

Nein, sicher nicht. Wir reden wenig miteinander über Sex. Das ist schade. Ich hätte gern ein paar gute Wörter für „Geschlechtsverkehr", aber ich habe keine Ideen.

„Vögeln" käme für Sie nicht in Frage?

Nein, das gefällt mir nicht. Vögel fliegen, und fliegen ist etwas Leichtes!

Und Ihr Geschlechtsverkehr ist nicht so leicht?

Nein! Lacht. Ich habe auch Angstträume, in denen ich fliege und regelmässig abstürze. Langsam lerne ich, mich aufzufangen ...

Der Geschlechtsverkehr bedeutete Ihnen nie soviel wie Ihrem Mann?

Nein. In den ersten Jahren unserer Ehe hätte ich gern eine Menge Dinge ausprobiert, aber er wollte nicht. Ihm genügte das Eine.

Das Eine?

Einfach aufeinander liegen und miteinander schlafen, fertig.

Aufeinander liegen?

Er oben.

Ihnen gefiel es nicht da drunter?

Nein, ich bin lieber oben. Neuerdings findet er es unten bequem: sich einfach hinlegen! Lacht. Und ich kann meine Gefühle besser steuern, oben.

Sie können die Berührungspunkte mit dem Schwanz besser steuern?

Aha, ja, genau. Wenn er nämlich oben ist, müsste ich ihm wieder genau sagen, wie und wann und wie fest und so weiter. Das kann ich nicht. Aber es spielt auch

meine Angst mit, mich auszuliefern. Wenn ich unten liege, habe ich fast keine Macht. Er kann mit mir praktisch
machen, was er will. Manchmal fürchte ich auch, dass er
mir weh tut. Das passiert tatsächlich ab und zu, aber dann
wechsle ich einfach die Stellung.

*Sie sagten, seit einem Jahr fühlten Sie sich nicht mehr so
ausgeliefert im Sex?*

Ja. Ich habe etwas mehr Vertrauen, ich kann es
besser geniessen. Und wenn ich unten bin, probiere ich
jetzt neue Dinge aus, zum Beispiel verschiedene Arten,
ihn mit den Beinen zu umschlingen.

*Hat er bemerkt, dass Ihre Beine angefangen haben zu
leben?*

Ja. Wenn ich die Beine bis über seine Achseln
hochziehe, kann er viel tiefer eindringen.

Schauen Sie einander an, wenn er eingedrungen ist?

Jetzt haben wir damit angefangen, ja. Früher
machte ich immer sofort die Augen zu. Ihn anzuschauen
hätte unangenehme Gefühle ausgelöst, oder es kam Wut
hoch, die ich immer geschluckt hatte. Mit geschlossenen
Augen konnte ich mich wenigstens auf mich konzen-
trieren.

Und jetzt?

Jetzt gefällt es mir manchmal, ihn anzuschauen.
Da kommt ein tiefes Gefühl zum Ausdruck, eine innere
Verbindung.

Er schaut Sie auch an?

Er machte das schon immer viel mehr als ich. Ich
gefalle ihm eben auch viel besser als er mir. _{Lacht.} Dieser
Unterschied ist immer noch da. Inzwischen bin ich zwar

froh, dass ich mit ihm verheiratet bin – er bietet mir Sachen, die ich brauche –, aber äusserlich gefällt er mir nicht besonders.

Wie sieht er aus?

178 Zentimeter gross, Bauchansatz, rote Haare, undefinierbare Augenfarbe: grüngrau, Brille. Er ist kein athletischer Typ.

Er ist nicht Ihr Typ?

Nicht ganz, nein. Mein Typ ist dunkelhaarig, sehr gross, schlank. _{Lacht.} Schnauz. Es gibt Hände, die mich sehr ansprechen, und mein Mann hat nicht solche: lange, schlanke Finger und eine gewisse Nagelform, aber die kann ich nicht beschreiben.

Als Mann leuchtet er Ihnen sexuell nicht unmittelbar ein?

Stimmt. Wenn ich ihn anschaue, löst er nicht viel bei mir aus.

Im Unterschied zu Ihnen: Sie gefallen ihm?

Ja. Er sagt, ich gefalle ihm.

Wann haben Sie das letzte Mal mit ihm geschlafen?

Vor fünf Tagen, am freien Donnerstagnachmittag.

Gaben Sie den Anstoss?

Ja, in letzter Zeit ergreife ich häufiger die Initiative.

Wie machen Sie das?

Ich frage ihn direkt, oder ich gehe zu ihm und streichle ihn fast verführerisch.

„Verführerisch"?

Ich lange in sein Hemd, streichle seine Brust, oder ich versperre seinen Weg. _{Lacht.} Im Moment ist er froh, wenn ich die Initiative ergreife, weil er beruflich belastet ist. Er steigt schnell auf mich ein.

Wie kam das zustande vor fünf Tagen?

Wir hatten es schon am Morgen abgemacht. Wir planen den Sex häufig, weil wir uns so besser darauf einstellen können.

Zur abgemachten Zeit trafen Sie sich im Schlafzimmer?

Ja, nachdem er geduscht hatte. Ich hatte meine Dusche schon am Morgen genommen.

Ist er immer sauber?

Könnte besser sein. Er pflegt sich etwas zu wenig.

Inwiefern?

Er schwitzt ziemlich stark, und ich rieche seinen Schweiss nicht gern. Frisch verschwitzt, das geht, aber nach zwei Tagen stinkt's halt. Ich habe ihm ein Deo gekauft und feine Seifen. ₗₐcₕₜ. Das Deo ist noch unbenützt. Dabei habe ich ihm ausdrücklich gesagt, ich hätte Mühe damit, dass er sich zu wenig pflegt. Er ist einfach zu faul. Und jetzt bin ich dazu übergegangen, ihm klar zu sagen: „Wenn du nicht duschst, schlafe ich nicht mit dir!"

Was lief als erstes, als Sie sich im Bett trafen?

Meistens reden wir noch etwas miteinander. Wir küssen und umarmen uns. Und dann sind wir fast eingeschlafen, weil wir beide so müde waren. Also lagen wir uns eine halbe Stunde dösend in den Armen.

Wie wurden Sie dann richtig wach?

Wir begannen uns gezielt an den erogenen Zonen zu streicheln. An der Brust ist er zum Beispiel sehr empfindlich. Schliesslich waren wir beide stark erregt, und ich hockte auf ihn drauf, um ihn zu reiten.

Ohne eingeladen zu sein?

Ja, das mache ich einfach! _{Lacht.} Ich will nicht, dass er mir zuvorkommt! _{Lacht.} Wir mögen diese Stellung beide sehr.

Führten Sie den Schwanz selber ein?

Meistens mache ich das selbst.

Ist es jetzt erregend?

Ja, viel mehr als früher, obwohl mein Problem noch nicht ganz weg ist. Und ich stimuliere selbst meine Klitoris. Das brauche ich, um zum Orgasmus zu kommen.

Reden Sie miteinander, wenn Sie auf ihm sitzen?

Nicht viel.

Möchten Sie gern mehr reden während des Koitus?

Manchmal schon, aber ich kann es noch nicht so gut. Reden lenkt mich etwas ab, ich bin noch zu unsicher. Ab und zu sagen wir einander, wie wir gerade drauf sind oder wo wir gern gestreichelt würden.

Sie waren gut drauf an diesem freien Nachmittag?

Sicher. Ich hatte ein ganz gutes Gefühl, und ich wusste, dass ich mit einem so guten Gefühl garantiert einen Höhepunkt haben würde.

Sie dachten also schon jetzt an den Orgasmus?

Ja. _{Lacht.} Es sind ganz spezielle Gefühle, die dazugehören.

Vorläufergefühle?

Ja. Es ist eine besondere Art Erregung, die einsetzt, sobald ich den Schwanz in mir habe. Dann weiss ich: Jetzt gelingt es!

Schwer zu beschreiben?

Ja, sehr intensiv jedenfalls.

Ein Körpergefühl?

Ja.

Wo?

Ja, wo? – Ein Ziehen im Bauch. Manchmal ist es auch ein Kribbeln, das bis in die Fingerspitzen oder in die Fussohlen geht.

Hautkribbeln?

Nein, es ist inwendig, unter der Haut.

War Ihr Mann passiv unter Ihnen?

Ah, nein! Er berührt und streichelt mich und stösst zu.

Stöhnen Sie dazu?

Jaja, – lacht – ich schon.

Er nicht?

Er hat Hemmungen, das Kind könnte ihn hören. Wollüstige Töne kommen nur schwer über seine Lippen.

Würden Sie gern solche Töne von ihm hören?

Sicher, ja!

Weiss er das?

Ich glaube, ich habe ihm das noch nie so deutlich gesagt. Immerhin weiss er, dass mich seine Erregung auch erregt und dass es mich eher bremst, wenn er sich zurückhält.

Macht er das?

Ja. Er ist wohl ein gebranntes Kind, weil es so lange nicht klappte zwischen uns. Er hatte immer Angst davor, dass es wieder nicht geht und er erneut versagt.

Und immer wieder dieses Nein von mir: Er fühlte sich als ganze Person abgelehnt. Ganz am Anfang war er viel gelöster.

Und jetzt sind Sie beide gelöster. – In Ihrem Brief schreiben Sie: „Nach jahrelanger Suche habe ich jetzt endlich meinen Weg gefunden." Ist es Ihr persönlicher Aufbruch oder Ihr gemeinsamer?

Es ist mein Aufbruch. Er spürt natürlich, dass viel verändert ist. Im letzten Jahr hatten wir eine schlimme Krise miteinander. Ich liess keine einzige Berührung mehr zu und schlief im Wohnzimmer. Wir gingen haarscharf an einer Trennung vorbei. Innerlich hatte ich mich völlig von ihm gelöst. In einer Paartherapie lernte ich, mich durchzusetzen und auf meine eigenen Bedürfnisse zu hören – nicht nur in der Sexualität. Und als ich das konnte, löste sich aller Widerstand gegen meinen Mann auf. Ich merkte nämlich, dass die gelebte Beziehung mit ihm der Rahmen ist, innerhalb dessen ich unabhängig werden kann, und nicht eine Trennung von ihm.

Sie ritten ihn also eine ganze Weile, am letzten Donnerstag?

Ja, aber bald bekam ich einen Krampf im Oberschenkel, und wir mussten die Stellung wechseln.

Was kam jetzt?

Ich sagte ihm, ich wolle mich einen Moment neben ihn legen. Da streichelten und küssten wir uns weiter.

Aber das gute Körpergefühl von vorher blieb erhalten?

Die Erregung ging zwar etwas zurück, aber ich

spürte immer noch, dass es gutgehen würde. Dann setzte ich mich wieder auf ihn.

Ah, Sie waren wieder die Schnellere?

Lacht. Ja. Er machte keinerlei Anstalten – ich glaube, er wagt noch nicht, richtig vorzupreschen.

Und als Sie oben waren, war die Erregung auch wieder da?

Ja, ich steckte mir den Schwanz wieder rein, und dieses intensive Gefühl erwachte sofort wieder. Ich stimulierte mich mit der Hand an der Klitoris, und plötzlich, ganz überraschend, brach der Orgasmus los, und in der Hitze des Gefechts rutschte der Schwanz raus. Wir hatten uns beide bewegt und waren offenbar aus dem Takt geraten. Einen Moment lang war ich wie gelähmt und musste dann lachen. Wir versuchten gemeinsam, ihn wieder reinzukriegen, aber als er endlich drin war, schaffte ich den Anschluss an den angefangenen Orgasmus nicht mehr. Lacht. Er war schon weg.

Was geschah dann?

Ich legte mich auf ihn runter, er streichelte mir den Rücken. Ich sagte ihm, dass es für mich ein wenig verunglückt sei. Etwas später kam er auf mich und hatte ziemlich schnell seinen Höhepunkt.

Erinnern Sie sich an jenen Moment?

Ich hatte immer noch dieses misslungene Gefühl im Bauch, darum war es nicht so besonders. Aber ich merke auch sonst nicht so viel von seinem Orgasmus.

Hat er eine gute Kontrolle über seinen Orgasmus?

Ziemlich, ja. Wenn's kritisch wird, hält er sich still. Dann geht's wieder.

Sie selbst: Sind Sie laut, wenn Sie kommen?

Ziemlich, ja. Wenn wir allein wären, würde ich vielleicht sogar schreien.

Berührt er Sie dabei?

Er hält mich am Becken oder am Rücken oder streichelt mir die Brüste. Manchmal lege ich mich auch auf ihn runter – ich geniesse es, wenn sich unsere Bäuche berühren.

Wenn Ihr Höhepunkt vorbei ist: Empfinden Sie seinen Orgasmus dann noch als sexuelles Erlebnis?

Meistens ja. Es ist immer noch schön und angenehm für mich, ab und zu erregt es mich sogar wieder, aber ein Orgasmus läge nicht mehr drin.

In Ihrem sexuellen Weltbild spielt der Orgasmus immer noch eine beherrschende Rolle?

Lacht. Ja, stimmt. Weil es so lange nicht funktioniert hat! Ich glaube, der Orgasmus wird mit der Zeit nicht mehr so wichtig sein wie jetzt. Aber es ist ja wirklich ein schönes Gefühl! Lacht. Ich möchte es nicht missen, jetzt, da ich gerade dabei bin, es zu entdecken. Ich geniesse es in vollen Zügen.

Was bekommen Sie mit von seinem Orgasmus?

Er schnauft und stöhnt, aber ich könnte mehr vertragen! Lacht.

Wie war Ihr gemeinsamer Nachklang nach dem Höhepunkt?

Wir waren ausnahmsweise nicht müde, weil wir vorher kurz geschlafen hatten. Es gab ein gutes Gespräch über meinen kleinen Orgasmus-Unfall und wie das war für mich und für ihn. Er sagte mir auch, wie es ihn freue, dass ich Sex jetzt viel mehr geniessen kann. Ich wusste gar nicht, dass sich das gegenüber früher so stark verändert haben soll. Aber er sagte, doch, doch, es sei völlig anders. Und aus diesem Grund könne er sich auch mehr einlassen.

Ihr Gespräch ist offener geworden?

Nach der schlimmen Zeit im letzten Jahr geht's viel leichter. Damals sagten wir uns die allerbösesten Dinge. Das Reden hat seinen Schrecken etwas verloren.

Wie erleben Sie Ihren Ausklang jetzt?

Meistens liegen wir beieinander, Arm in Arm. Wir gähnen und dann dösen wir, einen Moment lang sind wir völlig weg. Das erfrischt richtig.

Sie sind in Ihrer Sexualität neu aufgebrochen. Wohin soll die Reise gehen?

Mein Aufbruch ist noch ganz jung! Aber ich bin sicher, dass ich die Sexualität mit meinem Mann zusammen noch mehr werde geniessen können. Mit Übung wird's besser. Ich möchte aber auch gern ganz Neues ausprobieren: zum Beispiel mal mit einer Frau zusammensein. Ich bin einfach neugierig, wie sich die Brüste einer Frau in meiner Hand oder auf meiner Haut anfühlen.

Wüssten Sie schon mit wem?

Nein. Es müsste schon eine Frau sein, die mir gefällt.

Ist niemand in Ihrer Nähe, der Ihnen gefällt?

Nein. – Und ein anderer Wunschtraum: Ich möchte mal von zwei Männern umarmt werden.

Umarmt?

Einfach umarmt, ja. Einer von vorne, der andere von hinten. Ganz lange, stehend, am Strand zum Beispiel. In einer klaren Mondnacht. Lacht.

Mit Kleidern oder nackt?

Unten in Jeans und oben nichts.

Was lockt Sie?

Die totale Umarmung.

Weiss Ihr Mann von diesem Wunschtraum?

Nein. Andere Männer empfindet er sofort als Rivalen. Von meinen lesbischen Phantasien habe ich ihm einmal erzählt. Das ist kein Problem für ihn, solange ich es nicht wirklich mache. Er fürchtet, ich könnte abspringen und lesbisch werden.

Werden Sie Ihre Umarmungsphantasie verwirklichen?

Wenn die Gelegenheit da ist, werde ich sie beim Schopfe packen.

Haben Sie noch andere Phantasien oder Visionen?

Vor etwa einem halben Jahr habe ich einen Mann kennengelernt, mit dem ich jetzt in einer Gruppe Kanu fahre. Ich merke deutlich, dass er auf mich anspricht, und er interessiert mich auch. Er hat vor, diesen Sommer an einem Kanu-Trekking in Österreich teilzunehmen. Ich glaube, er wird mich für ein paar Tage dorthin einladen. Das ist eine ganz neue Aussicht für mich. Ich mag ihn so gut, dass ich mir ohne weiteres vorstellen kann, ihm in romantischer Umgebung schnell näher zu kommen, sogar mit ihm zu schlafen.

Ihr Mann weiss nichts von Ihren Träumen?

Nein, das kann ich ihm nicht sagen. Ich weiss, dass ich jetzt entschlossen bin, bei meinem Mann zu bleiben, und ich weiss gleichzeitig, dass ein solches Erlebnis gut für mich wäre. Ich bin eine ganz Schlimme – in den Augen meines Mannes. _{Lacht.} Ich selbst fühle mich richtig gut: schön und lebendig. Ich war jetzt lange brav, viel zu lange. Bravsein gehört eigentlich gar nicht zu mir, obwohl ich es fast mein ganzes Leben lang war. Vermutlich wird es zu Belastungsproben für unsere Beziehung kommen, wenn ich meine Bedürfnisse tatsächlich mehr auslebe. Aber die Brücke wird halten.

PIRMIN S. ist 43 Jahre alt, von Beruf höherer Beamter, seit 18 Jahren liiert und seit zwölf Jahren verheiratet mit Sandra, 44 Jahre, Kosmetikerin; zwei Töchter, sechs und vier Jahre alt. Seine Grösse: 174 Zentimeter, sein Gewicht: 78 Kilogramm.
Hobbys: Tennis, Computer.

Vögeln hilft bei jeder Unbill

Dann zieht sie ihre Beine sehr stark an und ist aufs äusserste erregt. Ich frage sie: „Kommt's schon?" Und sie: „Ja, es ist schon da! Tut mir leid!" Ich sage ihr: „Lass nur!" Eigentlich haben wir ja abgemacht, dass wir unsere Orgasmen hinauszögern wollen. Aber ihr gelingt das praktisch nie.

Heute morgen ist mir ein Bild von unserer Sexualität gekommen: Sie ist wie ein Teig, der über eine Schwelle kriecht, und über der Schwelle wird er etwas brüchig. Unsere Sexualität ist im Umbruch. Sie ist heute weniger orgasmuszentriert, bei mir vor allem, weniger bei Sandra. Sie hat überhaupt eine Sexualität wie ein Mann. Sie will einfach Sex und Orgasmus, und das genügt ihr. Das war schon immer so. Für einen Mann, wie ich einer bin, ist das natürlich sehr praktisch. Ich wollte das nämlich im Prinzip auch, jedenfalls bis vor kurzem. Kürzlich haben wir jedoch zusammen einen Tantra-Kurs gemacht, der bei mir einiges in Bewegung gesetzt hat. Jetzt schlafen wir ab und zu miteinander, ohne den Orgasmus im Auge zu haben – ich jedenfalls, einfach weil Sex etwas Schönes ist. Ich kannte das bisher nur aus Büchern. Und es gab entscheidende Impulse von aussen.

Was für Impulse von aussen?

Der letzte derartige Anstoss: Sandra hatte einen Liebhaber, während ich im Militärdienst war. Ich wusste, dass sie mit ihm schlief. Das hatte zur Folge, dass es sanfter wurde zwischen uns, freier, ruhiger.

Sie nimmt Nachhilfeunterricht in fremden Betten?

Gewissermassen. Was sie auch noch nachlernen müsste: Sie weiss nicht, wie sie meinen Schwanz in die Hand nehmen soll. Und ich kann oder mag es ihr nicht zeigen. Alle anderen Frauen können das, sagen wir: fast alle.

Was macht sie falsch?

Im Tantra-Kurs wies ich sie einmal darauf hin: „Schau mal, wie die Frau das macht mit ihrem Mann!"

Da wurde sie auf der Stelle wütend und zischte mich an: „Zeig mir lieber, wie ich es machen soll!" Aber das geht nicht, denn wenn sie es dann genau so anstellen würde, wie ich es ihr zeige, wär's auch wieder nicht recht für mich. Ich möchte, dass sie es von sich aus immer wieder neu richtig macht.

Was macht sie denn falsch?

Einerseits ist sie zu wenig fein und andererseits zu wenig zupackend – beides fehlt mir. Sie weiss einfach nicht, was mein Schwanz gern hat. Ich verstehe das eigentlich auch, bis vor zwei, drei Jahren war es mir nämlich unangenehm, wenn sich eine Frau an meinem Schwanz zu schaffen machte. Es bedrohte und ängstigte mich. Und jetzt möchte ich es gern, weil ich mit anderen Frauen entdeckt habe, wie wunderschön das ist.

Weiss sie das alles?

Wir haben es im Gespräch schon gestreift. Wenn sie dieses Interview liest, dürfte das für sie nicht neu sein. Aber sie hat nicht kapiert, wie wichtig es mir ist.

Wird sie das Interview lesen?

Klar. Uns liegt im Moment viel am Thema Sexualität. Offenheit, sich ausliefern und einander alles sagen ist wichtig. Ich vertraue darauf, dass sich das gut auswirkt, obwohl die unmittelbaren Folgen nicht immer komfortabel sind, wenn ich dann mal den Mut habe, ganz offen zu sein.

Angenommen, Sie wären offen: Welchen sexuellen Frust müssten Sie ihr sonst noch anmelden?

Mit den Grundbedingungen unserer Sexualität bin ich auch unzufrieden. Sie ist beruflich viel zu stark

absorbiert und darum häufig beschäftigt, müde, abge-
schlagen und nicht so entspannt und frei wie ich. Sie
steckt in einem engen Geschirr und muss verbissen
einen schweren auswärtigen Karren ziehen. Für Bett-
mätzchen, die mich interessieren würden, hat sie kaum
ein Eckchen frei. Dazu kommt die Belastung und Störung durch die Kinder. Zum Beispiel waren wir jetzt in
den Ferien, und es reichte in dieser Woche nur zu einem
einzigen Mal Sex, weil wir die Kinder nur einmal den
Nachbarn überlassen konnten. Wir haben wirklich einen
schwierigen Zugang zueinander. Wenn wir dann mal
zusammen sind, ist es problemlos. Sandra sagte mir eben
heute morgen, nach ihrem Empfinden hätten wir viel zu
selten Sex.

Sandra gefällt Ihnen?

Ja, sie gefällt mir. Ich mag es, sie anzuschauen und
zu berühren. Natürlich haben die Brüste unter der langen Stillerei gelitten. Sie sind etwas verbraucht und aus-
gelutscht, ein wenig hängend und schlaff. Ich akzeptiere
das, weil ich wollte, dass sie so lange stillt, und das ist jetzt
anscheinend der Preis. Sonst ist sie ein guter Anblick für
mich, von vorn wie von hinten. Sicher, eine 20jährige,
überhaupt eine andere Frau, ist was ganz anderes, besonders zum Anschauen.

Sie ist jederzeit imstande, Sie zu erregen?

Entweder bin ich bereits erregt und will mit ihr
schlafen, weil mein Triebkessel dampft, oder wir sind
zusammen, und es erregt mich, oder sie ist erregt und
bringt mich in Schwung. Alle drei Varianten kommen
vor und funktionieren. Und wenn es nicht funktioniert,

mache ich mir keine Sorgen: Entweder steht mein Schwanz, dann bin ich erregt, oder er steht nicht, dann bin ich eben nicht erregt, Punkt. Dann ist irgendwas anderes, was wichtiger ist. Mit Impotenz hat das für mich nichts zu tun.

Gibt es bei Ihnen im Sex typische Abläufe?

Ganz eindeutig. Die Initiative kann von beiden kommen, häufiger allerdings kommt sie von mir. Dann legt sich Sandra hin und lässt sich bedienen, und ich ...

Moment! Wie läuft das mit der Initiative?

Wir schlafen oft am Morgen miteinander oder nach dem Mittagessen, beim Mittagsschlaf. Sandra hat prinzipiell fast immer Lust, von mir genommen zu werden, aber sie will, dass ich den Anfang mache. Als wir noch keine Kinder hatten, bestand die Einleitung bei uns meist darin, dass – lacht – sie oder ich sagte: „Also, wir müssen jetzt aufstehen!", und der andere sagte: „Ja." Das bedeutete: Beide wollen Sex. Wenn der andere wirklich aufstand, hiess das, dass er nicht will.

Und jetzt?

Jetzt ist es eine ganz nüchterne Sache geworden: „So, wann schlafen wir wieder mal miteinander?" oder „Komm noch ein wenig zu mir!" Wenn ich für ein paar Tage weg muss und am Packen bin, sagt sie: „Jetzt muss es noch sein, bevor du gehst!" Manchmal sage ich: „Ja, aber ich bin nicht erregt", und sie: „Ich auch nicht, aber es muss wieder mal sein!" Es kommt auch vor, dass ich sage: „Soll ich's mir selber machen, oder hilfst du?" Das tönt alles trocken und geschäftsmässig, aber gut. Manchmal drückt sich Sandra an mich, kuschelt sich an oder streichelt mich oder greift nach meinem Schwanz, oder ich berühre, küsse ihre Brüste, sauge daran.

Dann ziehen Sie sie aus?

Jeder zieht sich selbst aus und ohne Umschweife. Wenn es am frühen Nachmittag ist, ist es besonders reizvoll, die kühlen Bettücher, mitten am Tag, wenn man doch eigentlich zu arbeiten hätte ...

Und am Morgen ...

... streife ich ihr das Nachthemd hoch, streichle ihre Brüste, und sie lässt es zu. Dann bekomme ich einen Steifen. Und jetzt geht alles blitzschnell. Ich sondiere mit der Hand, wie sie unten ist: Feucht oder nicht feucht – eigentlich spielt's gar keine Rolle. Ich gehe relativ rasch rein.

Auch wenn sie trocken ist?

Es ist sogar gut, wenn sie trocken ist, für sie auch. Die Empfindung am Schwanz ist angenehm: Es ribschet[*] so schön. Wenn ich sie frage: „Tut's weh?", sagt sie immer: „Nein, es ist schön."

Wenn ich Sie richtig verstehe, kennen Sie das „Vorspiel" gar nicht?

Stimmt, das brauchen wir eigentlich praktisch nicht.

Sie sind nicht traurig darüber?

Nein. Nun, wenn Sie wollen, können Sie unseren Sex schon unterteilen: zwei Minuten „Vorspiel", fünf Minuten „Hauptspiel", dreissig Minuten „Nachspiel".

Zum „Hauptspiel": Sie nehmen Sandra von vorne?

---

[*] Dialekt für „wundreiben", hier genauer: „rutschen und reiben gegen einen Widerstand".

Wenn sie richtig will und schon feucht ist, von vorne. Ist sie aber unentschlossen oder unbestimmt, dann sage ich: „Darf ich trotzdem?" Und Sie: „Ja, ja, mach mal." Dann gehe ich von hinten rein, oder seitlich von hinten, und frage sie: „Wie ist es?", und sie sagt: „Schön." Nach einer Weile sie: „So, jetzt möchte ich noch ein wenig von vorne!" Sie dreht sich, und in dieser normalen Missionarstellung kommt ihr Orgasmus sehr schnell, normalerweise vor meinem, wenn ich ihre Brustwarzen sauge und zwirble. Dann zieht sie ihre Beine sehr stark an und ist aufs äusserste erregt. Ich frage sie: „Kommt's schon?" Und sie: „Ja, es ist schon da! Tut mir leid!" Ich sage ihr: „Lass nur!" Eigentlich haben wir ja abgemacht, dass wir unsere Orgasmen hinauszögern wollen. Aber ihr gelingt das praktisch nie. Innerhalb von ein paar Minuten ist das alles vorbei, obwohl ich mit der Hand überhaupt nichts mache zwischen ihren Beinen. Sie presst sich einfach mit ihrem Becken an mich und stimuliert sich so selbst an der Klitoris.

Das geht schneller als Ihnen lieb ist?

Ist mir beides recht: Entweder geht es schnell, und dann ist's recht – da weiss man, was man hat –, oder wir zögern es einen Moment hinaus, dann ist's auch gut.

Sie selbst möchten gern Versuche machen im Zustand höchster Erregung?

Ja, das wär' schön. Das Eiltempo hat nämlich einen Nachteil: Wenn Sandra so schnell kommt, schaffe ich es oft nicht, in nützlicher Frist selbst einen Orgasmus zu haben, und nach ihrem Orgasmus lässt sie alles fahren. Sie ist dann nicht mehr so angespannt wie vorher, liegt einfach da und macht den Eindruck, als wartete sie nur noch auf mich. Die Spannung zwischen uns ist weg. Darum versuche ich, noch auf den abfahrenden Schnellzug aufzuspringen und stosse schneller und heftiger, aber das mag sie nicht. Sie möchte, dass ich in einem gleichbleibenden Tempo weitermache. Leider kann ich das nicht. Ich kann doch nicht mit einer Frau tanzen, die sich bereits hingesetzt hat, oder?

In Ihrem Fall ist der „vorzeitige" Orgasmus ausnahmsweise Frauensache! Wie ziehen Sie sich aus der Affäre?

Wenn ich von meinem Orgasmus noch weit entfernt bin, gehe ich raus, drehe sie und gehe von hinten noch einmal in sie hinein. So kann ich ruhig weitermachen, denn das ist meine Lieblingsstellung.

Stellt sie sich gern so zur Verfügung, auch wenn ihr Orgamus schon vorbei ist?

Nicht immer. Aber wenn sie's mal nicht so gern hat, macht sie's mir zuliebe. Und kaum habe ich damit angefangen, kommt sie auf den Geschmack und wird von neuem erregt. Der Haken: Diese Stellung importierte ich vor vielen, vielen Jahren aus einer Aussenbeziehung. Jedesmal, wenn wir's so machten, kam ihr diese Geschichte hoch. Inzwischen ist das – ziemlich – vorbei. Ab und zu fragt sie: „Muss das sein?" Ich sage: „Ja, es muss sein." Dann lässt sie's zu, und ich frage sie: „Ist es schlimm?", und sie antwortet: „Nein, es ist schön."

Ihnen selbst liegt viel an dieser Lieblingsstellung?

Ja, für mich ist es speziell gut, und Sandra erregt es wieder neu. Aber ein kleines Handicap gibt es doch: Von hinten reizt es mich ungeheuer, und ich mache dann fertig, wie ich dem sage – sie hat ja ihren Orgasmus bereits hinter sich –, und für Sandra ist es ein Neuanfang, und sie würde sich gern noch einmal lange vögeln lassen. Aber das schaffe ich nicht, es ist zu erregend für mich.

Dann könnten Sie sie ja wieder von vorne nehmen.

Nein, jetzt bin ich dran mit meinem Orgasmus. Bei unserem Liebemachen haben beide Anspruch auf einen Orgasmus.

Sie sagten doch, der Orgasmus habe für Sie an Bedeutung verloren?

Ach so, ja. – Doch, in der letzten Zeit ist es ein- oder zweimal vorgekommen, dass ich hinten nicht „fertigmachen" wollte. Ich zog den Schwanz raus und schlaffte absichtlich ab. Ich hatte plötzlich das Gefühl, es wäre schade um das Schöne, das vorher war, wenn ich jetzt abgespritzt hätte. Aber ich bin froh, dass ich jederzeit die Möglichkeit habe, egoistisch einfach zack fertigzumachen, wenn ich Lust dazu habe.

Der Orgasmus-Nachklang ist wohltuend?

Ja, sehr. Zuerst putze ich das Sperma weg zwischen ihren Schenkeln.

Warum denn?

Weil ich während ihrer möglicherweise fruchtbaren Tage im letzten Moment rausgehe und aussen zwischen ihre Schenkel abspritze. Ein wunderbares Gefühl von weich und hart zugleich! Wir benutzen keine Verhütungsmittel oder Pariser, aber wir würden auch ein weiteres Kind akzeptieren, wenn es eines gäbe.

Und innen, in der Scheide abspritzen …

... ist schon besser! Unglaublich gut, dabei so richtig Druck auf den Schwanz geben zu können. Das gefällt Sandra auch.

Pariser kommen bei Ihnen nicht zum Einsatz?

Ich hab's vielleicht zwei-, dreimal probiert im Leben: Ich kann es nicht. Es hat mir einfach nie Freude gemacht, das Gefühl ist weg. Es ist wie Duschen im Regenmantel.

Der sexuell intensivste Moment zwischen Ihnen ist doch kurz vor dem Orgasmus, wenn Sie in der Missionar-stellung zusammen sind. Schauen Sie sich dabei in die Augen?

Neuerdings ab und zu, früher nie. Von Haus aus würden wir die Augen zumachen oder wegschauen. Das hat mit Scham zu tun und mit der Weigerung, sich ganz auszuliefern. Jetzt wollen wir bewusst Neues ausprobie-ren. Im Tantra-Kurs wurde gesagt, so seien mehr Ge-fühle wie Sichausliefern und Innigkeit möglich.

Wie sind die ersten Erfahrungen?

Wir haben es überstanden, – lacht – geschafft. Es ist eine Schwelle zu überwinden: Will ich mich ihr wirklich ausliefern mit allem Drum und Dran, mit meinen ver-letzbaren Seiten?

Sind Ihre intensivsten Augenblicke von Tönen begleitet?

Ja, wir reden miteinander, aber nicht andauernd. Ab und zu fragen und sagen wir einander, ob es in Ordnung ist.

Positionsmeldungen?

Ja, genau. Signale wie „Geht's dir gut?" oder „Ist es recht?" oder „Wie ist es für dich?"

Gehen diese Signale hin und her?

Sie kommen vor allem von mir. Ich bin häufiger unsicher, ob das, was ich mache, will und gebe, ihr genehm und angenehm ist. Sandra bestätigt mir immer: Wenn ich nehme, gebe ich ihr. Das ist die Hauptbotschaft, die sie mir in all den Jahren übermittelt.

Verstehe ich nicht.

Früher fragte ich sie immer: „Was hättest du gern?", und sie sagte mir regelmässig: „Mach, was du willst, dann ist es am schönsten für mich. Mach nichts mir zuliebe, sondern sei egoistisch, dann kann ich genauso egoistisch sein!" Das muss ich immer wieder bestätigt bekommen von ihr.

Sie sind etwas unsicher?

Ich bin beides: egoistisch einerseits und ängstlich, empfindlich, vorsichtig andererseits – meinte ich immer. Inzwischen habe ich erkannt, dass ich einfach egoistisch und feige bin. Zum Beispiel bin ich eben zu feige, ihr zu zeigen, wie sie meinen Schwanz handhaben soll. Da fehlt mir der Mut. Ich habe nämlich schon einige Anläufe genommen, es ihr beizubringen, und sie war jedesmal beleidigt. Das macht es mir sehr schwer. Eigentlich müsste ich einen ganz neuen offensiven Anfang machen, aber es braucht viel Kraft, um die Erkenntnis zu übermitteln, wie wichtig mir das ist.

Darum dümpeln Sie halt in den bekannten flauen Gewässern?

Eben! Sie berührt zum Beispiel am Morgen meinen Schwanz. Ich möchte gern, dass sie beherzter zupackt, und sage es ihr. Sie antwortet: „Ou, nein! Er ist so heiss und feucht und klebrig. Du musst zuerst unter die Dusche." Dann sage ich : „Ich hab' doch gestern abend geduscht. Daran liegt's doch nicht ..." Inzwischen tauchen die Kinder im Schlafzimmer auf, und was will ich dann gross experimentieren?? Ich müsste das Vorhaben als klares Projekt definieren und durchziehen. Das habe ich bisher nicht gemacht, es war mir zu mühsam und zu schwer. Ab und zu habe ich kleinere Mut-Schübe, dann sage ich ihr wieder etwas weniger Schwieriges. Den Impuls dazu beziehe ich immer von aussen: aus einem Gespräch mit Freunden, von einer Aussenbeziehung.

Ihre sexuelle Feigheit beschäftigt Sie im Moment?

Sie wird in den nächsten zwei, drei Jahren wohl mein Hauptthema sein. Ich erlebe sie auf Schritt und Tritt und kann ihr nicht mehr ausweichen. Ich weiss, dass mir oft nichts anderes als der Mut fehlt, um mit Sandra wirklich intim zu werden.

Versuchen Sie, Ihre sexuelle Feigheit zu beschreiben!

Ich habe Angst, mich der Frau – meiner Frau und anderen Frauen – auszuliefern mit allem, was ich gern möchte. Ich halte mit gewissen Wünschen hinter dem Berg, und mit meinen Grenzen. Zum Beispiel: All die Vorwürfe, die die Frauenbefreiungsbewegung an die Adresse der Männer erhoben hat, die treffen alle haargenau auf mich zu. _{Lacht.} Aber es ist nicht so schlimm, wie die befreiten Frauen behaupteten: Bisher habe ich mit meinen Frauen nur gute Erfahrungen gemacht. Wenn ich ihnen sagte: „Schau, so ist das bei mir!", gaben sie zurück: „Na und? Das ist doch normal!"

Beispiel?

Einfach und trocken sagen können: „Ich möchte, dass du mich jetzt befriedigst, und habe selbst keine Lust, dich mit der Hand zu befriedigen." Ich kann es noch fast nicht glauben, dass es so einfach sein soll. Aber seit ich versuche, zu mir zu stehen, mache ich ermutigende Erfahrungen. Ich sage Sandra zum Beispiel: „Ich möchte mich gern mit dieser oder jener Frau sexuell einlassen und schauen, was dabei herauskommt." Ich nenne das „sexuell experimentieren". Es ist keine billige Fahrkarte für einen auswärtigen Orgasmus, sondern es ist etwas „Seriöses": Wir – die andere Frau und ich – gehen sexuell ganz langsam aufeinander ein und schauen sehr sorgfältig, wo die Grenzen zwischen uns sind. Wenn wir's schnell machen würden, könnten wir zack vögeln miteinander und hinterher denken: Es war nett, können wir wieder mal machen ... Das interessiert mich nicht. Darum mache ich das in letzter Zeit mit mehreren Frauen, immer in Absprache mit Sandra. Das bringt uns beiden mehr Freiheit und mehr Vertrauen. Und ich will nicht weitergehen, als Sandra verträgt. Bisher gab es keine Schwierigkeiten, weder bei ihr noch bei irgendeiner anderen Frau. Ich stiess aber auf meine inneren Grenzen oder auf Grenzen zwischen einer Frau und mir.

Hygiene ist kein Problem zwischen Ihnen beiden?

Nein, nie. Wenn es stinkt, sagen wir es einander ohne Hemmungen und schaffen Abhilfe. Sie sagt mir zum Beispiel: „Du, hier riecht's nach Emmentaler!" – „Noch gut, oder schon zuviel?" frage ich. Je nach der

Antwort reagiere ich. Ich selbst frage jeweils: „Wann hast du das letzte Mal geduscht?" *Lacht.* „Soll ich duschen?" fragt sie, und ich gebe zurück: „Um normal miteinander zu schlafen, geht's, aber ich möchte dich schlecken ..."

Aha, Sie schlecken sie auch?

Eher selten. Ich schlecke sie auf hundert Sexbegegnungen drei- oder viermal und sie mich im Verhältnis tausend zu eins. Aber ich wehrte es früher immer ab. Ich betrete hier heikles Neuland: Ich wünsche es mir einerseits, kann es aber andererseits nicht selbstverständlich nehmen und bin empfindlich.

Sandra weiss, dass Sie in diesem Punkt ein schwieriger Fall sind?

Ja. Sie sagt: „Du hast mir das abgewöhnt." Bei anderen Männern falle es ihr ganz leicht. Mir ist es sehr wichtig herauszufinden, ob sie es wirklich will oder nur mir zuliebe macht.

Sie wissen es nicht sicher?

Nein. Ich muss es in jedem konkreten Fall abklären. Selbst wenn sie mir ausdrücklich versichert, dass sie es will, habe ich Mühe, ihr zu glauben.

Sie bestätigt Ihnen nicht ein für allemal, dass sie es grundsätzlich immer will und geniesst?

Leider nein. Sie lässt mich seit 18 Jahren im Ungewissen.

Spritzen Sie ihr in den Mund?

Nein.

Haben Sie keine Lust darauf?

Doch, ja – vorausgesetzt, dass sie es ausdrücklich möchte.

Weiss Sie, dass Sie das möchten?

Nein, das weiss sie nicht. Das ist so weit weg ...

Sie schlecken sie ja auch ab und zu ...

Ja, das ist für sie genau gleich: Sie will wissen, ob ich das wirklich will.

Wollen Sie es?

Wenn ich es mache, will ich es, ja. Häufig mache ich es nicht gern – dann mache ich es nicht. Wenn ich es mache, finde ich es kulinarisch interessant: die Konsistenz, der Geschmack, die Feuchtigkeit, die Wärme – alles ist interessant, wenn ich Lust darauf habe.

Wovon ist es abhängig, ob Sie Lust haben oder nicht?

Von meinem inneren Zustand und vom Zustand der Beziehung. Manchmal schlecke ich sie einfach, um sie anzurüsten*, wenn sie nicht so in Stimmung ist. Auf diese Weise ist sie am schnellsten scharf zu machen.

Zum „Nachspiel": Sie sagten bereits, Sie erlebten Ihr Zusammensein nach dem Orgasmus als sehr wohltuend.

Stimmt. Da liegen wir ganz friedlich nebeneinander, und ich berühre sie am Bauch oder an den Brüsten und geniesse ihre weiche, warme Haut ausgiebig. Es ist ein wunderbarer gemeinsamer Ausklang. Manchmal reden wir darüber, wie es eben gewesen ist für uns. Manchmal hängen wir aber auch still unseren eigenen Gedanken und Gefühlen nach und fragen und sagen uns ab und zu, wo wir gerade sind. Eine schöne, innige, ganz entspannte Stimmung. Es kommt vor, dass wir aus der

---

* Etwas vulgärer Dialektausdruck – aus der Milchwirtschaft entlehnt – für „reizen".

Entspannung heraus unbändig lachen. Sie hat aber auch schon geweint, weil sie im Moment so weich und durchlässig geworden ist.

Sind ihre Tränen schwierig für Sie?

Nicht mehr. Ich habe inzwischen gelernt, dass sie wenig mit mir zu tun haben. Ich halte Sandra im Arm oder schmiege mich an sie, um ihr zu zeigen, dass ich da bin und ihre Weichheit und Offenheit schätze. Nach dem Orgasmus ist immer harmonischer Gleichklang zwischen uns, ohne jeden Misston. Manchmal benützen wir aber auch die Energie, um aufzustehen und irgend etwas Lästiges, Unerledigtes zu tun. Und fast nach jedem Liebemachen sagt einer von uns: „Du, das ist wirklich eine gute Sache! Das müssen wir jetzt wieder häufiger machen." Lacht.

Kennen Sie auch gemeinsame sexuelle Nebenschauplätze?

Sexvideos und Sexfilme. Eigentlich möchte ich Sandra gern jene Stellen in Sex-Streifen vorführen oder Sexhefte zeigen, die mich besonders erregen. Ich habe ihr das schon vier-, fünfmal ganz konkret angeboten, aber sie will nicht. Sie lehnt es zwar nicht direkt ab, aber sie sagt: „Ja, ja!", und es passiert nie mehr etwas. Vor vielen Jahren haben wir das mal gemacht, aber da brachte sie nichts als moralische Einwände vor, statt sich dafür zu interessieren, was mich erregt. Vielleicht fürchtet sie, es könnte sich herausstellen, dass ihr etwas abstellt, was mich erregt.

Eine solche Angst haben Sie nicht?

Nein. Ich möchte ja derlei nicht real erleben. Es

reizt mich einfach. Ich finde es erregend, herauszufinden, was mich erregt.

Sie möchten nichts anderes als sichtbar gemachte Phantasien mit ihr zusammen anschauen?

Genau richtig! Interessanterweise will Sandra jedesmal Sexfilme sehen, auf die wir zufällig im Fernsehprogramm stossen. Diese Streifen erregen sie immer furchtbar, trotz der moralischen Probleme, die sie gleichzeitig damit hat, und wir schlafen dann jedesmal miteinander, obwohl wir sonst abends oder nachts nie vögeln. Wenn ich ihr aber mit einer gewissen didaktischen Absicht Sex-Szenen vorführe, fühlt sie sich offensichtlich unausweichlich dazu gedrängt, sich mit meinen Wünschen auseinanderzusetzen.

Vermögen Sex-Streifen Sie selbst zu erregen?

Ich habe schon deren Hunderte gesehen, die meisten sind todlangweiliger Mist. Bestimmte Filmsequenzen können mich hingegen unglaublich aufgeilen, immer wieder neu. Bei diesen gewissen Stellen mache ich manchmal auch Selbstbefriedigung, und ich finde es hochinteressant, dass mich diese Stellen völlig unterschiedlich anmuten – vor und nach dem Orgasmus. Ich habe auch festgestellt, dass meine Ansprüche an Sexfilme sinken, wenn ich sexuell unterernährt bin.

Kennen Sie noch andere Möglichkeiten, sich gegenseitig zu erregen?

Unsere Aussenbeziehungen! Wir erzählen uns gegenseitig von unseren auswärtigen Erlebnissen, und das macht uns neuerdings so scharf, dass wir dann immer miteinander schlafen. Allerdings ist Sandra bei meinen

Aussenbeziehungen gewöhnlich noch etwas ängstlich und vorsichtig und fragt weniger genau nach als ich. Sie ist darauf angewiesen, dass ich von mir aus offen berichte. Meine Erfahrung dabei ist: Jeder Versuch, ihr die Dinge möglichst schonend beizubringen, verletzt sie mehr als meine Offenheit.

Wie oft schlafen Sie eigentlich miteinander?

Das ist sehr unterschiedlich: Wir haben sexuelle Phasen, in denen wir es bis dreimal pro Woche machen. In unseren Abstinenzphasen passiert oft zwei oder drei Wochen lang gar nichts.

Kennen Sie nicht-sexuellen Körperkontakt zwischen Ihnen?

Ja, vornehmlich am Morgen im Bett. Da sind wir oft zärtlich, nahe, still beieinander ohne Sex, oft zusammen mit den Kindern. Das liebe ich auch sehr. Heute morgen zum Beispiel stand Sandra auf und ging unter die Dusche. Unterdessen schlüpfte unsere jüngere Tochter zu mir ins Bett, und schliesslich legte sich Sandra nackt und frisch duftend zu uns. Das war herrlich! Wenn die Kleine nicht gekommen wäre, hätte auch Sex daraus werden können.

Gibt es Dinge in Ihrer Sexualität, über die Sie nicht reden können, selbst wenn Sie wollten?

Ja, unsere sexuellen Phantasien. Manchmal muss ich mir, um während des Vögelns genügend erregt zu sein, Sex-Szenen oder verbotene Sachen vorstellen. Zum Beispiel: Sandra ist meine Schülerin, die zur Strafe nachsitzen und mit mir schlafen muss, oder sie ist als Gefangene in meine Hände geraten. Die Phantasien haben alle mit Macht, Abhängigkeit, Missbrauch zu tun. Davon habe ich ihr noch nie erzählt.

Warum nicht?

Ich fürchte ihre moralischen Masstäbe. Meine Bilder könnten ihr Angst machen oder sie gründlich abschrecken. In unseren ganz frühen gemeinsamen Jahren gab es einen traumatischen Sündenfall: Ich hatte unter meiner Matratze Sex-Comics versteckt, in denen halbnackte Frauen in hochhackigen Pumps andere halbnackte Frauen in hochhackigen Pumps mit Peitschen auf brutale Art sexuell unterdrücken, zur Schau stellen, erniedrigen. Diese Bilder erregten mich damals extrem. Eines Tages entdeckte Sandra diese Hefte und ahndete meine „Verfehlung" wie eine antike Rachegöttin. Es gab ein brutales Verhör und eine gnadenlose Verurteilung. Sie verlangte kategorisch von mir, dass ich die Comics verbrenne. Ich weigerte mich und verkaufte sie statt dessen wieder in einem Sexshop, um wenigstens ansatzweise mein Gesicht vor mir wahren zu können. Diese Art Phantasien wanderten nach diesem unglaublich einschneidenden Erlebnis für viele, viele Jahre in meinen Untergrund. Und gegenüber Sandra fühle ich mich bis heute nicht richtig frei. Ich warf ihr immer wieder vor – und tue es auch heute noch manchmal –, dass sie damals meine sexuelle Entwicklung blockiert und um Jahre zurückgeworfen habe. Aus purer sexueller Feigheit vermeide ich aber, das Thema in seiner ganzen Bedeutung auf den Tisch zu bringen.

Reizen Sie solche brutalen Sex-Phantasien immer noch so stark?

Nein, viel weniger. Was mich aber in der Realität sehr anspricht, sind verbundene Augen. Die Partnerin ist mir ausgeliefert, und ich kann so schamlos, geil, verächtlich schauen, wie ich will. Himmel noch mal – was ist das erregend! Ich kann auch mich selbst berühren oder mich bewegen nach Belieben, die Frau sieht es nicht. Sandra hat mir das übrigens schon angeboten, aber ich wagte es nicht anzunehmen. Ich konnte mir das einfach nicht vorstellen mit ihr. Vielleicht fürchtete ich auch, dass meine Lieblingsphantasie dabei draufgehen könnte ...

Sandra hält ihre Phantasien auch zurück?

Nein, sie berichtet mir freimütig darüber, auch wenn sie an einen anderen Mann gedacht hat.

Onanieren Sie?

Gelegentlich ja.

Und voreinander?

Kaum, sehr selten.

Lässt sie zu, dass Sie mit ihr schlafen, wenn sie keine Lust hat?

Ja. Sie sagt dann: „Probier's mal!" Und dann kommt ihr regelmässig die Lust. Für uns ist es kein Tabu, sich dem andern sexuell zur Verfügung zu stellen oder sich von ihm brauchen zu lassen.

Muss Ihre Beziehung in Top-Form sein, damit Sex möglich ist?

Nein, muss sie nicht. Sandra liebte es schon immer, mit mir zu schlafen, wenn wir eben Krach gehabt hatten. Früher nannte ich das „strafvögeln". Wenn ich ihr das gegen Ende eines Streits „androhte", leistete sie nur zum Schein Widerstand, war aber in Wirklichkeit immer einverstanden.

Dann machen Sie also Sex auch aus nicht-sexuellen Motiven?

Sicher. Für uns ist Sex auch antidepressiv. Wenn einer von uns überlastet, gestresst oder missmutig ist: Vögeln hilft. Es kann eine Aufforderung zum Sex sein, wenn einer sagt: „Ich fühle mich so bedrückt", oder wenn sie sagt, sie habe Periodenschmerzen. Dann frage ich sie etwa: „Soll ich dich vögeln?" oder „Möchtest du entrusst werden?" Sie sagt: „Wir können ja mal probieren, ob das was nützt" oder „Nein, das ist nicht, was ich brauche mit meinen Kopfschmerzen. Massiere mich lieber!" Kurz: Wenn die Beziehung nicht stimmt, kann sie zum Stimmen gebracht werden, wenn einer den Mut hat, eine sexuelle Initiative zu ergreifen. Das ist allerdings nicht immer ganz einfach.

Sie können mit Hilfe der Sexualität Kontakt in der Beziehung herstellen?

Wenn wir in Kontakt sind miteinander, entsteht Sexualität, und umgekehrt: Sexualität schafft Kontakt zwischen uns. Wir leben beide ein derart turbulentes und vollgestopftes Leben, dass wir auf diese funktionierende Verbindung dringend angewiesen sind.

Ist Ihr Sex-Machen auch „Liebemachen"?

Meistens nicht, aber Sex löst oft Liebesempfindungen aus. Sexualität selbst ist eher Ausdruck von Egoismus und Gier, Lust, Triebhaftigkeit und von Einsamkeitsbekämpfung.

Welchen sexuellen Sehnsüchten hängen Sie nach?

Ich träume von einem Netzwerk intensiver, auch sexueller Beziehungen. Wenn es gut funktionieren würde, möchte ich, dass wir alle in die Nähe voneinander ziehen oder sogar zusammenwohnen – eine Art Gruppen-Ehe. Aber es müsste alles wirklich stimmen, das heisst, es müsste sich bei allen alles auf inneren Wunsch ergeben. Sandra versucht in letzter Zeit, diesen Traum im Hauruckverfahren zu realisieren: Zweimal mussten wir uns damit herumschlagen, dass sie möglicherweise schwanger ist von einem anderen Mann. Derlei ist mir einfach zuviel! Und schwer zu ertragen. Als ich kürzlich ins Militär verschwand, sagte ich ihr deutlich, ich möchte auf keinen Fall, dass sie sich bei ihren Experimenten ein Kind oder den Tod holt, also Schwangerschaft oder Aids riskiert. Und siehe da ... – Da fragte ich sie: „Was ist bloss mir dir los? Welcher Teufel reitet dich eigentlich??" Sie sagte mir, sie möchte einfach ausbrechen, gewaltsam ein Chaos anrichten, um ihrer inneren Enge zu entfliehen. Ich sagte ihr klipp und klar, dass ich das nicht wolle. Und sie versicherte mir, dass sie es eigentlich auch nicht beabsichtige ... Meine eigenen Phantasien sind langsam und sanft: Ich möchte Sandra mitnichten loswerden, sondern unsere Beziehung erweitern, als Bereicherung. Ich stelle es mir sehr schön vor.

Eine Utopie?

Klar. Ich glaube nicht, dass wir das je schaffen werden. Aber schön wär's schon. Offenheit kann unwahrscheinlich befreiend sein.

NOËMI K.-M. ist 45 Jahre alt, von Beruf Tanzlehrerin, seit 29 Jahren liiert und seit 26 Jahren verheiratet mit Matthias, 48 Jahre, Versicherungsfachmann; drei Söhne, 19, 18 und 16 Jahre, sowie eine Tochter, 16 Jahre alt. Ihre Grösse: 171 Zentimeter, ihr Gewicht: 59 Kilogramm. Hobby: Klavierspielen.

Leben und lieben mit Altlasten

Bis vor einigen wenigen Jahren hatte ich überhaupt keinen Orgasmus beim Vögeln. Ich vermisste ihn immer und entdeckte ihn erst in meiner ersten Aussenbeziehung. Inzwischen kann ich sehr leicht und schnell einen Orgasmus haben, schon vom Küssen – neuerdings auch mit Matthias.

Konnten Sie sich zu Beginn Ihrer Beziehung die Entwicklung Ihrer Sexualität vorstellen?

Gar nicht. Sexualität war für mich damals überhaupt fast vollständig ausgeblendet und ausgespart. Mir war viel wichtiger, dass ich vom Vater loskam und jetzt zu Matthias gehörte. Es wäre für mich unmöglich gewesen, mich ganz allein in die Unabhängigkeit zu wagen.

Wie war Ihr erster Kontakt mit Sex?

Schmusen im Auto am Waldrand. Obwohl es höchstens darum ging, meine Brust berühren zu lassen, war es für mich schon zuviel: Es wühlte meine ganze Geschichte auf.

Was für eine Geschichte?

In meiner Kindheit bin ich von meinem Vater missbraucht worden. Ich erinnere mich, wie ich am Anfang unserer Beziehung fest entschlossen war: Das Letzte, das Eindringen, lasse ich auf keinen Fall mit mir machen. Genau die gleiche Entschlossenheit hatte ich auch mit meinem Vater. Harmloses Schmusen fand ich ganz schön, aber sobald es in Richtung Sex ging, löschte es mir sofort ab. Ich wusste, dass es nichts mit Matthias, sondern mit meiner Vergangenheit zu tun hatte. Er war auch überaus zurückhaltend und rücksichtsvoll und liebenswürdig, aber er hat mich auch niemals auf meine Probleme angesprochen. Nicht ein einziges Mal in all den gemeinsamen Jahren fragte er mich, was mit mir eigentlich los sei. Er nimmt es einfach so, wie es ist, bis heute.

Er ergreift nie eine Gesprächsinitiative?

Nie. Er würde niemals anfangen, über irgend etwas, was unsere Beziehung betrifft, mit mir zu reden.

Wusste er von der Altlast, die Sie mit in die Beziehung brachten?

Das habe ich ihm sofort gesagt, ja.

Wie reagierte er darauf?

Gar nicht, er nahm es zur Kenntnis. Er ging nachher meinem Vater aus dem Weg.

Können Sie damit rechnen, dass er Ihre Anliegen hört und versucht, Ihnen entgegenzukommen?

Ja, ich glaube, er hört sie schon. Aber sobald er Kritik wittert, macht er total zu, und dann läuft überhaupt nichts mehr. Ich muss also immer äusserst sorgfältig sein mit meinen Wünschen, um ihn ja nicht dem geringsten Druck auszusetzen. Ihn direkt um etwas zu bitten, geht gar nicht. Dann meint er sofort, er mache etwas falsch oder könne das gar nicht, was ich von ihm „fordere". Dann ist er völlig blockiert, hockt neben mir im Bett wie ein Stein und kann weder vor noch zurück. Ganz früher wurde ich aggressiv und sagte ihm, er sei todlangweilig. Mit der Zeit lernte ich, wie ich indirekt doch noch zu meiner Sache kommen kann.

Wie machen Sie das, „indirekt"?

Zum Beispiel hatte ich schon früh Lust auf Analverkehr. Es wäre sinnlos gewesen, ihn darum zu bitten oder ihm das vorzuschlagen. Aber ich merkte bald, dass er für alles Neue bereit ist, was ich ihm mache. Darum fragte ich ihn spielerisch, ob er Freude daran hätte, wenn ich ihn anal berühren würde. Wir probierten es aus, aber es gefiel ihm nicht besonders. Dann konnte ich so beiläufig fragen, ob er es vielleicht schön fände, mich dort zu berühren ... Wenn das Klima gut ist und er sich in keiner Weise unter Druck fühlt, dann kann sich vielleicht etwas entwickeln, was meinen Wünschen entgegenkommt.

Kommen auch keine sexuellen Initiativen von ihm?

Nie. Er sagt nie, dass er jetzt Lust hätte auf Sex. Ich muss ihn einladen, etwa in der Form: „Haben wir heute abend was los? Oder möchtest du zu mir ins Zimmer kommen?"

Weiss er, was das heisst?

Ja. Er weiss, dass ich ihn zu Sex einlade. Und er ist immer bereit: Er hat noch nie nein gesagt.

So fühlt er sich nicht unter Druck gesetzt?

Nein, höchstens wenn ich sagen würde, ich hätte sehr Lust und wir seien schon lange nicht mehr zusammengewesen und jetzt müsse es sein. Immerhin kommt er in letzter Zeit ab und zu am Morgen zu mir ins Zimmer, ohne Einladung. Wir haben nämlich seit unserer schlimmen Krise vor drei Jahren getrennte Zimmer.

Krise?

Ausgelöst wurde diese Krise dadurch, dass ich erstmals einen Liebhaber hatte. In einer schwachen Stunde gestand ich ihm das. Er fiel aus allen Wolken und war unendlich verletzt und total zu. Ich konnte überhaupt nicht mit ihm darüber reden. Ich warf ihm dauernd an den Kopf, er sei langweilig und ein Versager und habe sich sexuell nie echt um mich bemüht. Und er zog sich immer mehr zurück. Zwei Jahre lang hatten wir nichts miteinander, weil ich mich einfach ins Bett legte und darauf wartete, dass er endlich sagte, was er will, und das hat er natürlich nie gesagt. _Lacht._ Das machte mich noch wütender. Unterdessen hatte ich mehrere kurzlebige Liebschaften, und zeitweise war es mir egal, was mit uns ging. Ein paar Mal war ich nahe daran, ihn zum Ausziehen zu zwingen. Bis mir eines Tages dämmerte, in welchem Mass er immer dagewesen war für die Kinder und sich voll für sie eingesetzt hatte. Ich entdeckte, dass Fürsorglichkeit seine Form von Zuwendung zu mir ist. Das bewirkte auch eine Wende im Sexuellen: Ich konnte wieder liebevoll zu ihm sein und ihn so lassen, wie er ist.

Hatte Ihre Beziehung liebevoll angefangen?

Liebevoll ...? Bis zu unserem ersten Kind lebten wir wie Bruder und Schwester zusammen, immerhin fast zehn Jahre. Ich hatte das Gefühl, ich hätte eine Plastikscheide. Ich liess ihn mich wohl vögeln, aber ich empfand nichts, nicht das geringste, null Lust. Nach dem ersten Kind war ich total glücklich, weil ich wusste: Dieses Kind ist von Matthias und nicht von meinem Vater. Die Angst, von meinem Vater schwanger zu werden, hatte mich jahrelang gequält. Jetzt entstanden die ersten zaghaften Lustgefühle beim Vögeln, manchmal. Nach den nächsten Geburten setzte sich diese Öffnung langsam weiter fort. Die Geburten selbst empfand ich als starkes sexuelles Erlebnis. Die erste Geburt war überhaupt mein allererstes sexuelles Lusterlebnis als erwachsene Frau. Es ging jedesmal sehr schnell, und ich hatte kaum Schmerzen, dafür extreme orgastische Gefühle.

Ihre sexuelle Beziehung war also dauernd überschattet von den Übergriffen in Ihrer Kindheit?

Ich bin zum Beispiel jedesmal fast ausgeflippt, wenn mich Matthias durch das Nachthemd hindurch berührte. Dunkelheit beim Sex vertrug ich auch nicht. Oder irgendein bestimmtes Geräusch wie das Reiben von Stoff oder eine harmlos scheinende Bewegung konnte mich in plötzliche Aufruhr versetzen, weil es mich an die Missbrauchssituation erinnerte. Dann schrie ich: „Lass mich in Ruhe!" und stiess ihn weg von mir. Jahrelang konnte ich es auch nicht aushalten, dass er mir in die Scheide langte. Penetration hingegen – das ging knapp, wohl deshalb, weil mein Vater nie mit mir richtig geschlafen hatte.

Und das alles liess Matthias mit sich machen …

Ja, ohne mich je zu fragen, was los sei. Zeitweise muss das auch für ihn die Hölle gewesen sein. Ich bestimmte ja immer, was läuft und was nicht. Er war froh, dass er wenigstens von Zeit zu Zeit mit mir vögeln konnte. Das reichte ihm. Ich glaube, er sah aber auch jahrelang keine andere Möglichkeit, als mich zu vögeln, um überhaupt etwas von mir zu kriegen.

An Zärtlichkeit war er nicht interessiert?

Doch, doch! Es gab einen unausgesprochenen Deal zwischen uns von Anfang an: Er merkte, wie gern ich es hatte, wenn er mich streichelt und in den Armen hält, und nachher durfte er mit mir schlafen. Lange Jahre hatte ich aber immer wieder schwere Entzündungen in der Scheide und am After, die immer schlimmer wurden, ohne dass ich das je mit meiner Vergangenheit in

Zusammenhang gebracht hätte. Am Schlimmsten war es nach der Geburt der Zwillinge.

Mit der erwachenden Lust kamen die Entzündungen?

Ja, genau. Und das bewegte mich dazu, endlich eine Psychotherapie zu machen. Da begann ich langsam, die Dinge zu verstehen und einzuordnen. Ich erkannte zum Beispiel, dass ich nicht nur unendlich gelitten hatte unter der sexuellen Ausbeutung, sondern auch unglaublich viel Lust daraus geschöpft und sie gleichzeitig unterdrückt hatte. Mein Vater liess mir ja all die Jahre sehr viel liebevolle Zärtlichkeit und Zuwendung zukommen. Manchmal dachte ich hinterher, mir wäre es vielleicht noch viel schlechter gegangen, wenn ich ihn nicht gehabt hätte. Meine Mutter war nämlich ein völlig abweisende und unzugängliche Frau, beinahe eine kalte Diktatorin. Ich glaube, ihr kam gelegen, was mein Vater mit mir machte – er liess sie nämlich dafür in Ruhe. Lust verschaffte mir der Missbrauch aber auch nach den nächtlichen Besuchen meines Vaters: Ich onanierte extrem viel während der ganzen Kindheit, oft nachmittagelang. Abends konnte ich überhaupt nur so einschlafen. Dabei entwickelte ich eine eigene Technik, bei der ich mich nicht zu berühren brauchte. Das mache ich bis heute so.

Sie onanieren freihändig?

Ja. Lacht. Ich musste lernen, zu meiner Lust zu kommen, ohne mich zu berühren. Berührung kam mir zu gefährlich vor, weil es zu nahe an meine traumatischen Erlebnisse gekommen wäre.

Wie muss ich mir das vorstellen?

Es geht mit Schenkeldruck. Ich liege auf dem Bett, die Beine angezogen, und jetzt presse und reibe ich die Schenkel sehr stark gegeneinander, und gleichzeitig ringe ich die Hände über meinem Kopf. Das Ganze wird von sexuellen Phantasien unterstützt – eine hundertprozentige Methode. Lacht. Meine Mutter erzählte immer allen Verwandten und Bekannten, ich hätte eine so gelungene Art einzuschlafen ... Lacht. Sie kam überhaupt nicht draus. Ich hatte immer meine diebische Freude daran, diesen Bereich erfolgreich gegen Eindringlinge zu schützen.

Zurück zu Ihrer Psychotherapie: Wie lange dauerte sie eigentlich?

Sie dauert noch immer! Jetzt das siebte Jahr. Zeitweise, sicher ein Jahr oder länger, war es ganz schlimm für mich und meine Familie. Ausgelöst wurde diese entscheidende Phase durch ein Erlebnis mit einem meiner Liebhaber. Während einer schönen Liebesbegegnung berührte er mich anal, und das war für mich wie ein gewaltiger Donnerschlag: Ich schoss auf, schrie ihn an: „Was machst du eigentlich mit mir??" und ergriff augenblicklich die Flucht. Ich verstand selber nicht, wie mir geschah. In der folgenden Therapiestunde fand ich heraus, dass damit das Gefühl der Ausbeutung in meiner Kindheit wachgerufen wurde. Mein Vater hatte mich, als ich zwischen fünf und 13 Jahre alt war, immer wieder anal betastet und dazu onaniert. Er entleerte seinen Samen in mein Bett, und ich musste in dieser Nässe schlafen. Als das in der Therapie auf den Tisch kam, war mir monatelang kotzübel. Die

Verarbeitung ist bis heute nicht ganz abgeschlossen.

Und Matthias?

Matthias liess mich in der ganzen Zeit keinen Moment fallen. Er war immer da und stand mir unerschütterlich bei, ohne je zu klagen oder die Geduld zu verlieren. Ich erzählte ihm immer wieder von meinen Erkenntnisschritten, und er begriff allmählich besser, dass es mit ihm nichts zu tun hatte. Das bewirkte eine sachte Annäherung zwischen uns. Er hatte zwar auch die eine oder andere Beziehung ausserhalb, aber ich glaube nicht, dass er der Typ ist, der andere Frauen braucht, wenn es mit mir einigermassen läuft.

Läuft's jetzt mit Ihnen?

<small>Überlegt länger.</small> Ich hatte vor zwei Monaten ein wundervolles Erlebnis mit einem befreundeten Paar. Die beiden luden mich ein zu sich in ihr Bett. Dort bekam ich soviel Liebevolles, soviel Zuwendung geschenkt, wie ich noch nie erlebt hatte in der Sexualität. Ich fühlte mich beachtet und angenommen und war wohl, wie ich gerade war, ohne jede Erwartung. Es war wie eine Therapiestunde am eigenen Leib, die ein anhaltendes Glücksgefühl bei mir hinterliess. Ich erlebte erstmals Sexualität ohne diesen dauernden Druck, jemand anderen befriedigen zu müssen. In mir sass nämlich immer ganz tief dieses Gefühl, Matthias müsse unter allen Umständen auf seine Rechnung kommen, er sei schliesslich mein Mann. Ich fand das zwar immer abscheulich, aber der innere Zwang war stärker, die Männer unbedingt zufriedenstellen zu müssen. Schliesslich bezog ich meinen ganzen Selbstwert daraus, dass ich das tat. All

die Jahre über war ich glücklich, wenn Matthias seinen Orgasmus bekam und ich meine Ruhe wiederhatte. Dahinter stand die drohende Angst: Wenn ich ihm das nicht gebe, was er will, verlässt er mich – wie früher bei meinem Vater: Wenn er mich verlässt, bin ich verloren. Darum muss ich ihn zufriedenstellen.

Wie konnten Sie das glückliche Erlebnis mit Ihren Freunden für Ihre Beziehung nutzbar machen?

Plötzlich wurde mir klar, dass sich Matthias vielleicht auf so etwas Liebevolles und Beschauliches einlassen könnte. Es gäbe keinen Druck, keine Anforderungen, kein Ziel. Und da konnte ich ihm sagen: „Ich möchte jetzt mal deinen Schwanz ganz genau anschauen, die Haut dort, die Falten und wie sich alles immer wieder verändert ..." Und das fand er himmlisch schön! Er war ganz beglückt und begann sich sehr für mich und meinen Körper zu interessieren. Plötzlich kam er auch mit eigenen Ideen. Zum Beispiel sagte er, ich solle die Augen schliessen, und er berührte und streichelte mich mit allerlei Dingen, mit Federn, Quasten oder feinen Pinseln etwa, und ich musste herausfinden, was es war. Stundenlang! So etwas hatte er noch gar nie gemacht! Das fand ich wunderbar! Da merkte ich, wieviel ich eigentlich an Matthias habe. Er ist nämlich tatsächlich fähig zu solchen feinen und differenzierten Formen von Sexualität. Was aber bleibt wie eh und je: Am Schluss will er mich einfach vögeln! Immerhin kann ich ihm jetzt aber sagen, ich hätte jetzt keine Lust auf Gevögeltwerden, ich wolle ihm lieber einen runterholen. Und vereinzelt steigt er neuerdings sogar auf solche Vorschläge ein und findet es erstmals auch ausdrücklich schön, zur Abwechslung mal einen Samenerguss ausserhalb meiner Scheide zu haben.

Sie mussten ihm nicht erklären, wie Sie plötzlich auf solche neuen Ideen gekommen sind?

Nein! Er fragt nie so etwas, nie! Er nimmt dankbar, was ich ihm bringe. Jetzt begannen wir auch wieder, viel intensiver zu schmusen miteinander, und es entstand eine ganz neue, stille, wohlige erotische Atmosphäre zwischen uns.

Jetzt bekommen Sie richtig Freude an der Sexualität?

Ja. Nun habe ich das Gefühl, ich kann frei mitbestimmen und sagen, was ich wirklich will und was nicht. Ich spüre das jetzt auch viel klarer und brauche nicht länger für die Männer dazusein und sie zu befriedigen. Ich bin jetzt um meine eigenen Bedürfnisse besorgt, im Austausch mit dem anderen und auf gleicher Ebene mit ihm. Ich verweile im Augenblick und geniesse ihn. Das ist ganz neu und wunderbar für mich. Ich bin auch froh darüber, dass er anfängt, die Angst vor mir und meiner rabiaten Zurückweisung zu verlieren und Vertrauen in mich zu bekommen. Es ist schön für mich zu sehen, dass er eine Spur mutiger wird und langsam unsere Sexualität mitzugestalten beginnt.

Wann haben Sie zum letzten Mal miteinander geschlafen?

Am letzten Freitag, als wir beide frei hatten. Da kam er am Morgen und war offensichtlich sehr geil.

Woran merkten Sie das?

Er kann es ja nicht mit Worten ausdrücken. Statt dessen legte er sich sofort auf mich und war ganz unruhig, zappelig fast. Ich sagte halb scherzhaft zu ihm: „Ich weiss genau, was du willst. Aber das kriegst du jetzt noch lange nicht!" Auf dieses Spiel stieg er ein und fragte mich: „Was willst du alles noch vorher?" und so. Und dann konnte ich Wünsche vorbringen, und er war sehr grosszügig.

Was wünschten Sie sich?

Ich sagte ihm, ich möchte, dass er mich ganz lang an den Brüsten schleckt und knabbert, zehn Stunden mindestens! ₍Lacht.₎ Und dann wollte ich, dass er mich stächelet*. Dafür nimmt er eine relativ stumpfe Wollnadel und fährt mir damit über die Haut. Am meisten erregt es mich, wenn er mir mit der Nadel ganz fein in die Brustwarzen sticht. Wunderbar ist dieses Stechen für mich auch rund um die After-Rosette und an den Schamlippen, aber ganz, ganz fein – da flippe ich aus!

Woher haben Sie denn diese Rarität?

Das habe ich mit Matthias selbst erfunden, etwa vor einem Jahr. Ich stelle mir vor, er ist der einzige, der das so fein und geduldig kann. Es tut überhaupt nicht weh, sondern es ist ein sehr starker Energie-Impuls. Es macht mich sofort ganz nass: Ich spüre eine direkte Verbindung zwischen Brust und Scheide. Ich bin richtig süchtig darauf. Umgekehrt funktioniert es übrigens überhaupt nicht: Die Nadel auf der Eichel – davon will er gar nichts wissen. ₍Lacht.₎

---

* Selbsterfundenes Dialektverb, abgeleitet von „Stachel".

Schliesslich vögelten Sie tatsächlich miteinander?

Ja, sicher. Da kamen wir nicht drum herum.

Passiert es Ihnen, so erregt zu werden, dass Sie unbedingt vögeln wollen?

Es kommt wirklich vor, dass ich völlig fixiert bin aufs Vögeln. Dann muss das einfach unbedingt sein, weil ich diesen Schwanz in mir als das Allergrösste und Schönste empfinde. Andere Male, wenn ich nicht so stark erregt bin, habe ich Angst, dass ich nicht nass genug bin. Und dann ist die Penetration nicht so angenehm.

Dann könnten Sie ihn ja bitten, Sie mit Speichel nass zu machen?

Das wäre nicht so gut, das darf ich nicht. Er würde sich schon wieder unter Druck fühlen. Dann netze ich mich lieber selber. Manchmal finde ich es aber auch schön zuzuschauen, wie der Samen rausspritzt. Seit kurzem kann ich es auch geniessen, ihn das Sperma in meine Hände ergiessen zu lassen. Ich spüre zwar momentweise, dass ich das Missbrauchstrauma immer noch nicht ganz überwunden habe: Der Samengeruch stösst mich manchmal ganz kurz ein wenig ab.

Und der Geschmack?

Ah, das habe ich noch nie ausprobiert. Es reizt mich überhaupt nicht. So weit bin ich noch lange nicht.

Möchte Matthias es tun?

Weiss ich nicht, ich habe ihn noch nie gefragt. Er muss aber meinen Abscheu vor dem Samen schon mitbekommen haben. Immerhin nehme ich seinen Schwanz eigentlich gern in den Mund. Umgekehrt vermisse ich jetzt, da ich gerade keine Aussenbeziehung habe, dass er mich schleckt. Vorher bekam ich das immer von meinen Liebhabern. Ich verstehe natürlich, dass Matthias kein Interesse mehr daran hat, weil ich ihn immer brutal zurückgewiesen habe. Ich schmiss ihm an den Kopf, er sei die grösste Sau oder er habe keine Ahnung, wie man das mache – das hat ihm natürlich gründlich abgestellt.

Sie wagen nicht, es ihm wieder vorzuschlagen?

Im Moment nicht, nein. Vielleicht, wenn ich mich mal richtig auf Entzug fühle.

Und wenn Sie erregt sind wie am letzten Freitag, signalisieren Sie ihm, dass Sie bereit sind für den Koitus?

Ja, genau. Ich gab ihm grünes Licht, indem ich sagte: „So, ich glaube, die zehn Stunden sind vorbei, du hast den Test bestanden." Es war witzig und spielerisch. Und dann sage ich: „Jetzt kannst du mich vögeln."

Dann legt er sich auf Sie?

Gewöhnlich ja. Am Freitag wollte er, dass ich oben bin. Das habe ich natürlich mit meinen Liebhabern ausprobiert und kennengelernt, so wie eine Menge anderer Stellungen und Praktiken auch.

Ist Matthias imstande, seine Ejakulation zu kontrollieren?

Früher warf ich ihm immer vor, er komme viel zu schnell. In letzter Zeit fing er an, sich in diesem Punkt Mühe zu geben, indem er einschlägige Übungen aus Büchern machte – mit einem gewissen Erfolg. Vielleicht ist es jetzt aber auch etwas besser, weil er den Sex mit mir mehr geniesst und zwischen uns eine viel bessere Stimmung herrscht. Lange Jahre wäre es für mich allerdings überhaupt nicht tragbar gewesen, wenn er seinen Orgasmus kontrolliert hätte und darauf aus gewesen wäre, lange in mir zu bleiben.

Und jetzt?

Jetzt geniesse ich es, wenn er in mir ist, besonders wenn er sich ganz langsam und rhythmisch mit zunehmender Stärke und Intensität in mir bewegt. Das liebe ich sehr!

Sehen Sie ihm in die Augen beim Koitus?

Direkt in die Augen? – Höchst selten. Bis vor zwei Jahren konnte ich es überhaupt nicht, und dann begann ich, es zaghaft auszuprobieren und zu lernen, mit meinem Liebhaber. Mit Matthias erweist es sich als schwieriger. Ich kann es höchstens ganz, ganz kurz.

Reden Sie etwas dazu?

Ich schon, seit einiger Zeit, er schafft es nur wenig. Ich glaube, er ist sehr mit sich selbst beschäftigt, wenn er in mir ist.

Was sagen Sie denn zu ihm?

Ich feuere ihn an, zum Beispiel, und sage: „Vögle mich so gewaltig, dass der Schwanz hinten rauskommt!" *– lacht –* oder „Ich möchte dich ganz fest spüren: Stoss mehr!" Klar, dass ich das alles von aussen reingebracht habe. Ich muss aber noch etwas aufpassen, weil ihm unser ganzes Zusammensein „heilig" ist, das heisst leicht störbar. Früher war ich unglaublich verletzlich, heute muss ich ihm gegenüber eher vorsichtig sein. Ich könnte mir zum Beispiel nicht vorstellen, relaxed über irgend etwas mit ihm zu reden, während er in mir ist. Es würde mich aber sehr antörnen.

Sind Sie etwas einsam beim Koitus?

Ja, stimmt, das kommt vor. Manchmal bin ich ganz für mich allein gerührt, manchmal tut mir irgend etwas weh, was ich tagsüber erlebt habe und nicht ausdrücken konnte. Dann läuft es abends beim Vögeln über, und ich weine. Es kann auch sein, dass mir Tränen Entspannung bringen.

Wie reagiert Matthias auf Ihr Weinen?

Nicht ausgesprochen fürsorglich oder bekümmert, er ist einfach da. Das berührt mich auch.

Wie erleben Sie den Orgasmus?

Bis vor einigen wenigen Jahren hatte ich überhaupt keinen beim Vögeln. Ich vermisste ihn immer und entdeckte ihn erst in meiner ersten Aussenbeziehung. Inzwischen kann ich sehr leicht und schnell einen Orgasmus haben, schon vom Küssen – neuerdings auch mit Matthias.

Wie konnten Sie Ihre neue Orgasmusfähigkeit in die Ehe importieren?

Zufällig! Es gelang mir, Matthias dazu zu bringen, dass er mich anal penetrierte, und da geschah es zum ersten Mal. Vorher hatte ich ihm den Orgasmus häufig vorgespielt.

Hatte er Freude daran, am vorgespielten Orgasmus?

Er weiss gar nichts davon. Ich machte es für mich, zum Beispiel in ganz guten Stimmungen, wenn ich das Gefühl hatte, da würde jetzt doch ein Orgasmus dazugehören. Heute ist das nicht mehr nötig, zum Glück: Ich erlebe Orgasmen mit ihm, die weich und fliessend sind, nicht so umwerfend explosiv wie mit meinem letzten

Liebhaber. Und jetzt stehe ich auch nicht mehr unter dem Zwang, dass mich mein Orgasmus beinahe umbringen muss, sonst war es nichts wert. Ich kann das Feine wunderbar geniessen.

Geniessen Sie auch Matthias' Orgasmus?

Jetzt ja. Lange Jahre wartete ich sehnlichst darauf, weil ich wusste, nachher lässt er mich in Ruhe. _{Lacht.} Seit ich andere Männerorgasmen erlebt habe, gefällt mir seiner viel besser.

Andere Männerorgasmen?

Einige Männer fingen beim Orgasmus immer wie Babys an zu weinen und wimmern. Das bedrohte mich fast und weckte bei mir nichts als lästige Mutterinstinkte.

Wie ist der Ausklang nach dem Orgasmus?

Wenn das Vorspiel sehr ausführlich war, kann es vorkommen, dass es nachher schnell fertig ist und wir rasch einschlafen zum Beispiel. Wenn wir aber nur kurz zusammen waren, ist Matthias jetzt bereit, mich nachher noch weiterzustreicheln und zu stimulieren. Ich kann nämlich ohne weiteres einen zweiten oder dritten Orgasmus haben, das weiss er. Konkret und ausdrücklich mir noch einen wünschen – das geht allerdings nicht. Schade! _{Lacht.} Ich merke jetzt beim Erzählen, dass unsere Kultur des Nachklangs oder Nachspiels noch etwas unbefriedigend ist für mich. Ich hätte grosse Lust, das noch zu entwickeln.

Stellen Sie sich einen schönen Nachklang so vor, dass Sie Matthias still in den Armen liegen und vielleicht etwas mit ihm schwatzen?

Schwatzen mit ihm – das geht eben leider nicht. Ich kann ihm schon Dinge erzählen, die mich bewegen, aber nicht im Zusammenhang mit Sexualität. Zum Ausklang möchte ich einfach gern noch etwas mit ihm zu tun haben: streicheln, massieren zum Beispiel – kein zielgerichtetes Zusammensein jedenfalls. Mir wird jetzt klar, dass ich ihm das noch nie so deutlich gesagt habe wie Ihnen.

Was für einen Nachklang stellt er sich wohl als schön und befriedigend vor?

Er will dann schlafen, und fertig. In Wirklichkeit hält er mich oft ganz eng von hinten ...

In der Löffelstellung?

Ja, genau. So bleiben wir noch einige Augenblicke, und dann trennen wir uns zum Schlafen, in unseren eigenen Zimmern. Wenn er am Morgen zu mir ins Zimmer kommt, legt er sich immer genau so zu mir.

Jeden Morgen?

Jeden Morgen. Manchmal ergibt sich sogar Sex daraus. Dann dringt er von hinten in mich ein. Für ihn ist das ein extrem starker Reiz, so dass es sehr schnell geht bei ihm. Das gefällt mir. Ich bin so schön verschlafen ... Er weiss, dass er das einfach machen kann, wenn er Lust hat. Voraussetzung ist nur, dass zwischen uns keine Missstimmung herrscht.

Kommt es vor, dass Sie sexuelle Phantasien miteinander austauschen?

Wir inszenieren manchmal solche Phantasien. Wir stellen uns dann vor, dass er in einem Bordell dafür verantwortlich ist, die Prostituierten auf den Geschlechtsakt mit den Freiern vorzubereiten. Es ist seine Phantasie, und sie gefällt mir auch. Leider ist unser Spiel schauspielerisch nicht so ausgefeilt und differenziert, wie ich es gerne möchte.

In welcher Richtung möchten Sie, dass sich Ihre gemeinsame Sexualität in Zukunft entwickelt?

Mein dringlichstes Anliegen ist, dass unsere neueste positive Entwicklung nicht wieder versandet. Da wir wirklich nicht über Sex reden können, sind meine Möglichkeiten sehr eingeschränkt, diesen Wunsch auch wirkungsvoll zu unterstützen. Schön wär's – aber leider ziemlich unrealistisch –, wenn wir uns offen austauschen könnten, ohne dass es ihn gleich in Panik versetzt. Minime hoffnungsvolle Anzeichen gibt es zwar, aber ich wage noch nicht recht, daran zu glauben. Wirklichkeitsnäher ist mein Wunsch, dass wir uns für unsere Sexualität mehr Zeit nehmen und uns entschiedener gegen unsere Kinder abgrenzen. So könnten wir unseren Sex verspielter gestalten und geniessen. Ich stelle mir vor, dass wir an einem Abend, an dem wir das Haus für uns allein haben, miteinander gemütlich essen. Dann möchte ich ihn zum ersten Mal zu einem genüsslichen gemeinsamen Bad mit Kerzenlicht verführen. In unserer Familie duscht nämlich jeder immer nüchtern für sich allein. Und nachher könnten wir uns eine Weile lieben und dann ein Dessert essen und uns weiterlieben ... Das ist mein Traum, etwas Sinnliches und Besinnliches.

Könnten Sie ihm diesen Wunsch sagen?

Ja, das ginge gut.

Es wäre das erste Mal, dass Sie es täten?

Ja, so habe ich es ihm noch nie gesagt. _{Lacht.} Das ist eine gute Idee. Er ist nämlich gern mit mir und war es immer. Ich habe wirklich ein unglaubliches Glück mit ihm. Ein anderer hätte mich schon lange sitzenlassen.

MONIQUE M.-F. ist 39 Jahre alt,
von Beruf Krankenschwester, seit 22 Jahren liiert und
seit 15 Jahren verheiratet mit Marc, 40 Jahre, Arzt;
zwei Söhne, 14 und 9 Jahre alt.
Ihre Grösse: 169 Zentimeter, ihr Gewicht: 67 Kilogramm.
Hobbys: Garten, Geräteturnen.

Irrsinnig, deine Schenkel!

Liebemachen mit Marc macht mich echt an. Ich würde ihn als Liebhaber wählen, wenn er nicht mein Mann wäre. Er ist einer, der kommt und auch wieder geht. Und einen sehr guten Schwanz hat er.

Hatten Sie einen guten Start im Sex?

Einen sehr guten! Im ersten halben Jahr verklemmte Marc zwar den Sex, weil er keine „Komödie" wollte mit einer Frau. Wir waren beide noch in der Ausbildung, und er fürchtete sich vor einer Schwangerschaft. Aber als ich dann die Pille nahm, konnten wir es richtig geniessen. Unser erster Sex war geplant. Wir freuten uns unglaublich darauf und stellten uns gemeinsam vor, wie das dann sein würde. Er hatte schon sexuelle Erfahrung, ich weniger. Er war es, der mich entjungferte.

Es war aufregend für Sie?

Ja! Es kam mir fast rituell, feierlich vor – sehr schön war es.

Aus der Rückschau betrachtet: Hat Ihr Sex in den 22 Jahren an Glanz verloren?

Im Gegenteil: Er ist viel besser geworden. Es war zwar neu und darum sehr aufregend – ich wollte unbedingt mal spüren, wie das ist, einen Schwanz in mir zu haben –, aber es war wahrlich stümperhaft! Es ging ganz schnell – ich glaube, ich hätte wohl gar nicht mehr Intensität ausgehalten. Jetzt ist das viel ausgeklügelter.

Wie entwickelte sich Ihre Sexualität?

Lange Zeit schliefen wir einfach miteinander – er oben und ich unten, und fertig. Zum Beispiel wusste ich jahrelang überhaupt nicht richtig, wie ein Schwanz aussieht. Und wenn ich mal genauer hinschaute, war ich eher ein wenig angewidert davon und sah schnell wieder weg – keine Lust, den aus der Nähe zu erforschen.

Aber Lust hatten Sie trotzdem?

Klar! Wir schliefen viel miteinander, viel auch draussen. Häufig verzogen wir uns in der Mittagspause in einen nahen Wald und trieben es dort. Ich zog dafür meist einen Rock an, damit es einfacher ging.

Irgendwann kam Bewegung in Ihre Sex-Szene?

Ja, unsere Sexualität wurde liebevoller, als wir uns zu Kindern entschlossen. Wir waren beide etwas „alternativ". Es gab Selbsterfahrungsgruppen, und ich lernte meinen Körper näher kennen. Ich stellte mir immer genau vor, wie das sein sollte, wenn wir Kinder machen. Es müsste wirklich aus Liebe geschehen, möglichst unter freiem Himmel und im Heu zum Beispiel ... _{Lacht.} Das Herz bekam einen höheren Stellenwert beim Sex, weniger mechanische Lustbefriedigung.

Erinnern Sie sich daran, wie Sie Ihr erstes Kind zeugten?

Es war geplant, und wir wussten: Jetzt muss es sein! Ein bewusster Entscheid war das. Im ersten Versuchsmonat klappte es aber nicht. Ich war fast froh, und wir waren ein paar Wochen guter Stimmung, und da wurde ich schwanger! Wir freuten uns sehr darüber.

Wie war Ihr Sex, als Sie bewusst auf Fortpflanzung aus waren?

Ozeanisch! Ein Vorgefühl vom Schwangersein. Die Lust zog sich ein wenig zurück, dafür wurde alles etwas schwer, bedeutungsvoll. Herz und Kopf mischten mehr mit. Beim zweiten Kind war's übrigens ganz ähnlich. Liebemachen war eben Liebemachen und nicht Sex. Sex, Lust, Hingabe – das sind Themen, die erst später kamen. Nach den Geburten wurde es schwierig.

Gebären hatte ich als Verletzung empfunden, und jetzt brauchte ich Schonung. Das Stillen war auch nicht vereinbar mit Sex. Ich gehörte also nicht zu den Frauen, die sechs Wochen nach der Geburt schon wieder vögeln können.

Wie war das für Marc?

Mit der Zeit wohl frustrierend. Er hätte mich gern genossen als Mutter mit grossen, vollen Brüsten. Aber dem konnte ich rein gar nichts abgewinnen! Uuh! Das war ganz schwierig für mich! Ich fühlte mich einfach mütterlich besetzt: unberührbar, unattraktiv.

Während der Schwangerschaft war das auch so gewesen?

Nein, da waren wir sexuell sehr aktiv. Häufig von hinten, erinnere ich mich! ₍Lacht.₎ Und von der Seite. Das löste immer so eigenartige kleine Wehen aus im Bauch. Wir phantasierten viel, es müsse bestimmt ein lustvolles Kind werden! Das war gut!

Hatten Sie beide ungefähr gleich viel Lust auf Sex?

Nein, seit eh ist Marc sexuell interessierter als ich und bedürftiger. Es gab einmal – noch vor den Kindern – eine lustlose Phase bei ihm, im Zusammenhang mit einer anderen Beziehung, die ich damals hatte. Es irritierte mich, dass er keinen harten Schwanz mehr bekam. Das war einmalig und sehr ungewöhnlich – keine Ahnung, was da mit ihm los war. Ich bezog es auf mich.

Sie haben lieber weniger Lust als er? Umgekehrt ist Ihnen unangenehmer?

Ja, eindeutig! Ich bin lieber in der ablehnenden Rolle als in der bettelnden.

*Wie handhaben Sie es gewöhnlich, dass die sexuellen
Bedürfnisse nicht im Gleichgewicht waren?*

Unterschiedlich: Manchmal war er penetrant
bedrängend, und ich kam nicht einmal dazu, bei mir
festzustellen, ob ich Lust hatte. Dann lehnte ich ebenso
penetrant ab: Kommt nicht in Frage! Das passierte häufig, wenn dicke Luft war bei uns – ich wusste, dass man
Männer mit Sex-Verweigerung bestrafen kann. Bis ich
endlich merkte: Ich bestrafe mich selbst.

Sie liessen sich nie beschlafen?

Was heisst das?

*Sex mit schlechtem Gefühl über sich ergehen lassen,
ohne selbst das Bedürfnis zu haben.*

Ich hab' schon angeboten: „Ich stelle mich zur
Verfügung, du kannst mich vögeln." Das ist voll bewusst. Aber mich beschlafen lassen – nein! Nie. Es ist
schon fast wieder lustvoll zu sagen: „Wenn du's nicht lassen kannst, dann komm!" Das gibt's jetzt noch ab und
zu. Ich biete ihm auch an: „Mach's dir selber, ich schau
dir zu" oder „Ich reib dir einen ab" oder „I häb dir
häre!"*

Und wenn Sie überhaupt keine Lust haben?

Dann kann er jetzt auch das annehmen. Gestern
abend zum Beispiel wollte er ein zweites Mal mit mir
schlafen, und ich war affenmüde. Da sagte ich ihm
direkt, dass ich jetzt schlafen wolle. Er akzeptierte es,
aber heute Morgen meinte er, es sei sehr schade gewesen, er hätte unglaublich Lust gehabt ...

---

* Dialekt für „Ich stelle mich dir zur Verfügung".

*Seit ein paar Jahren entwickelt sich Ihre Sexualität nach-
haltig, sie ist ausgeklügelter geworden, sagten Sie.*

Es hat in erster Linie etwas zu tun mit meiner
Entwicklung als Frau. Ich lerne mehr und mehr, meinen
Körper wahrzunehmen, kenne mich immer genauer
und feiner. Ich weiss besser, wie ich funktioniere, was
mir Lust macht, guttut, nicht guttut, was ich mir wünsche. Ich habe angefangen, innere Bilder von Weib-
lichkeit zu haben und anzuschauen. Erwachsenwerden
ist auch zunehmend mein Thema, Eigenständigkeit. –
Ja, und da ist die Sinnlichkeit, die ich entdecke, und
den Unterschied zwischen Sinnlichkeit und Sexualität:
Wenn Sexualität mit Sinnlichkeit angereichert wird,
gewinnt sie an Farbe und Üppigkeit. Darum steuere
ich jetzt meinen Körper viel mehr beim Liebemachen,
indem ich zum Beispiel den Orgasmus hinauszögere.
Oder ich leite auch meinen Partner, wenn ich möchte
und er es zulässt. Sexualität wird immer spielerischer,
Besitz und Macht treten mehr und mehr in den Hintergrund.

*Sie haben angefangen, Entdeckungen zu machen in
Ihrer Sexualität?*

Ja, genau! Die grösste Entdeckung kam vor etwa
zwei Jahren: Hingabe! Hingabe an meine eigene
Sinnlichkeit und Hingabe an einen Mann – bis an meine Grenzen, ohne mich selbst aufzugeben.

Und das haben Sie alles entdeckt mit Marc?

Zögert. Eigentlich darf er das wissen ... Allein, ohne
äussere Einflüsse, wäre ich dazu nicht fähig gewesen. Natürlich waren auch meine Drogenerfahrungen wichtig.

Welche Droge denn?

Besonders LSD. Da hatte ich mit Marc ganz verrückte sexuelle Erlebnisse, Hingabe-Erlebnisse. Dann
waren die Einflüsse von anderen Männern, und von
Frauen. Eine Freundin hat mir zum Beispiel verraten, sie
mache vor ihrem Mann Striptease. Sie selbst machte
mich auch an und kam mir sehr nahe, bei ihr war ich
speziell hellhörig und neugierig: „Wie machst du denn
das genau mit dem Strip?" Sie faszinierte mich. Ich hatte eine sehr sinnliche Beziehung zu ihr.

Da gab es eindrückliche Erlebnisse in der letzten Zeit ...

Ja, auch im Zusammenhang mit Energie, zum
Beispiel mit dem sogenannten holotropen Atmem,
durch das ich meinen Körper in einen extremen Zustand
brachte und mich so zeigte. Und die Chakren, die
Energiepunkte im Körper, die waren wichtig für mich.
Ich las darüber und machte viele konkrete Erfahrungen.

Mit Marc allein ...

... wär's wohl nicht so gut herausgekommen. Ich
brauche einfach Anregung und Impulse von aussen. Und
ich muss nahe an die Menschen herankommen, um mich
berühren zu lassen. Ohne diese paar nahen Beziehungen,
in denen ich ausgiebig geben und nehmen kann, könnte
ich gar nicht ich selber sein. Ich bin darauf angewiesen,
und das weiss Marc.

*Würde er für sich bestätigen, dass die Qualität Ihrer
sexuellen Beziehung von Ausseneinflüssen abhängig
war und ist?*

Ich glaube, ja. Ohne dass wir uns gegenseitig
genauer informieren, weiss ich, dass er sich in ähnlichen

Kreisen bewegt wie ich. Er kennt im Moment zum Beispiel auch eine Sannyasin-Frau näher. Das merke ich natürlich.

Woran?

An der Art, wie er mich berührt oder massiert. Hier trifft sich etwas bei uns beiden, das wir gemeinsam ausprobieren können. Das nehme ich dankbar an und dringe nicht weiter in ihn. Wenn ich konkreter erführe, was er treibt, würde ich nur wütend. _{Lacht.}

Sie scheinen die Impulse von aussen und die Spannung im Innern zu brauchen.

Ja, ohne das würde mich Marc schon lange nicht mehr anmachen. Er ist nämlich bereit, immer wieder auf einer neuen Ebene mit mir zu suchen und auszuprobieren.

Wo suchen Sie denn gemeinsam?

Zu einem kleineren Teil machen wir handfesten Sex miteinander. Interessant ist für mich die Verfeinerung. Übrigens haben wir jetzt zusammen die Sprache entdeckt! Das ist phantastisch! Wir können uns anmachen über die Sprache, da sind wir beide sehr empfänglich. Wir erzählen uns am Tisch zum Beispiel kühl eine sexuelle Phantasie oder eine kleine erotische Geschichte. Das ist aufreizend für mich! „Stell dir vor, gestern war ich im Zug. Da sass einer gegenüber, und schon ging's bei mir los im Kopf ..." Solche Stell-dir-vor-Geschichten geniessen wir gemeinsam.

Sind Sie beide so sprachbegabt?

Ich bin vielleicht sprachlich etwas versierter als Marc und frecher im Anzetteln von solchen Phantasien, aber er ist ein guter Empfänger. Sein Schwanz reagiert immer prompt. Eine wahre Freude! ᴸᵃᶜʰᵗ·

Sie sind eine virtuose Schlangenbeschwörerin?

Ja, das beherrsche ich, zunehmend in den letzten Jahren.

Wie läuft das eigentlich bei Ihnen gewöhnlich, wenn Sie miteinander schlafen?

Am Abend zum Beispiel: Ich bin meistens vorher im Bett. Marc kommt ...

Sind Sie frisch geduscht?

Üblicherweise nicht, nein. Ich dusche immer am Morgen, Marc auch.

Hygiene ist nie ein Thema?

Nein. Was ich nicht vertrage, ist abgestandener Rauch – widerlich, im Mund vor allem. Das stellt mir total ab.

Haben Sie ihm das Rauchen abgestellt?

Nicht ganz, aber er raucht weniger, weil ich darauf bestanden habe. Geruch und Geschmack von Rauch hält mich von der Art Liebe ab, die ich gern mit Männern mache, weil ich da ganz nahe sein will, und zwar mit allen Sinnen. Das habe ich ihm deutlich gesagt. Aber sonst ekle ich mich nie vor ihm. Ich kann ihm auch direkt sagen: „Du stinkst." Dann duscht er einfach.

Schlafen Sie nackt?

Meistens. Wenn's kalt ist, tragen wir vielleicht ein T-Shirt.

Sie liegen also bereits im Bett und warten ...

Ja, ich liege auf der Seite, dann kommt er von hinten und hält mich und sagt: „Ou, du hast aber einen schönen warmen Arsch!" _{Lacht.} Marc ist sehr grosszügig mit Komplimenten: „Bist so weich und warm – das ist irrsinnig! Und ich habe wirklich unglaubliches Glück, dass es dich gibt!" Er ist ganz ungebrochen zufrieden mit mir! Jedenfalls hier auf diesem Gebiet ...

Und Sie hören die Komplimente gern?

Gut, dass Sie fragen. Lange Zeit zweifelte ich nämlich: „Warum sagt er das bloss immer?" Ich war etwas misstrauisch. Aber je älter ich werde, um so mehr kann ich es schätzen als nicht selbstverständliches Geschenk. Ich selbst bin etwas zurückhaltender ihm gegenüber. Kürzlich ist mir bewusst geworden, dass in mir immer noch die Vorstellung sitzt, mein Körper ist dazu da, ihm, den Männern überhaupt, Lust zu bringen, und damit hätte ich meine Aufgabe im Bett schon fast erfüllt. Erst seit relativ kurzer Zeit bin ich daran interessiert, mich zum Beispiel eine Viertelstunde mit einem Schwanz zu beschäftigen.

Auch mit Marcs Schwanz?

Ja, ich fange an, Erfahrungen damit zu sammeln. Ich studierte die Anleitung für eine Schwanzmassage. Seither weiss ich genau, wenn ich raufstreiche an der Unterseite des Schwanzes bis zur – zu dem Fältchen ...

... zum Frenulum?

... ja, und wenn ich rundherum fahre, rechts oder links, das stimuliert ganz verschiedene Energien, und nachher wieder mit Druck nach unten – das ist unglaublich spannend! Lange Zeit hatte ich keine Informationen, was mit einem Schwanz zu tun wäre, ausser dass er bald einmal abspritzt.

Marc liegt dann hinter Ihnen und …

… und innert Minuten hat er einen harten Schwanz, subito. Da brauche ich nur meinen Arsch etwas zu bewegen und zu signalisieren: Doch, ist gut! Dann geht Unterschiedliches los. Kann sein, dass wir einfach von hinten vögeln: eine Angelegenheit von fünf, zehn Minuten. Wenn wir's so machen, läuft meist auch was über die Sprache. Er sagt etwa: „Irrsinnig, deine Schenkel!" oder so.

Das gefällt Ihnen?

Ja, Herz und Gesicht sind zwar abgewendet, aber es läuft über Sex und Sprache. Ist unglaublich aufregend! Deftig wie im richtigen Sexfilm: „Komm und mach's mir!"

Orgasmus?

Ich immer! Wenn er dann von hinten auf mich steigt, dringt er sehr weit ein, und das macht mir immer einen Orgasmus.

Ohne mit Fingern nachzuhelfen?

Uh, nein! Kein Nachhelfen, mit dem blossen Schwanz. Nach dem, was ich höre und lese, ist das nicht selbstverständlich. Ich kenne eben auch ganz unterschiedliche Orgasmen. Dies hier ist ein innerer, aber kein inniger.

Ein scharfer?

Ja, genau – und in jedem Fall garantiert. Wenn ich unten bin, ist es allerdings nicht so einfach.

Was ist schwieriger?

Ausgiebiger Sex am Abend verlangt mehr Zeit und mehr Zuwendung. Wenn er mich also umdreht auf den Rücken, wenden wir uns einander direkt zu, ganz persönlich quasi. Und ich bekomme nicht so schnell einen Orgasmus, unter ihm. Das ist eine andere Art von Liebemachen.

Können Sie sie beschreiben?

Wir versuchen, einen Energiekreislauf zwischen uns herzustellen: Ich ziehe die Energie den Chakren entlang hoch und gebe sie mit der Atmung in Marcs Mund weiter, und er lässt sie durch sich hindurch und mit dem Schwanz wieder in mich hinein strömen. Das ist wahnsinnig! Fast ekstatisch.

Die Fähigkeiten dazu haben Sie beide von aussen importiert?

Ja, und es bleibt unser gegenseitiges Geheimnis, wie und von wem. Ich sage natürlich nicht, ich hab' das mit einem Mann gelernt, sondern: „Hör mal, was ich da gehört, gelesen habe!" Aber ich bin freigebig mit meinen auswärtigen Erfahrungen, weil Marc mich anmacht und ich mit ihm einen Weg machen will.

Er ist nicht misstrauisch, wenn Sie Neues einführen?

Er hat auch schon in einem Nebensatz gefragt: „Aber du verwechselst mich nicht etwa mit deinem Liebhaber, oder?" Ich bin da nicht drauf eingestiegen. Er sagt mir, er sei eifersüchtig und empfindlich, er gönne mich keinem anderen Mann. Andererseits überraschte er mich kürzlich mit der Mitteilung, er würde gern mal mit mir schlafen, wenn ich direkt von einem Mann komme, das würde ihn oberscharf machen. Das ist zwar schon vorgekommen, aber ich sagte es ihm natürlich nicht! Manchmal mache ich solche Geschichten: „Stell dir vor,

ich komme grad von einem Mann!" Das macht ihn
unglaublich scharf. Geschichten und Wirklichkeit sind
für mich aber noch zwei Dinge. Irgendeine moralische
Barriere scheint mich da zu hemmen.

Von vorn machen Sie Liebe und von hinten Sex?

So ist es. Das hat mit dem Herzen und mit den
Augen zu tun.

*Wenn er über Ihnen ist, schauen Sie sich lange in die
Augen?*

Marc ist mit seinen Augen flackrig, nicht stabil –
nein.

Sie schon?

Ja, natürlich! Er hat die Tendenz, mit dem Blick
auszuscheren. Auch sonst geht er gern weg. Wir reden
immer wieder darüber: Ich möchte, dass er in meiner
Nähe bleibt, nicht abhaut, nicht sofort einen Orgasmus
hat. Er ist interessiert daran, muss aber noch einiges lernen. Da liegt noch viel mehr drin, als wir im Moment
verwirklicht haben. Das macht mich jetzt gerade richtig
an!

Was genau?

Wir machten mal vor etwa einem Jahr unter LSD
eine Chakra-Arbeit. Wir waren beide stockzu, ich ging
bei ihm von einem Chakra zum anderen, und ich konnte ihm, wissen Sie, richtig ins Herz hineingreifen oder
ins Sonnengeflecht. Marc liess sich dabei auf gänzlich
ungewohnte Art berühren, sonst wehrt er immer vorher
ab. Diese Erfahrung schüttelte ihn total durch. Ich
möchte sehr gern, dass er noch weiterkommen könnte.

Was ist mit Ihren Füssen beim Sex?

_{Lacht.} Füsse sind mir sehr wichtig. Da bin ich dauernd am Einfädeln und Halten und Drücken. Aber Marcs Füsse, die spielen überhaupt keine Rolle ...

Sie vermissen sie?

Ja, wahrscheinlich ... Stimmt! Die bräuchte ich eigentlich unbedingt! Gut, dass wir davon reden. Ich weiss nicht, warum mir das bis heute nicht aufgefallen ist. Meine Füsse sind für Marc sicher bedeutsam. Er nimmt sie viel in die Hände.

Aber nicht beim Vögeln?

Ja, es gibt höchstens ein Geplänkel meiner Füsse mit seinen, aber nicht umgekehrt.

Und Sie haben es nie zum Thema gemacht?

Bisher nicht. Liebemachen mit Marc macht mich echt an. Ich würde ihn als Liebhaber wählen, wenn er nicht mein Mann wäre. Er ist einer, der kommt und auch wieder geht. Und einen sehr guten Schwanz hat er.

Was ist gut an seinem Schwanz?

Er reagiert prompt. Das gefällt mir! Irrsinnig, dass ich nicht viel machen muss, damit er scharf wird. In diesem Punkt bin ich ziemlich einfach strukturiert. Außerdem hat er einen ausgesprochen schönen Schwanz.

Ein „schöner" Schwanz, was ist das?

Eine gute Grösse! Er ist richtig dick, riecht gut – er hat einfach einen schönen Schwanz!

Und der Sack gefällt Ihnen auch?

Sie, ... also ... Mit den Säcken kann ich grundsätzlich noch nicht so viel anfangen! _{Lacht.} Nein! Vielleicht in ein paar Jahren. Höchstens zum Spüren, aber zum

Anschauen kommt mir das immer noch ein wenig blöd vor. Lacht schallend. Da bin ich wohl noch etwas verkümmert! Interessant ist immerhin: Wenn ich an den Innenschenkeln entlang hochstreichle, so, _zeigt_ dann macht das eine Aufwärts-Bewegung in den Hoden. Das finde ich spannend und mache es noch mal.

Marc vermisst Ihr Interesse an seinen Hoden nicht?

Tatsächlich hat er sich schon beschwert darüber. Eigentlich werde ich lieber penetriert als ... Ich will sagen: Es ist eine neue Entdeckung, dass ich überhaupt den Schwanz schön finde und auch weiss, was ich damit anfangen soll – ausser rauf- und runtermachen. Das konnte ich von Anfang an, aber viel mehr wusste ich eben nicht. Jetzt habe ich begonnen, mich dem Schwanz richtig zuzuwenden.

Auch mit dem Mund?

Das kommt vor, ist für mich aber nicht gängige Praxis. Marc hat sich auch in diesem Punkt schon beklagt, er fühle sich zu wenig geliebt. Ich bemühe mich dann zwar wieder, aber eigentlich bin ich viel mehr darauf aus, den Schwanz in mir zu haben. Das ist das Beste.

Jetzt haben Sie immerhin konkretere Informationen über den Schwanz.

Ja, vorher hätte ich erraten sollen, was ihm guttut. Kein Mensch hat mir das je gesagt. Lange dachte ich, das Ziel von Stimulation sei der Orgasmus, möglichst schnell. Tönt etwas banal, nicht wahr? Aber jetzt kommt Neues, Spannendes auf mich zu! Vermutlich sind die Säcke auch dabei. Ich habe in dieser Beziehung viel von den Männern gelernt. Mein Körper wurde nämlich viel geliebt bis in alle Details, auch von Marc. Und jetzt kann ich es ihm immer besser zurückgeben.

Sie wurden „viel geliebt bis in alle Details"?

Marc möchte mich mehr am Futz schlecken, zum Beispiel. Aber ich bin manchmal etwas zurückhaltend, weil ich mich da auf eine grössere Nähe einlassen muss als beim Vögeln.

Und das ist anstrengend?

Ja, es kann anstrengend sein. Ich müsste etwas aushalten. Wenn ich nicht darauf einsteigen kann, ist es eine Belästigung, keine Lust.

Sie können sich dem Schlecken noch nicht voll hingeben?

Es scheint so. Lange machte mir das wenig Lust, besonders nicht zu Beginn eines Liebesspiels. Jetzt finde ich es sehr genussvoll und schön, wenn es eingebettet, in der Mitte kommt, wenn ich sehr erregt bin und nass. Ich biete aber niemals den Futz als meine Visitenkarte an. Ich achte darauf, dass ich hier nicht übergangen werde.

Vielleicht bräuchten Sie eine präzisere Klitoris-Berührung, als mit der Zunge möglich ist.

Ja, ich habe mir schon überlegt: Ich habe doch jetzt eine anspruchsvolle Schwanzmassage gelernt, vielleicht gäbe es eine solche Anleitung auch für den Futz und die Zunge. Das wäre dann lustvoller als so ein diffuses Gesabber – wäre vielleicht noch zu erfinden. Wahrscheinlich müsste ich Marc melden, wie er es ganz genau machen soll. Zudem glaube ich, die Männer meinten, den Futz zu schlecken, müsste das Grösste und Lustbringendste sein, was sie einer Frau antun könnten. Für mich ist das nicht so, noch nicht.

Sondern, wie geht's Ihnen dabei?

Ich fühle mich etwas ausgeliefert: allein und abgehängt und verlassen, und Marc weit weg da unten ...

Und wenn er Ihnen dabei den Schwanz in den Mund steckt?

Das ist viel besser! Dann ist der Kreislauf geschlossen, das gefällt mir.

Gibt's Musik, selbstgemachte, zum Liebesspiel?

Ich würde wahnsinnig gern schreien beim Vögeln! Aber das geht nicht gut wegen der Kinder – die sind schon meinetwegen aufgewacht. Darum diszipliniere ich mich und stöhne nur. Nach dem Orgasmus muss ich oft sinnlos lachen.

Ist Erregung befriedigend für Sie?

Wenn ich beim schnellen Vögeln keinen Orgasmus habe, bin ich frustriert, verdammt noch mal! Es kommt allerdings selten vor. Ich vertrage es schlecht, also sorge ich auch dafür, dass es nicht vorkommt. Das heisst, notfalls helfe ich mit der Hand nach.

Und beim langen Vögeln?

Da komme ich aus ohne Orgasmus, wenn es sein muss. Ich empfinde ihn immer noch als Krönung, aber je länger, je weniger, weil ich mich jetzt sehr gern in die Nähe des Orgasmus treiben lasse, um ihn dann zu stoppen und die Energie wieder zurückzunehmen. Aber jedesmal, wenn ich das mache, denke ich einen Augenblick: „O Shit, hätte ich es jetzt nicht besser einfach fahren lassen?!"

Warum lassen Sie's nicht fahren?

Vor dem Orgasmus ist halt die beste Stimmung, wissen Sie, und dieses Spiel mit dem Stoppen des Orgasmus ist eigentlich das Beste, was es gibt. Das ist hoher Sex, Versinken im Ozeanischen! Das Irrsinnigste! Der Orgasmus selbst ist das Ende der Innigkeit.

Bietet Ihnen Marc die Gelegenheit, dieses Spiel so lange zu geniessen, wie Sie möchten ?

Manchmal hält er sich nicht zurück. Letzthin ist das passiert, und ich sagte zu ihm: „Ist gut, aber du hast jetzt etwas verpasst mit mir." Das mopste* ihn richtig. Er schimpfte sich tags darauf einen Idioten. Er hätte das so gern noch gehabt mit mir – aber er hält es eben oft schlecht aus. Vielleicht auch, weil ich gern bis zur äussersten Grenze gehe.

Bewegen Sie sich ungestüm?

Ja, und auch verbal strapaziere ich die Grenzen: Ich provoziere Marc. Ich verstehe, dass es für ihn schwierig ist, sich zurückzuhalten. Zu gern würde ich in diesem Grenzbereich weiter ausprobieren mit ihm, was er verträgt und was nicht. Das haben wir noch nicht ganz auf den Punkt bringen können.

Sie selbst möchten ja den Orgasmus doch nicht missen, Sie kennen sogar verschiedene Formen.

Da gibt es den „äusseren" Orgasmus: Der ist mit den Fingern möglich, zum Beispiel bei der Selbstbefriedigung. Solche Orgasmen erschöpfen mich bloss – das ist eigentlich ein wenig Scheisse, Energieverschwendung.

---

* Schweizerdeustch für „irritieren "

Dann sprachen Sie vorhin vom „inneren" Orgasmus.

Das ist der unfehlbare von hinten. Und da ist noch: himmlisches, fast göttliches Verschmelzen, aufgehen ineinander, sanfte Ekstase, Auflösung. Dazu brauche ich nichts als den Schwanz, die gemeinsame Atmung. Es ist, als würde ich den Schwanz von innen ansaugen und die Energie auf den Kreislauf schikken. Ein ganz seltenes Geschenk! Bisher haben wir das vielleicht vier Mal erlebt. Ich weiss gar nicht, ob ich das viel häufiger möchte. Es ist nämlich schwierig, wieder zu landen im Alltag. Ich bin dann viel verletzbarer.

Über Marcs Orgasmus wissen Sie auch etwas?

Die kurze Vögelei findet er toll: seinen Schwanz in meinen Futz stecken und mich richtig nehmen, und ich bin eher passiv. Ich stelle mich ja auch von hinten zur Verfügung und geniesse das. Und er geniesst sich in der Rolle des Akteurs, besonders natürlich im Augenblick des Orgasmus, wo er sich mit genüsslichen Lauten aufzulösen scheint.

Ihr Herz ist manchmal beim Orgasmus mehr beteiligt: Erleben Sie bei ihm ähnliches?

Ich glaube schon. Er wird etwas langsamer, feiner, er atmet tiefer. Er scheint überwältigt – ich sehe das in seinen Augen. Sein Orgasmus ist dann nicht so explosiv und entleerend. Er geht eher in die Breite und zerfliesst lange Zeit in mich hinein. Beim Kurz-Sex ist im Gegensatz dazu ganz klar, wann er spritzt.

Wie sind Sie eigentlich auf die Idee gekommen, ab und zu Ihren Orgasmus zu stoppen?

Aus Büchern. Zum Beispiel probierte ich mit Marc letzte Woche eine Übung aus einem indischen Tantra-Buch, JUWEL IM LOTUS heisst es. Unglaublich, Ehrenwort! Da liegt einer auf dem Bauch, und der andere fährt mit seinen trockenen Lippen vom Steissbein aufwärts auf der einen Seite der Wirbelsäule hoch und auf der andern wieder runter. Dabei atmet er durch die Nase ein und bläst die Luft sanft durch den Mund auf die Haut. Für Marc war das fast wie eine Droge! Es war eine Entdeckung! In dem Buch steht auch, dass man bei jedem Orgasmus mit Sperma und Sekreten Säfte verschleudert, die das Immunsystem braucht. Man müsse auch mit vorzeitiger Alterung rechnen. Den Orgasmus zurückhalten ist hingegen lustbringend, lebensbejahend.

Wie geht's Ihnen nach dem Orgasmus?

Ich schlafe immer gut! Manchmal vögeln wir als Schlafmittel, ein wohliges Gefühl! Leider werde ich mit Marc am Morgen nie scharf, ich habe da anderes im Kopf. Er wäre da eher zu haben für Sex.

Muss bei Ihnen „alles stimmen", damit Ihnen Sex zugänglich wird?

Früher ja, heute kaum mehr. Wir sind ein streitbares Paar, wir schreien herum, besonders Marc, kürzlich hat er mich sogar geschlagen – und Streit kann uns unter Umständen sehr scharf machen. Jedenfalls will ich mir unsere Sexualität nicht von Unstimmigkeiten vermiesen lassen. Natürlich, nach diesem gewalttätigen Streit, da war ich innerlich verletzt und musste mich drei, vier Tage zurückziehen.

Es war keine Strafaktion gegen Marc?

Überhaupt nicht. Ich brauchte das für mich als Schutz. Zuerst musste ich einfach auch noch mit ihm darüber reden, um zu verstehen, was passiert war. Kleinere Geplänkel können hingegen anregend sein. Meistens gehe ich dann zu ihm hin und sage ihm etwa: „Selbst wenn du jetzt ein blöder Kerl bist – einen guten Schwanz hast du trotzdem! Ich möchte gern mit dir vögeln." Dann schaut er mich lange schräg an, und wenn ich das aushalte, dann sagt er schliesslich widerstrebend: „Also gut, ... Und du hast einen verdammt guten Arsch – komm!" Es ist einfach spannend mit ihm! So lebendig kann es zwischen uns sein.

Reden Sie eigentlich auch ausserhalb des Bettes über Ihre Sexualität, über Störungen, Wünsche?

Kommt schon vor, aber wenn wir das „theoretisch" machen, rutscht das Thema schnell hinunter in den Unterleib, und es beginnt zu knistern. Ich finde es natürlich spannend, wenn da etwas losgeht.

Kommen Sie auch auf vergangene Sex-Erlebnisse zurück?

Ja, Marc kommt oft am Morgen ins Bad, wenn ich am Duschen bin, und umfängt mich mit dem Duschvorhang – greulich! – und sagt: „Ou, gestern abend war's irrsinnig! Wie war's für dich?" Häufig reden wir auch im Bett selber drüber: „Was hättest du gern?" und „Wie wär's denn gut für dich?"

Haben Sie auch schon exotische Sexspiele ausprobiert?

Sadomaso-Praktiken wie schlagen zum Beispiel machen wir nicht. Wir haben auch schon darüber geredet. Einmal gab es einen stümperhaften Versuch: Marc fesselte meine Hände und vögelte mich so. Aber weitergehen – nein! Gelegentlich verprügeln wir einander, aber das hat mit Sex nichts zu tun. _{Lacht.}

Gibt es sexuelle Tabu-Zonen zwischen Ihnen, das heisst Themen, die Sie nicht offen auf den Tisch bringen könnten?

Unsere Liebschaften sind heikel, tabu. Aber sonst, wüsste ich nichts.

Erzählen Sie ihm Ihre sexuellen Phantasien?

Zum Beispiel phantasiere ich vor ihm von Sex mit einem Mann, den er auch kennt, oder davon, wie es zu viert wäre. Ich bin da ziemlich offen. Und von ihm weiss ich auch einen Teil, sicher nicht alles.

Onanieren Sie voreinander?

Das haben wir auch schon gemacht. Es gab eine Zeit, in der es mich sehr anmachte, ihm zu zeigen, wie meine Lust aussieht, und ich hatte Lust an seinem lustvollen Blick. Umgekehrt gefällt es mir auch, wenn er es tut.

Wie macht er das?

Handfest! Mit der ganzen Hand und von oben nach unten, dann wieder mit drei Fingern, manchmal mit Speichel. Oder wenn er hinter mir ist ... Warten Sie, wie geht das? – Ah, er steckt mir einen Finger in den Arsch und reibt sich einen ab. Das ist sehr aufregend – für mich, meine ich.

Vögelt er Sie auch in den Arsch?

Ja, das hat er schon. Aber ich muss ganz offen sein dafür. Schon wenn ich ein wenig zumache, ist es nicht gut.

Haben Sie Erfahrung mit Natursekt?

Einmal haben wir das probiert. Wie war das bloss? Lacht. Also, wir waren am Vögeln, ich musste dringend pissen und sagte ihm, er müsse aufhören. Er sagte: „Mach doch hier!" Aber ich konnte nicht sofort, wie beim Doktor. Dann versuchte ich krampfhaft, mich zu entspannen, um im erregten Zustand und mit seinem Schwanz in mir loszulassen. Wir robbten hinüber zum Tonboden, damit nicht der ganze Teppich versaut würde.

War es überhaupt angenehm oder lustvoll?

Nein, für ihn auch nicht. Er sprach zwar noch davon, es selbst auch mal zu probieren, aber als es soweit war, zeigte sich, dass er im erregten Zustand gar nicht kann.

Andere ausgefallene Sex-Spielarten?

Striptease habe ich noch nie gemacht vor ihm. Er würde sich das wünschen, aber ich kann es einfach nicht. Ich habe Hemmungen, mich seinem kühlen Blick auszusetzen. Lacht. Es gibt noch viel zu entdecken!

IRENE L.-K. ist 68 Jahre alt, von Beruf Hausfrau, früher Telefonistin, seit 49 Jahren liiert und seit 47 Jahren verheiratet mit Beat, 73 Jahre alt, pensionierter Malermeister; eine Tochter, 46 Jahre, zwei Söhne, 42 und 32 Jahre alt. Ihre Grösse: 165 Zentimeter, ihr Gewicht: 71 Kilogramm. Hobby: Chorsingen.

Überfüttert wie eine Stopfgans

Er sagt: „Mach mal richtig die Beine auseinander!" Dann mach' ich das eine Weile, aber schon bald geht's wieder zu – automatisch.

*Sind Sie jetzt, nach 47 Jahren Ehe, überrascht davon,
wie sich Ihre sexuelle Beziehung entwickelt hat?*

Ich finde, mein Mann ist etwas anspruchsvoll
geworden.

Er war nicht immer so?

Doch, eigentlich war er immer ein stürmischer
Mann. Jetzt hat er das Gefühl, er brauche sehr viel Nähe.

Er ist bedürftig geworden?

Ja, genau – liebebedürftig, wie ein Kind. In früheren
Jahren war er eher streng. Er sagte immer, es gebe
nur einen Chef in der Familie, und der sei er. Das ist
jetzt eigentlich vorbei.

Sie sind nicht liebebedürftig?

Nein, nicht so extrem. Ich bin ein Tröchni*, nüchtern
und beständig. Ich sage zu wenig. Von ihm hingegen
kommt eher: „Du bist eine Liebe! Was täte ich bloss
ohne dich?" Ich kann das nicht.

*Sie möchten ihm nicht sagen: „Und du bist auch ein
Schatz!"?*

Eben nicht.

Gefällt er Ihnen nicht besonders?

Doch, doch. Ich wage gar nicht mir vorstellen, ihn
zu verlieren! Andererseits habe ich ihm auch schon
gesagt, vor etwa zwei Jahren: „Dich würde ich nicht
mehr heiraten!"

Wie kamen Sie dazu?

Er war immer irgendwie hart, auch mit den
Kindern – hart und stur.

---

* Dialekt für „trockener, phantasieloser Mensch".

Ihr Rückblick auf Ihr gemeinsames Leben war eher trist?

Ziemlich trist.

Sagten Sie ihm das im Verlauf eines Bilanzgespräches?

Ah, nein! Wir hatten einfach ein wenig Krach. Vor allem weil ich mich nicht so gut wehren und ausdrücken kann, hatte ich langsam das Gefühl, unterdrückt zu sein. In letzter Zeit bin ich etwas emanzipierter geworden und wehre mich ab und zu. Ich muss das auch, weil er mehr und mehr passiv wird. Er will zum Beispiel immer mehr bloss zu Hause hocken. Ich möchte lieber etwas unter die Leute kommen und auch in die Ferien fahren. Wir können uns das nämlich leisten.

Und Sie, haben Sie persönliche Kontakte ausserhalb Ihrer Familie?

Jaaa ... Überlegt. Ich habe eine Freundin im Wallis – und natürlich meine Tochter. Und sonst habe ich auch nur meinen Mann. Aber ich telefoniere recht viel mit Verwandten und Bekannten.

Wissen Sie noch, wann Sie das erste Mal miteinander geschlafen haben?

In der Hochzeitsnacht.

Wie war das?

Es tat weh! Lacht.

Fand das zu Hause in Ihrem Schlafzimmer statt?

Ja, unter der Decke.

Was machten Sie unter der Decke?

Mein Mann machte. Ich machte nichts. Lacht.

Machte er es gut?

Ich war jedenfalls nachher zufrieden. Aber schön wurde es erst später. Am nächsten Morgen verreisten wir in die Flitterwochen, und auf der Strasse hatte ich furchtbare Hemmungen und war sicher ganz rot im Gesicht, weil ich überzeugt war, dass es mir alle ansehen konnten. _{Lacht.} Offenbar hatte es in dieser Nacht sofort eingeschlagen: Neun Monate später kam unser erstes Kind. Jedenfalls haben wir mit der Zeit etwas gelernt, und ich war dann auch etwas weniger gehemmt. Aber ich habe immer noch Hemmungen.

Was für Hemmungen meinen Sie?

Wenn er Pornovideos heimbringt, gefällt mir das halt gar nicht. Er will, dass wir das miteinander ansehen und dass ich auch solches Zeug mache. Das kann ich nicht. Solang es im normalen Rahmen ist, regt es mich schon ein wenig an. Das gebe ich zu. Aber wenn es zu weit geht ...

Ihr Mann mag es, wenn es über den normalen Rahmen hinausgeht?

Ja, er möchte zum Beispiel schlecken. Das gefällt mir halt nicht so.

Sie möchten nicht schlecken oder geschleckt werden?

Beides geht für mich nicht gut. Es kommt selten mal vor, dass ich ihn sofort nach einem Bad schlecke, auf sein Drängen hin. Aber es sagt mir absolut nichts.

Empfinden Sie es als widerlich?

Ja, es ist gruusig*. Das sitzt halt in meinem Kopf.

Unmittelbar nach dem Bad ist es etwas weniger schlimm für Sie?

Ja, aber ... Ich weiss es nicht. Aber er sagt ab und

---

* Dialekt für „widerlich, ekelhaft".

zu: „Mach's doch wieder mal! Ich warte so darauf!"

Empfinden Sie das Schlecken als widerlich, weil er nicht
sauber ist?

Nein!

Er ist ganz sauber?

Ja. Auch frisch aus der Badewanne mag ich es einfach nicht.

Sie machen es manchmal trotzdem. Hat er Freude?

Ja! Er sagt: „Juu, ist das schön, juu!"

Spritzt er?

Uh, nein! Das könnte ich auf keinen Fall haben!
Das ist ganz gruusig! Er sagt: „Probier's doch mal!"

Ah, das möchte er auch?

Nein, nicht spritzen, schlecken meine ich. Das
Spritzen geht bei ihm jetzt sowieso etwas länger und
mühsamer. Er meint, wenn ich ihn stimulieren würde,
ginge es besser.

Er würde Sie auch gern schlecken?

Ja, das macht er auch gelegentlich.

Sie mögen es nicht?

Nein, gar nicht!

Was geht in Ihrem Kopf vor, wenn er sie trotzdem
schleckt?

„Das macht man nicht." Ich bin ganz verkrampft
dabei. Manchmal bekomme ich einen richtigen Krampf
im Bein.

Es ist überhaupt nicht schön für Sie?

Nein. Aber er sagt mir immer wieder: „Alle anderen Frauen haben das doch gern und wären froh, wenn
sie es bekämen. Warum denn du nicht?"

Was antworten Sie ihm?

„Ich weiss auch nicht, wieso." Es scheint von der Jugend her eingehämmert, blockiert.

Sie bedauern es selbst, dass es so ist?

Ja, ist doch schade.

Umgekehrt ist es für Sie wohl auch schwierig, sich „alle anderen Frauen" vorhalten zu lassen, die scharf sind auf Geschlecktwerden.

Stimmt, ja. Ich bin wahrscheinlich ein exotischer Vogel. _{Lacht.} Er hätte es eigentlich schon verdient. Er ist ja sonst ein guter Mann und hat mich gern ... Aber es ist so schwer.

Schwer für Sie, sich gehen zu lassen?

Ja, genau.

Stellen Sie sich vor, Sie zu schlecken müsse für ihn widerlich sein?

Ja. Aber er sagt immer, es sei überhaupt nicht gruusig.

Sie glauben es ihm nicht?

So ist es, ja. _{Lacht.}

Dann wissen Sie auch nicht, ob er Sie gut schleckt oder nicht?

Nein, keine Ahnung! _{Lacht.}

Lassen Sie sich gern berühren von Ihrem Mann?

Ja, am Rücken, am Kopf. Das könnte ich stundenlang geniessen. Aber nicht hier. _{Zeigt auf ihre Brüste.}

An der Brust mögen Sie nicht berührt werden?

Nein, aber ihm gefällt das. Er sagt mir, wenn ich hier um den Bauch etwas weniger Umfang hätte, könnte man mich an eine Ausstellung geben. Er lässt

auch Roller und Spargeltabletten und Prospekte zum
Gewichtabnehmen kommen, und das macht mich noch
wütender. Ich kann selber über mich bestimmen! Ich
will auch an keine Ausstellung! Und noch etwas: Wir
hatten kürzlich eine junge Bekannte zu Besuch, die im
Zimmer nebenan übernachtete. Am Morgen fragte er
sie: „Hast du etwas gehört? Stöhnte sie?"

Sie standen daneben?

Ja. Das löschte mir noch einmal total ab. So etwas
macht man doch nicht, oder? Dann sagt er, ich kritisiere
ihn immer. Aber solches Zeug macht mich kaputt. Er
glaubt es nicht und findet mich empfindlich.

Berührt er Sie während des „Vorspiels" auch unten?

Ja. Er sagt: „Mach mal richtig die Beine auseinander!" Dann mach' ich das eine Weile, aber schon bald
geht's wieder zu – automatisch.

Berührt er Sie gut?

Manchmal ist es recht schön, vielleicht ein wenig
trocken inzwischen. Man muss etwas Creme nehmen,
damit es nicht wehtut.

Was für eine Creme?

Ich habe vom Arzt eine Oestrogen-Creme. Er hat
sie mir vor ein paar Jahren gegeben, eigentlich zum Einführen.

Mit dieser Creme macht er es gut?

Ja.

Weiss er, wie er Ihre Klitoris berühren muss?

Jooo ...

Nicht so genau?

Lacht. Ich weiss es nicht.

Sie wissen es auch nicht?

Lacht.

Wissen Sie, was die Klitoris ist? Und wo sie ist?

Ungefähr schon. Lacht. Ich sehe halt selber nicht, wo sie ist.

Aber Ihr Mann schaut sie sich an?

Ja! Er spreizt das da unten und ruft: „Schööön!" Ich kann nicht begreifen, was da so schön sein soll! Lacht. Wir haben schon versucht, die Klitoris mit dem Penis zu massieren. Und manchmal ist das auch wirklich ganz super. Ich komme aber selten zu einem Orgasmus.

Mit dem Finger langt er Ihnen auch an die Klitoris?

Ich weiss es nicht. Manchmal erregt es mich, manchmal nicht, wenn er da hinlangt. Er macht es offenbar nicht immer gleich. Oftmals bin ich aber auch einfach nicht in Stimmung. In letzter Zeit möchte er am Morgen etwas und am Abend wieder, und zweimal jeden Tag – das ist mir entschieden zuviel.

Dann sind Sie fast ständig am Abwehren?

Ja. Wissen Sie, ich bin eine Frühaufsteherin und soll immer bei ihm im Bett bleiben, weil er es will. Dann lese ich halt im Bett. Das mache ich gern.

Verstehe ich nicht.

Wenn ich schon im Bett liege, lese ich.

Und was macht Ihr Mann?

Er streichelt mich und so. Aber ich bin dann nicht so bei der Sache. Lacht.

Er macht etwas zwischen Ihren Beinen und an Ihren Brüsten – und Sie lesen?

Ja.

Wie lange denn?

Unterschiedlich. Es kann von halb sieben bis acht gehen. Das ist mir zu langweilig. Oder dann sage ich: „Du bist mir zu warm, geh' ein bisschen weg!" Lacht. Ich bin immer schön kühl, und wenn er in meine Nähe kommt, wird es mir zu heiss.

Tropisch?

Tropisch, ja. Wenn wir zusammen sind, vertrage ich auch gar nicht, wenn er schwitzt.

Das Ausmass an Nähe, das er Ihnen anbietet, ist Ihnen zu viel? Sie fühlen sich überfüttert wie eine ungarische Stopfgans?

Ja, häufig. Ich möchte mich auch mal sehnen können nach Nähe und Berührung. Aber ich komme nie dazu, nie. Öfter zieht er sich auch beleidigt zurück, wenn er glaubt, zu kurz zu kommen. Aber dann ist mir eben auch nicht wohl. – Manchmal, wenn mich sein Streicheln anmacht, lege ich das Buch weg ...

... und Sie machen die Augen zu?

Nein.

Wohin schauen Sie?

An die Decke. Lacht.

An die Stuckdecke?

Nein, an die Holzdecke. Ich betrachte die Astlöcher. Lacht.

Und Ihr Mann schaut Sie dabei an?

Ja, vermutlich. Er schaut mich beim Sex sowieso lieber an als ich ihn. Auch andere Frauen interessieren ihn brennend, vor allem in Bädern: „Hat die einen schönen Busen!" sagt er immer wieder.

Wie reagieren Sie?

Ich bin abgestumpft. _{Lacht.} Ich sage höchstens: „Man geht doch nicht ins Bad, um Busen anzustarren, oder?"

Und er?

„Das ist doch schön! Die sind doch dafür gemacht!" Dann sage ich nichts mehr.

Und wenn Sie die Astlöcher fertig betrachtet haben?

Dann stehe ich auf, ziehe das Nachthemd aus und muss mich kurz auf ihn legen. Damit er mich ganz anschauen kann. Also stütze ich mich auf.

Er will Ihre Brüste sehen?

Ja.

Berührt er sie auch?

Ja, aber ich mag es nicht. Höchstens manchmal während des Verkehrs.

Die Berührung ist nicht erregend oder angenehm warm oder weich?

Nein.

Wie ist sie?

Sie stört mich. Es ist einfach nicht schön.

Trotzdem lassen Sie ihn jeden Morgen machen?

Fast jeden.

Seit wann?

Seit er pensioniert ist, je länger, je mehr. Vorher hatten wir nicht Zeit für solches. Aber mir ist es zuviel, jeden Tag. Er sagt, das gebe ihm Kraft zum Arbeiten. _{Lacht.}

Es ist eine Art Geschenk, das Sie ihm machen?

Ja.

Sie bräuchten das nicht?

Nein. Ich arbeite auch nicht so viel. _{Lacht.}

Jeden Morgen erlebt er also, dass Sie seine Berührung nicht mögen?

Ja.

Wie zeigen Sie es ihm?

Ich mache mich steif und drehe mich ab, so gut es geht.

Sie sagten, Sie bleiben kurz auf ihm.

Dann sage ich: „Jetzt muss ich gehen!" Aber er möchte, dass ich bleibe: „Es ist doch so schön!" Und ich: „Es ist gleich acht Uhr. Jetzt steht man doch auf!" Ich habe das Gefühl, ich hätte einen Teil des Tages verpasst. Und er findet, dieser Teil sei der schönste des Tages.

Kommt es vor, dass Sie sich verweigern?

Kaum. Normalerweise lasse ich ihn an mich heran, aber ungern. Wenn ich nur wüsste, wie machen, dass ich es gern hätte!

Er hat das Sagen in der Sexualität, und Sie passen sich an?

Ja, ausser – ich hatte lange Zeit ein Verhältnis!

Wie lange?

Mehr als zwanzig Jahre, bis etwa vor vier Jahren, als der Mann wegzog. Ich bin treu, nicht wahr?

Weiss das Ihr Mann?

Ja. Er wusste es immer und tolerierte es. Sie müssten weit laufen, um so einen grosszügigen Mann zu finden!

Sie hatten zwei Männer im Bett?

Im Bett oder im Freien! Bei dem anderen Mann

musste ich auch nicht viel machen. Es wurde alles gemacht.

War es schön, sich hinzugeben?

Ja, sehr. Aber er respektierte mich, im Gegensatz zu meinem Mann.

Und jetzt?

Jetzt schreiben wir einander noch, und wir telefonieren. Er sagt mir immer wieder, ich fehle ihm schrecklich.

Pflegten Sie Ihr Verhältnis mit schlechtem Gewissen?

Ein wenig, ja. Aber mein Mann sagte: „Du hast ja nur etwas Gutes getan!"

Was denn?

Dem anderen eine Freude gemacht. Er erlaubte mir zwei Treffen pro Monat, aber wir hielten uns nicht daran. Inzwischen weiss mein Mann das auch.

Was würden Sie – nach Ihren jahrzehntelangen Erfahrungen mit zwei Männern – am liebsten mit Ihrem Mann im Bett machen?

Ich weiss, dass ich zuwenig mache ...

Mit dem anderen Mann waren Sie doch auch passiv, und es gefiel Ihnen.

Ja. Mit meinem Freund ist man sehr schnell zur Sache gekommen. ₍Lacht.₎ Aber es hat mir trotzdem gefallen, ohne langes Vorspiel. Das würde mir auch mit meinem Mann zusagen.

Haben Sie ihm schon gesagt: „Komm doch zur Sache, ohne langes Vorspiel!"?

Nein. ₍Lacht.₎ Leider nicht, schade. Aber – in unserem Alter ist das schwieriger geworden.

Sie meinen, er ist schwerer erregbar?

Ja. Und wenn er nicht steif wird, sagt er sofort: „Ich bin halt nichts mehr!" Dabei ist das doch gar nicht das Wichtigste, oder?

Um „zur Sache zu kommen", ist es das Wichtigste. Helfen Sie ihm?

Eben zu wenig. Ich massiere seinen Penis, manchmal.

Nützt es etwas?

Nicht immer.

Wissen Sie, warum es mal nützt und mal nicht?

Nein.

Wissen Sie, ob Sie es gut machen?

Nein, auch nicht. Aber ich habe ihn auch nie danach gefragt.

Haben Sie Hemmungen, ihn zu fragen?

Nein, eigentlich nicht.

Haben Sie eher Hemmungen, es dann zu machen?

Ja. Und ich habe keine Ausdauer. Ich mache es nicht so gern. Bei mir sollte alles automatisch gehen. <small>Lacht.</small>

Um „zur Sache zu kommen", muss er steif und Sie nass sein. Werden Sie nass?

Ach, das ist inzwischen ein Problem. Da müssen wir eben mit der Creme nachhelfen.

Was wünschen Sie sich für Ihre Sexualität?

<small>Überlegt.</small> Zum Beispiel Sex am Samstag abend oder am Sonntag morgen.

Einmal in der Woche statt täglich?

Ja, das wär' schön. Dann käme der Hunger vielleicht.

Sie möchten, dass er einmal pro Woche ohne Drum und Dran mit Ihnen schläft. Wie hätten Sie das am liebsten?

Am liebsten halb seitlich, wie wir das immer machen. Aber dann müsste er seinen Penis zuerst nur aussen etwas an mir reiben.

Gefallen würde Ihnen, wenn er mit seiner Eichel den Eingang Ihrer Scheide reizen würde?

Ja.

Und das ein paar Minuten lang?

Nein, lieber länger! _{Strahlt.} Das ist wirklich schön. Wir machen das schon ab und zu, aber zu wenig. Leider, je nach meiner Stimmung, ist es manchmal für mich nicht erregend, sondern eher banal. Ich weiss nicht, warum. Aber wenn ich richtig erregt bin ...

... dann stöhnen Sie?

Ja!

Sagen Sie etwas, Sie oder Ihr Mann, wenn Sie in Fahrt sind?

Eigentlich nicht, manchmal „Oh, das ist schön!" oder so. So etwas könnte von beiden kommen.

Schauen Sie einander an dabei?

Er hat die Augen zu.

Vermissen Sie es, ihm in diesen Momenten in die Augen schauen zu können?

Tief in die Augen schauen? _{Lacht.} Nein.

Sie schauen einander nicht mehr tief in die Augen?

_{Lacht.} Das ist zu spät. Aber es sollte eigentlich nicht zu spät sein. Man müsste es wieder mal probieren.

Würden Sie es wagen, ihm zu sagen: „Es ist so schön. Schau mich an!"?

Ja, sicher. Warum nicht? Aber es sind nur kurze Augenblicke, in denen es schön ist.

Welche Augenblicke sind das?

Wenn er mich zum Beispiel im letzten Moment an der Brust berührt.

Unmittelbar vor dem Orgasmus?

Ja. Aber sonst ist das nicht schön. Vor- und nachher sollte er meine Brust in Ruhe lassen.

Weiss das Ihr Mann?

Ich weiss es nicht. Vielleicht hat er's vergessen. Ich müsste es ihm wieder mal sagen.

Irgendwann wird dann der Penis eingeführt. Wer macht das?

Er. Aber ich muss ihm dabei helfen.

Warum?

Weil er zu wenig steif ist.

Wie helfen Sie ihm?

Ich führe ihn mit den Händen ein. Zusätzlich mache ich noch Bewegungen, Beckenbewegungen. Das hat er gern!

An den Hoden berühren Sie ihn auch?

Ja, das hat er auch gern.

Und Sie?

Für mich ist alles nicht so speziell. _{Lacht.}

Aber ihm nützt es, um „zur Sache zu kommen"?

Genau.

In welcher Stellung dringt er dann in Sie ein?

Er hat es am liebsten von hinten – so geht es bei ihm am besten.

Das erregt ihn am meisten?

Nein, so hat er am schnellsten seinen Orgasmus. Aber ich muss dann schon vorbei sein. Von hinten nützt es nämlich bei mir nichts mehr. So kann ich nicht zum Orgasmus kommen.

Wir sind noch nicht ganz beim Orgasmus, sondern bei dem Moment, in dem Ihr Mann in Sie eindringt. Ist das ein besonders inniges Erlebnis für Sie beide?

Ja, aber ... Wenn mein Mann keinen Orgasmus hat, sagt er: „Das ist mir ganz egal. Wenn ich nur etwas nahe bei dir sein kann."

Ihm ist der Orgasmus nicht so wichtig?

Nein. Mir schon. Ich bin enttäuscht, wenn ich ihn nicht erreiche.

Was brauchen Sie, um einen Orgasmus zu haben?

Inzwischen eben sehr viel, scheint mir.

Nämlich?

_{Überlegt.} Mal geht es, mal nicht. Ich weiss aber nicht, warum. Mein Orgasmus ist im Lauf der Jahre aufwendiger geworden. Am ehesten geht es wahrscheinlich, wenn der Mann meine Klitoris mit der Eichel reizt.

Und mit der Hand?

Ich habe es in letzter Zeit einmal selbst versucht, allein für mich. Ich wollte sehen, ob es überhaupt noch geht. Aber es ging nicht. Vermutlich habe ich es auch falsch gemacht.

Langt Ihr Mann mit der Hand an die Klitoris während des Koitus?

Manchmal schon, aber es funktioniert nur selten. Darum denke ich, dass ich halt alt geworden bin. Vielleicht ist es nur, weil ich überfüttert bin. _{Lacht.} Darum sind wohl auch meine Orgasmen nicht mehr so stark wie früher.

Sie meinen, geringe Spannung bringt auch nur eine schwache Entspannung hervor?

Ja, das könnte doch sein.

Was geschieht bei Ihnen nach dem Geschlechtsverkehr?

Am Abend schläft man – wenn's geht. Am Morgen steht man auf. Der Mann möchte allerdings immer noch etwas liegen bleiben, und er wünscht sich, dass ich auch nicht gleich aufstehe. Aber ich muss an die Arbeit.

Sind Sie energiegeladen oder nervös?

Nervös. Er hat es nicht gern, wenn ich es bei ihm im Bett nicht aushalte.

Er hätte gern ein wenig ...

... Nachspiel! Einfach noch ein bisschen zufrieden miteinander liegen.

Nehmen wir an, Sie könnten bestimmen: Was würde dann passieren, wenn's vorbei ist?

Dann ist es vorbei!

Das heisst, Sie möchten „zur Sache kommen" und auf alles vorne- und hintendran können Sie verzichten?

Genau. Wie das an vielen Männern kritisiert wird. _{Lacht.}

Was möchten Sie konkret hinterher tun?

Am Morgen sofort an die Arbeit gehen und am Abend schlafen, aber ich kann nicht so schnell einschlafen.

Dann lesen Sie noch?

Das wär' schön! Aber da schimpft der Mann immer: „Ständig hockst hinter einem Buch!" In letzter

Zeit lese ich jetzt trotzdem noch etwas, um die nötige Bettschwere zu bekommen.

In unserem Gespräch sind wir einigen Dingen begegnet, die Sie im Sex gern hätten. Aber Ihrem Mann haben Sie nur einen kleinen Teil davon gesagt.

Ja, ich sage ihm eigentlich nur, was ich nicht möchte. Er empfindet mich als widerspenstig und sagt mir, ich sei nicht wie andere Frauen.

Könnten Sie sich Ihre Ehe auch ohne Sex vorstellen?

Ich würde schon etwas vermissen, wenn es zum Beispiel krankheitshalber nicht mehr möglich wäre. Aber mit Streicheln könnte man das wieder ausgleichen. Und ich bin zufrieden, wenn ich in die Natur hinaus kann, in den Garten und auf einen Spaziergang, mit dem Mann. Das bedeutet mir viel. Obwohl wir andererseits fast immer zusammen sind, fast zu viel.

Also möchten Sie Ihre Sexualität lieber nicht verdorren lassen?

Nein, im Gegenteil. Schön wär's, wenn sie ein wenig aufblühen würde, so dass ich auch etwas davon hätte: mehr Freude.

Haben Sie das Ihrem Mann schon gesagt?

Nein, so eigentlich nicht.

Und jetzt, sind Sie jetzt etwas müde?

Nnnein ... Sehe ich müde aus?

Es könnte sein. Vielleicht haben Sie jetzt genug vom Thema, kommen sich wieder vor wie eine Stopfgans, stimmt's?

Jooo ... Lacht.

WERNER K.-U. ist 67 Jahre alt, pensionierter kaufmännischer Angestellter, seit 38 Jahren liiert und seit 35 Jahren verheiratet mit Emmi, 63 Jahre, Hausfrau; ein Sohn, 34 Jahre alt. Seine Grösse: 180 Zentimeter, sein Gewicht: 74 Kilogramm. Hobbys: Schwimmen, Segeln.

Schöne trockene Küsse

Wenn ich ein erfahrener, aufgeklärter Mann gewesen wäre, hätte ich viel mehr aus der Frau machen können, viel mehr! Eigentlich hat sie genau darauf gewartet, aber leider verpasste ich die Chance. Wir haben beide noch nie erlebt, wie schön Zusammensein und Berührung sein können.

Ich komme aus einer ausgesprochen prüden Familie. Sexualität war für die Ehe und zur Zeugung von Kindern reserviert. Meine Mutter fragte mich oft, ob ich ihr noch in die Augen schauen könne: „Du bist ein so netter Kerl – es wäre doch jammerschade, wenn du mit so etwas anfangen würdest!" sagte sie. Vermutlich hatte sie selbst keine Freude am Sex. _{Lacht.} Der Fluch ist, dass ich später eine Frau heiratete, die sexuell genauso unentwickelt war wie meine Mutter und ich. Im Laufe meines Lebens gab es zwar viele Frauen, die mir Avancen machten. Aber sobald sich eine mir näherte, die in Sachen Sex mehr wusste als ich, wurde mir angst und bange, und ich zog mich zurück. So kam ich zu einer Frau, die sexuell keine Ahnung hatte. _{Kramt in der Brusttasche.}

Haben Sie ein Photo von ihr da?

Nein, aber ich habe eine sehr attraktive Frau! Als ich sie kennenlernte, war sie ein Bild von einer Frau. Sie ist es auch jetzt noch. Sie achtet sorgfältig auf ihr Äusseres. Und sie ist intelligent.

So wie Sie heute aussehen, waren Sie auch ein sehr attraktiver Mann.

Stimmt. Es gab immer wieder Frauen, die mir schöne Augen machten, auch jetzt noch.

Gefällt Ihnen das?

Ja, sehr. Ich denke, ich habe eine Menge verpasst im Leben. Das reut mich, schon seit langem.

Sexualität interessierte Sie nicht, als Sie jung waren?

Nein. Ich war überhaupt nicht geweckt. Leider.

Aber irgendwann ging Ihnen der Knopf auf?

Ja, als ich die Frau kennenlernte.

Welche Frau?

Meine.

Wie ging das vor sich? Erzählen Sie!

Mmh, das sind Dinge, die man nicht so gern erzählt ... Ich war sehr verliebt und gleichzeitig furchtbar unsicher. Ich war damals 29 und dachte, ich könnte jetzt langsam heiraten. Da aber Emmi ziemlich verschlossen war, wusste ich nicht, woran ich mit ihr war. So fing ich an, mich mit der Hand zu befriedigen. Das hatte es vorher nie gegeben. Ich nahm mehr und mehr an, dass die Verbindung mit der Frau am Zerbröckeln sei. Darum machte ich es immer häufiger mit mir selber als mit ihr.

Mit schlechtem Gewissen?

Ja.

Ihre Frau bekam nichts davon mit?

Nein. Viel später erzählte ich ihr davon. Daraufhin verschloss sie sich noch mehr.

Vor Ihrer Heirat gab es keinen Sex zwischen Ihrer Frau und Ihnen?

Doch, doch. Wir spielten ein wenig Doktor miteinander. _{Lacht.} Aber wir haben ihn nicht vollständig reingestossen, den Penis, meine ich. Eine mächtige Barriere in mir hinderte mich daran.

Nach Ihrer Heirat war die Barriere weg?

Ja, in der Hochzeitsnacht. Das war schön.

Wie war das?

Ich sah meine Frau zum ersten Mal richtig: nackt, schlank, wunderbare Brüste! Es war schön! Aber wenn ich vergleiche mit meinen Erlebnissen mit meiner Geliebten, jetzt mit 67 Jahren! Und sie ist 64. Wir sind nächtelang zusammen, und alles ist so natürlich! Das ist einmalig!

Wie war Ihre Sexualität in der ersten Ehezeit?

Was mich störte, war, dass ich während unserer Ehe ziemlich viel onaniert habe, und zwar fast zwanghaft. Ich war dann nämlich zu wenig potent.

Es störte Sie, dass Sie dann das Pulver schon verschossen hatten?

Ja. Ich vermute, es wäre schöner gewesen, wenn ich nicht onaniert hätte.

Woran merkten Sie das?

Es brauchte jeweils ziemlich viel, bis die Entladung kam.

Und das empfanden Sie als Nachteil?

Ich schon. Für die Frau war es vielleicht schöner, wenn es länger ging. Mit meiner neuen Geliebten ist mir jetzt klar geworden, wie verbissen ich immer auf den Orgasmus aus war.

Auf Ihren eigenen Orgasmus, meinen Sie?

Ja. Und jetzt merkte ich, dass es viel schöner sein kann, wenn man nicht unter diesem Orgasmus-Zwang steht. In meinem Alter geht es ja auch ohne Onanieren nicht mehr so leicht. Und jetzt ist es so schön zu sehen, wie diese Frau aufblüht! Unwahrscheinlich!

Sie entdecken also jetzt die Vorzüge Ihrer Ausdauer beim Liebemachen: Vor 35 Jahren waren Sie ausdauernd, weil sie onanierten, und jetzt, weil Sie 67 sind.

Ja, genau. Ich geniesse es jetzt. Mit Emmi gab es immer Barrieren, die den Genuss verhinderten.

Zum Beispiel?

Zum Beispiel die Störung durch unser Kind, als es klein war. Oder: Über weite Strecken hatte sie Lust auf Sex, aber ich nicht. Ich war beruflich gestresst. Zwischen 40 und 50 fühlte ich mich sogar ziemlich depressiv, während sie sexuell richtig im Saft war. Ich zog mich zurück, weil ich mich überfordert fühlte.

Versuchte Ihre Frau, Sie zu verführen?

Nein, nie. Sie ergriff nie eine sexuelle Initiative. Sie zeigte sich mir auch nie nackt.

Und jetzt, da Sie beide im Pensionsalter sind?

Jetzt haben wir's eigentlich sehr gut miteinander. Wir brauchen einander, leben aber wie Bruder und Schwester zusammen. Sex gibt es keinen mehr.

Wofür brauchen Sie einander?

Wir leben zusammen und helfen einander, wo wir können. Wir sind beschäftigt mit unserem Sohn und seinen Kindern.

Eine Trennung wäre undenkbar?

Ja, das würde ich nie tun. Sie braucht mich auch, weil ich derjenige bin, der den Kontakt mit der Aussenwelt aufrechterhält, auch mit Frauen.

Ist sie eifersüchtig deswegen?

Sie scheint etwas unsicher zu sein. Einmal sagte sie mir, wenn ich das Bedürfnis habe, mich mit anderen Frauen einzulassen, dann „in Gottes Namen". Am liebsten wäre ihr, wenn ich zu Prostituierten ginge, sagte sie. Dann würde niemand in die Ehe einbrechen. Die Familie ist ihr das wichtigste, und dass die Ehe nach aussen intakt erscheint.

Sie selbst wollen Ihre Ehe auch nicht gefährden?

Nein, gar nicht.

Konnten Sie ihr das sagen?

Das weiss sie.

Ohne, dass Sie es ihr sagen?

Jaja, das weiss sie.

Kündigte sie Ihnen den Sex ausdrücklich?

Ja. Sie sagte, sie wolle nichts mehr mit mir haben, wenn da andere Frauen wären, und auf keinen Fall wolle sie irgend etwas wissen. Darüber hinaus ist sie verschlossen und zeigt nichts von ihrem Innern. Leider habe ich sie ein paarmal verletzt, indem ich ihr brühwarm von anderen Frauen erzählte.

Sie zog sich vor Ihnen zurück, weil sie sich solche schmerzhaften Dinge anhören musste?

Ja. Meistens war nicht einmal etwas mit denen, sie gefielen mir einfach. Darum ist wohl auch die Stimmung zwischen uns nicht besonders gut. Mit mir ist sie oft viel gereizter als mit unseren Enkelkindern.

Und Sie sind geizig?

Ja, mit der Liebe.

Ich meine, mit ausdrücklichen Versicherungen, dass Sie bei ihr bleiben wollen und sie brauchen.

Aha, ja. Das stimmt. Sie weiss eigentlich nicht, woran sie ist mit mir.

Mit Ihrer Frau haben Sie eine kühle und karge Tradition in der Sexualität?

Ja, nüchtern und wenig verspielt.

Wie lief das, wenn Sie miteinander schliefen?

Ich ging jeweils zu ihr ins Bett.

Am Abend?

Ja, immer am Abend und immer im Dunkeln.

Im Dunkeln?

Ja, ich hätte sie so gern angeschaut. So eine schöne Frau! Alle beneideten mich um sie, und ich war stolz auf sie! Aber ...

... sie verhüllte ihre ganze Schönheit vor Ihnen?

Genau.

Sie schliefen im gleichen Zimmer?

Ja, wir hatten keinen „Doppelschläfer", sondern zwei einzelne Betten, die nebeneinander standen. Das hatte ich mir selbst so gewünscht. _{Lacht.} Blöd!

Warum wünschten Sie sich das?

Damit ich richtig ungestört schlafen konnte, um ausgeruht wieder an die Arbeit gehen zu können. _{Lacht.} Die Idee, dass einem das Lieben Kraft geben könnte, die ist mir überhaupt nicht gekommen. Das habe ich erst jetzt mit meiner Geliebten endeckt.

Sie stiegen also zu Ihrer Frau ins Bett. Nackt?

Wenn ich etwas von ihr wollte, ja.

So bekam sie auch mit, dass Sie etwas im Schilde führten?

Ja, und sie zog ihr Nachthemd ebenfalls aus.

Kein Widerstand, nie?

Selten. Wenn Sie nicht wollte, respektierte ich das immer, ohne ihr böse zu sein.

Und dann?

Dann begann ich sie zu berühren.

Im Dunkeln. Gefielen Ihnen ihre Brüste?

Ja, sie hat sehr, sehr schöne, immer noch.

Schleckten Sie ihre Brüste?

Ja, das durfte ich.

Erregte sie das?

Sie reagierte nicht. Ich weiss sehr wenig über sie als Frau.

Sie verbarg sich vor Ihnen?

Ja. Aber ehrlicherweise muss ich sagen: Wenn ich ein erfahrener, aufgeklärter Mann gewesen wäre, hätte ich viel mehr aus der Frau machen können, viel mehr! Eigentlich hat sie genau darauf gewartet, aber leider verpasste ich die Chance. Wir haben beide noch nie erlebt, wie schön Zusammensein und Berührung sein können.

Wie berührten Sie sie?

Ich gab mir immer Mühe, war fein und versuchte, sie zu erregen.

Wussten Sie, wie Sie sie berühren mussten, damit es ihr gefällt?

Lacht. Heute wüsste ich das schon besser.

Gab sie Ihnen keine Hinweise, was ihr besonders wohl tat?

Einmal sagte sie mir, ich solle sie während des Geschlechtsverkehrs an der Klitoris reizen.

Das hatten Sie bis dahin nicht getan?

Kaum. Ich kannte die Finessen nicht.

Sie hatten die Bedeutung der Klitoris nicht erfasst?

Eben nicht.

Hatte ihre Bitte günstige Auswirkungen?

Sie bekam ab dann normal ihren Orgasmus. Mit meiner Geliebten spielen wir jetzt so lange und so schön, dass sie fast vergeht. Solche Knörze kennen wir nicht. Aber das wusste ich vorher alles nicht.

Wie war das vorher, beim „Vorspiel": Wussten Sie von ihr, was ihr gefiel?

Kaum.

Und Ihre Frau, wusste Sie, wie sie Sie wohltuend berühren konnte?

Eigentlich nicht. Vor allem berührte sie mich da unten nur selten.

Berührten Sie sie „da unten" mit dem Mund?

Das wollte sie nicht!

Sagte Sie Ihnen, warum nicht?

Überhaupt nicht. Wenn man einen Menschen gern hat ... Sie war übrigens immer sehr sauber, viel sauberer als ich. Ich habe eine starke Ausdünstung.

Reklamierte sie das manchmal?

Ja, sie machte mich hin und wieder auf meinen Schweissgeruch unter den Armen aufmerksam. Ich vermute, dass sie es zwanzig oder dreissig Jahre zu spät gesagt hat. Daraus ist dann wohl eine der vielen Barrieren entstanden, die jetzt zwischen uns stehen.

Das Vorspiel bestritten Sie und ...

... und von Emmi kam fast nichts.

Auch keine Küsse?

Ah, doch! Unsere Küsse waren schön und intensiv!

Auch Zungenküsse?

Mm – weniger, nein.

Küsse auf die trockenen Lippen?

Ja.

Vermissten Sie die Schleimhäute nicht?

Nein. Ich wusste gar nicht, wie schön das ist! Ich glaube, meine Frau war diejenige, die mich auf Distanz gehalten hat.

Was kam nach dem Vorspiel?

Ich legte mich auf sie, und sie führte das Glied ein.

War sie nass genug?

Das funktionierte, auch wenn ich sie nicht direkt an der Klitoris berührte.

Erinnern Sie sich, wie das war in ihr drin?

Schön war's! Sie zog sogar manchmal ihre Scheide etwas zusammen. Ich glaube auch nicht, dass sie mir einen Orgasmus vorspielte.

Sie hatte jeweils einen Orgasmus?

Ja.

Auch ohne mit der Hand stimuliert zu werden?

Doch, ich machte ihr einen Höhepunkt nachher, mit der Hand. Für mich war das natürlich unangenehm, als ich sie später während des Geschlechtsverkehrs an der Klitoris berühren sollte.

Wieso?

Es war mühsam, vorne herunterzulangen, die Hand zu verdrehen und zu verrenken, um an die Klitoris heranzukommen. Ein Knorz.

Vielleicht hätten Sie um ihren Schenkel herum bequem die Klitoris erreichen können.

Darauf bin ich nicht gekommen. Aus meiner jetzigen Liebschaft weiss ich, dass es viel einfacher gewesen wäre, die Frau vorher zünftig aufzuheizen, bis sie einen oder zwei Orgasmen gehabt hätte. Dann wäre die Hand da unten gar nicht mehr nötig gewesen.

Versuchten Sie auch, einen gemeinsamen Orgasmus anzusteuern?

Lacht. Eben! So ein Quatsch! Dieser blöde Zwang, es um jeden Preis richtig machen zu wollen. Aber es ging natürlich nicht.

Haben Sie je über solche Zwänge miteinander gesprochen?

Ich glaube nicht.

Wie lange blieben Sie gewöhnlich in ihr?

Bis der Orgasmus vorbei war.

Wieviel Zeit liess sich der?

Fünf bis zehn Minuten ab Einführen vielleicht.

Wären Sie gern länger in ihr geblieben?

Nein, nicht unbedingt. Ich wusste damals noch nicht, wie wunderbar das ist.

Wie war der Nachhall: Genossen Sie gemeinsam die intensive Stimmung nach dem Orgasmus?

Nein. Da war das Zeug erledigt, und wir gingen zum Schlafen über – damit man am nächsten Tag wieder fit war für seine Pflicht. Lacht. Ach, ich hätte mit dieser Frau viel mehr machen können! Und sie wäre bereit gewesen dafür.

Und jetzt nehmen Sie an, dass alles vorbei ist mit Ihrer gemeinsamen Sexualität?

Es läuft nicht viel. Im Moment reizt mich meine Frau nicht. Ich möchte sie gern wieder begehren können, aber ...

Ist Ihre gemeinsame Sexualität vertrocknet?

Es kommt vor, dass ich zu ihr ins Bett krieche, manchmal sogar nackt. Sie ist immer im Nachthemd.

Aber ich habe nicht den Eindruck, dass ihr das Freude macht, im Gegensatz zu früher.

Und Sie, können Sie es ein wenig geniessen, ihre Weichheit und Wärme?

Überlegt. Es ist schwierig, wenn gar keine Reaktion kommt. Emmi ist ein sehr feinfühliger Mensch. Es könnte sein, dass sie spürt, wie sehr andere Gefühle mich bewegen.

Woran könnte sie es merken?

Eine feinfühlige Frau merkt das einfach, wenn der Mann fremdgeht.

Sind Sie ein monogamer Mensch und wollen Ihrer Geliebten nicht untreu werden?

Das habe ich mir vorhin tatsächlich überlegt. Ich bin sicher, dass meine Geliebte keine Besitzansprüche geltend macht. Sie nimmt unsere Beziehung als Geschenk.

Vielleicht setzen Sie sich selbst unter Druck?

Ja. Meine Erziehung sagt mir, dass man monogam zu sein hat und mit einer einzigen Frau zufrieden sein muss. Man ist dieser einen Frau treu bis zum Schluss, und Scheidung darf es nicht geben. Zwingli und Calvin wollten das doch so, oder?

Sie sind also der erste in Ihrer Ahnenreihe, der sich zwei Frauen gestattet: Mit der einen leben Sie und schlüpfen zu ihr ins warme Bett, mit der andern geniessen Sie eine süsse Liebschaft?

Das könnte stimmen. Aber leider hat die Weigerung meiner Frau, mit mir zu schlafen, dazu geführt, dass auch fast alle Zärtlichkeit zwischen uns verlöscht ist.

Abgesehen davon habe ich Zärtlichkeit erst in allerletzter Zeit mit meiner Geliebten entdeckt.

Sie meinen, Ihre Frau könnte eigentlich von Ihrer „Untreue" profitieren?

Lacht schallend. Meine Frau – profitieren?! Das ist mir ganz neu! Bisher dachte ich immer, ich sei ein Betrüger, weil ich mich auswärts gütlich tue. Aber wir könnten sicher besser miteinander leben, wenn wir uns körperlich wieder etwas näher kommen könnten. Wir hätten weniger Reibereien und Misstöne.

Dafür mehr gute Töne und Klänge.

Genau.

Möchten Sie das wirklich?

Verstandesmässig ja. Aber ich weiss nicht, ob ich es wirklich geniessen könnte, neben meiner Frau zu liegen und sie zu spüren. Das muss ich wohl wieder lernen, mit Emmi jedenfalls. Ich fürchte auch, dass sie denkt, ich spiele ihr etwas vor, wenn ich sie streichle.

Würden Sie nichts vorspielen? Haben Sie sie gern?

Eigentlich schon, ja. Sie ist ein Mensch, auf den man sich voll und ganz verlassen kann. Wir haben eine gute Revieraufteilung: Sie ist für innen zuständig, für die Pflege des Hauses, die Verwaltung des Geldes. Ich sorge für die Verbindungen nach aussen. Wir machen das beide gut.

Streicheln ist also problematischer als bloss neben ihr zu liegen und sie in den Armen halten?

Ja, stimmt. Aber dann denkt sie vielleicht: „Er hält mich in den Armen und denkt dabei an eine andere."

Sie meinen also, schweigend sich nahe zu sein ist problematischer als miteinander reden dabei?

Ja, stimmt eigentlich. Ich könnte mir vorstellen, dass sie für Nahesein und Reden empfänglich wäre.

Dann hat Ihre Frau nicht alle ihre Haut-Sehnsüchte abgeschrieben?

Ich weiss nicht. Sie hat eine relativ starke feministische Ader in sich und schimpft viel auf die „blöden Männer". Das Wort „Macho" höre ich ziemlich viel von ihr.

Der „Macho" sind Sie?

Das kommt vor. Aber ich glaube nicht, dass mein Weg zu ihr endgültig verbaut ist. Wir brauchen doch einander.

RAHEL M.-K. ist 43 Jahre alt, von Beruf Übersetzerin,
seit 25 Jahren liiert und seit 20 Jahren verheiratet mit
Reto, 43 Jahre, Anwalt; eine Tochter, 19 Jahre, und
zwei Söhne, 15 und 13 Jahre alt. Ihre Grösse: 167 Zentimeter,
ihr Gewicht: 56 Kilogramm.
Hobbys: Kochen, Marcel Proust, intime Freundschaften.

Spielerisch, zärtlich, witzig, böse

Jahrelang merkte ich gar nicht, dass ich scharf bin. Ich stellte bloss fest: Ich wurde gehässig und übelgelaunt. Und über meine Gehässigkeit merkte ich, dass ich wieder mal gevögelt werden wollte. Jetzt weiss ich das vorher und will, dass er mich einfach braucht.

Was für Sex machen Sie im Moment mit Reto?

Im Gegensatz zu früher gibt's heute viele Varianten. Den Schnellsex zum Beispiel: Wenn er aus der Dusche kommt, sieht er gut aus, und der Schwanz, der tropft, gefällt mir, und die Haare rund um den Schwanz sind so schön nass, wissen Sie. Und die Hoden raufgezogen – das finde ich so irrsinnig. Und der Schwanz, der da hängt ... Ich weiss genau, wie der anzufassen ist, warm und weich und frisch gewaschen, und er riecht gut, und ich bin ganz zärtlich. Ich nehme ihn in den Mund. Reto schaut auf mich herunter, und ich sehe, wie ihm das passt. Ich spüre im Mund, wie sich der Schwanz vom weichen zum harten wandelt und steif wird und hart und dick. Dieses Anschwellen ist wahnsinnig schön. Und Reto streckt mir den so schamlos entgegen, einfach nur um ihn steif machen zu lassen. Lacht. Und nach ein paar Minuten sage ich: „So, fertig!" und schon ist er weg, und ich gehe auch an die Arbeit. Ab und zu schlecke ich ihn auch, bis er kommt. Oder manchmal, wenn wir etwas mehr Zeit haben, sagt er: „Ou! Jetzt möchte ich dich aber noch schnell vögeln!" Und dann machen wir's rasch im Badezimmer.

Dann stellt er Sie an die Wand oder wie?

Ja, oder hievt mich aufs Lavabo oder legt mich auf die Kommode. Ich selbst bin von mir aus nicht unsäglich erregt. Ich geniesse vielmehr, ihn genau zu erleben. Für mich geht's zu schnell – und trotzdem finde ich es irrsinnig. Der Reiz liegt im überfallartigen Sex und im Wissen, in zehn Minuten sind wir beide an der Arbeit. Mit geschwollenen Schamlippen und gereizter Klitoris vor dem Bildschirm – das ist wunderbar! Die ganze Unterleibsgegend ist angeregt und warm, ich bin ganz zentriert auf da unten. Und das Wissen, er geht auch in diesem Zustand ins Büro, mit seiner Seidenkrawatte, während zehn Minuten vorher noch was ganz anderes los war!

Was gibt's sonst noch für Varianten?

Am Mittag sage ich ihm vielleicht: „Komm doch noch schnell ins Bett!"

In Ihr Bett?

Also, wir sind zum Beispiel im Wohnzimmer. Er liest Zeitung, und ich gehe zu ihm hin, schaue ihn an. Wenn sich Lust regt bei mir, denke ich vielleicht: „Jetzt hätten wir doch noch eine Dreiviertelstunde Zeit." Wenn er dann nicht recht will, ist das nicht ganz einfach für mich. Manchmal bettle ich sogar ein wenig: „Ja, komm doch ...!" Ein andermal kann ich's auch einstekken, dass er nicht einsteigt. Seit einiger Zeit trifft mich das nicht mehr so zentral: Er hat einfach keine Lust und nichts weiter. – Es kommt auch vor, dass ich ihm sage: „Komm, wir schlüpfen etwas zueinander, es ist so kalt!" Einfach etwas nebeneinanderliegen, nackt sein und warm haben, das ist schön. Auch wenn ich in mieser Stimmung bin oder traurig, dann sage ich etwa: „Ich brauche dich, kommst du?"

Es ist also nicht so, dass Sie immer automatisch mit Sex rechnen müssen, wenn Sie ihn um Zärtlichkeit bitten?

Nein, gar nicht. Ich kann ihm klar sagen: „Nur ein wenig kuscheln, ganz nah beieinander!" Dann bekomme ich das auch. Wenn er mehr will, kann ich mich jederzeit erfolgreich wehren. Reto hat viel Übung im Einstecken. _{Lacht.}

Was passiert dann im Bett?

Manchmal ist klar, dass beide Lust auf Sex haben. Meistens gehen wir in Retos Zimmer, ziehen uns schnell aus und schlüpfen zueinander. Manchmal dreht er mich zack auf den Rücken, besteigt mich und schläft mit mir.

Sie mögen das – in fünf Sekunden von null auf hundert? Sie brauchen kein „Vorspiel"?

Uuh, nein! Nein danke! Wenn er das macht – das ist schrecklich! Zuerst an den Brüsten herumfingern, dann geht's laut Programm langsam abwärts ... Uuh! Lieber ganz oder gar nicht! Und wenn er in mir steckt, sage ich ihm etwa: „Ich will nicht, dass du mich irgendwohin bringst, mich bearbeitest auf ein Ziel hin!" Der soll jetzt einfach auf mir rumrammeln.

Soll er denn zu Ihrem oder seinem Vergnügen auf Ihnen rumrammeln?

Zu meinem! Ich brauche das manchmal. Damit ich weiss, wo ich bin. _{Lacht.} Jahrelang merkte ich gar nicht, dass ich scharf bin. Ich stellte bloss fest: Ich wurde gehässig und übelgelaunt. Und über meine Gehässigkeit merkte ich, dass ich wieder mal gevögelt werden wollte. Jetzt weiss ich das vorher und will, dass er mich einfach braucht. Und ich bin ganz weich, und ich muss gar nichts und spüre genau, was er macht mit mir. Es kann sein, dass wir zuerst kurz und heftig vögeln, und dann rutschen wir oben etwas auseinander – unten steckt

er immer noch in mir –, oben liegt er dann also auf meiner Herzseite, die andere Seite funktioniert nicht. Wir
schauen einander in die Augen und fangen an, uns zu
streicheln.

Wo?

Überall. Er schwitzt ein wenig, ist feucht am
Arsch. Ich lange ihm zwischen die Beine, spüre seine
haarigen Oberschenkel, oder ich streichle sein Gesicht.

Sehen sie einander beim Sex voll in die Augen, direkt
und tief?

Manchmal. Ich vermisse das, wenn er auf mir liegt
und sein Gesicht neben meinem Gesicht versteckt.
Plötzlich brauche ich das, dass er mich anschaut. Dann
ziehe ich leicht mit den Fingern an seinen Backen, bis er
die Augen aufmacht. Damit er wieder da ist, und ich
weiss: Du meinst mich, und ich meine dich.

Unterdessen vögelt er Sie weiter?

Mal ist er ganz still, mal bewegt er sich ein klein
bisschen. Au! Das haben wir kürzlich entdeckt: Ich
bremste seine Stösse – es wurde vollkommen still um
uns, und dann begann er von neuem, ganz langsam mit
minimen Bewegungen in diese himmlische Stille hinein.
Oben waren wir eng umschlungen, und unten ging es so
weiter und immer weiter. Es war wunderbar: Ich merkte, wie sich in mir unmerklich etwas aufbaute, wie meine Scheide immer grösser wurde, wie süsse Wellen in
mir langsam auf- und abschwollen, und wie bei Reto
dasselbe geschah. Das war ganz irrsinnig! Ich hatte eine
Reihe von kleinen Orgasmen, die kamen und gingen
und immer stärker wurden. Es zuckte und vibrierte

in mir und ging zurück und begann wieder von vorn. Ich spürte, wie sein Schwanz auch in höchster Lust pulsierte. Mein ganzes Inneres war warm und weich und fliessend – ich verfloss vollkommen mit Reto. Wir waren eins! Wir genossen es beide wie in einem Traum – ein kurzer, kaum halbstündiger Traum an einem gewöhnlichen Mittag. Ein vollkommenes Geschenk! – Wir haben es übrigens später noch mal probiert, aber die Wiederholung lief nicht. Wir können nicht zweimal aufs gleiche Pferd aufsteigen. Das gefällt mir eben auch.

Nach diesem vollkommenen Traumerlebnis standen Sie auf, wie wenn nichts gewesen wäre, und gingen wieder zur Tagesordnung über?

Ja, genau. Das ist gut: Im Gegensatz zu einem Liebhaber brauche ich mit Reto keine „Nachbereitungszeit" oder einen gemeinsamen Ausklang. Wir schwärmen höchstens am Abend kurz davon, wie schön es war. Wir können also kurzerhand auseinandergehen, ohne uns lange voneinander zu „lösen" oder zu trauern. Ich weiss ja, dass ich ihn in ein paar Stunden wiedersehe.

Gibt's noch anderen Sex bei Ihnen?

Wir vögeln ab und zu am Morgen, wenn wir einen freien Vormittag haben, nach dem Frühstück. Beim Aufwachen selbst läuft bei uns gar nichts. Ich bin extrem empfindlich auf Gerüche. Ohne dass die Zähne geputzt sind, kann ich einfach nicht. Da muss ich mich wegdrehen. Er weiss das, und wir probieren es manchmal trotzdem. Er presst seinen Mund zu. _{Lacht.} Aber wenn er zu stöhnen beginnt, kommt's halt raus. Das nimmt mir auf der Stelle jede Lust.

Können Sie solche Störungen immer sofort anmelden?

Nein, nicht immer. Manchmal finde ich, es sei doch nicht so wichtig. Aber dann will ich, dass er schnell macht! <small>Lacht.</small>

Sind Sie auch empfindlich auf andere Hygienemängel?

Schweiss macht mir nichts. Aber der Schwanz, der nicht ganz sauber ist, geht nicht! Jedenfalls nicht, wenn ich ihn in den Mund nehmen will. Früher hatten wir richtige Kämpfe um die Hygiene. Er fand, er rieche gar nicht übel – was ich denn hätte!? Das sei doch ganz natürlich. Stinken gehörte zum alternativen Bewusstsein. Das ist inzwischen vorbei. Er selbst ist nicht so empfindlich wie ich. Er sagt, ich rieche immer gut, und wenn ich selten mal etwas stinke, geht er halt nicht an die Futz. Es ist früher vorgekommen, dass wir uns beide nicht riechen konnten, weil wir vorübergehend von intimen Erlebnissen mit andern besetzt waren. Jetzt sind unsere verschiedenen Gerüche bestens verträglich.

Sonst vertragen Sie ihn beim Sex immer gut?

Ja. Es kam vor, früher, dass ich ihm nahe kam, ohne dass ich es wirklich wollte, zum Beispiel weil ich mich nehmen liess und ganz innen nicht richtig dabei war. Dann vertrug ich ihn schlecht, sowohl seine Bewegungen als auch seinen Geruch und wie er tönte. Ich war froh, wenn es vorbei war. In letzter Zeit kommt es manchmal vor, dass ich plötzlich genug habe vom Vögeln und denke: „So, jetzt mach vorwärts!" Dann frage ich ihn straff: „Willst abspritzen oder nicht abspritzen? Jetzt oder nie! Sonst geh' ich nämlich!" <small>Lacht.</small>

Sie werden ungeduldig mit seiner Potenz?

Genau. Da hält er seinen Orgasmus zurück, steuert hoch und bremst wieder, und das alles fein und hartnäckig – das kann mich plötzlich kratzig machen. Dann packe ich ihn an den Arschbacken und mache auf Galopp. Vorwärts jetzt! _{Lacht.} Ziemlich häufig schlafe ich mit ihm, weil ich Lust an seiner Lust habe und an seiner Zärtlichkeit, seinen Schwanzbewegungen in mir und am Abspritzen in mir. Lust machen mir auch seine Töne und natürlich die Tatsache, dass ich ihn „beherrschen" kann: Ich habe die Macht, bei ihm eine solche Aufregung zu bewirken! Schön!

Ihre Erregung ist aber nicht bloss im Kopf?

Nein, natürlich nicht. Aber ich bin nicht ausser Rand und Band vor Erregung. Ich würde ihn dann auch nicht besteigen, sondern ich liege da und will, dass er mich vögelt. Wenn er jetzt auf zärtlich machen würde, dann könnte ich ihn ...! Ich will nämlich nicht irgendwohin gebracht werden, vor allem nicht zum Orgasmus.

Und Reto macht seinen Orgasmus, wenn Sie ihm sagen: „Mach vorwärts!"?

Manchmal ja, manchmal will er nicht. Das ist auch anders geworden: Er ist neuerdings fähig, nicht abzuspritzen. Er sagt manchmal, es sei ihm jetzt zu schade. Er fühle sich oft leer hinterher und habe im Moment keine Lust auf dieses Gefühl. Das gefällt mir.

Ihr Sex ist einfach geworden, unkompliziert?

Das ist es! Wir können uns auch urplötzlich zum Vögeln entschliessen und es ganz heftig machen und ganz unvermittelt wieder aufhören, ohne dass wir den Orgasmus vermissen würden: So, jetzt ist genug! Diese

Freiheit ist Gold wert. Voraussetzung ist allerdings, dass ich weiss, er ist mir wohlgesinnt, und er ist nicht auf mich angewiesen. Er könnte gut für sich selber schauen, selber wichsen. Ich bin nicht verantwortlich für seine Befriedigung.

Schauen Sie ihm zu beim Wichsen?

Ja, gern! Ich „erwischte" ihn kürzlich: Er war im Badezimmer, ich kam herein, und er war am Wichsen. Ich sagte: „Ah, hab ich dich erwischt?!" Er sagte, nein, er habe mich eigentlich kommen hören, er habe auf mich gewartet. Da griff ich zu und löste ihn einfach ab. Er hätte aber ebensogut selber weitermachen können, und ich hätte daneben die Zähne geputzt und mich gefreut an seinem Wichsen. Manchmal liege ich daneben, schaue, wie das geht, und höre! Das ist faszinierend. Gelegentlich reizt es mich, ihm an die Hoden zu fassen oder auch richtig mitzuwichsen.

Wie wichst er?

Er spielt nicht wirklich, er rubbelt sich einen ab, immer die genau gleiche Bewegung. Wenn ich es ihm mache, variiere ich: Ich nehme den Schwanz zum Beispiel zwischen beide Hände und reibe, oder ich wichse mit einzelnen Fingern, von der Seite und von oben und so. Aber er arbeitet zielgerichtet daran. Mit der linken Hand hält er den Schwanz, mit der rechten reibt er, mit Speichel oder auch mit Öl. Manchmal braucht er die Vorhaut als Gleitmittel, das mache ich nie.

Was Sie machen, gefällt ihm?

Ja, das ist irrsinnig! Er sagt immer, er hätte noch nie eine Frau gehabt, die ihn so perfekt wichsen könne.

Er hatte so viele Frauen – und das ist ein klarer Punkt für mich! ₗₐ𝒸ₕₜ. Er schätzt das unglaublich und sagt: „Du bist einfach gut!" Er liegt da und geniesst es: „Mensch, wie machst du jetzt das?!" Und ich muss es beschreiben, was ich jetzt genau mache. Dann schwärmt er!

Sie kennen seinen Schwanz schon länger ...

Seit 23 Jahren. Ich weiss, wo ich was machen muss, damit er bis aufs äusserste erregt wird, und wie ich ihn dort, am Rand des Orgasmus, schmoren lassen kann. Ich kann richtig spielen, und er liefert sich aus, macht sich breit und geniesst es schamlos.

Wie haben Sie diese Fertigkeit erreicht?

Ich habe seine Reaktionen beobachtet und ihm auch genaue Fragen gestellt. Den Schwanz kenne ich durch und durch: Er wird sehr hart und der Körper wird steif – jetzt wird er gleich abspritzen. Dann höre ich einfach auf und warte einen Moment. Irgendwann sagt er mir: „Jetzt gib's mir! Gib's mir!" Dann weiss ich, dass ich fest zupacken muss, es kommt ein spannungsgeladener Moment und – dann kommt's. In diesem Moment muss ich sofort aufhören, es tut ihm sonst weh. Da halte ich den Schwanz umfangen mit beiden Händen und spüre, wie der Samen kommt und Reto sich durchbiegt. ₗₐ𝒸ₕₜ. Das liebe ich wahnsinnig! Nachher ist er ganz weich. Schön! Ich kenne ihn eben fast so genau wie mich selbst.

Nehmen Sie seinen Schwanz in den Mund?

Ja, sicher! Sehr gern! Mmm, das ist so schön! Mein Mund liebt das, kennt seinen Schwanz und weiss, was er mag. Am liebsten habe ich ihn, wenn er weich ist. Man kann ihn in die Länge ziehen wie Gummi. Er ist ganz schön passiv, man kann die Eichel packen mit den Lippen und in den Mund hineinziehen: irrsinnig schön! Was ich nicht so mag, ist, wenn er mit dem steifen Schwanz zustösst in den Mund. Er soll sich hingeben, und ich bin aktiv.

Lassen Sie sich auch in den Mund spritzen?

Schon lange nicht mehr. Ich hab's auch nicht besonders gern. Kürzlich habe ich ihm zwar gesagt, er müsse mir wieder mal reinspritzen. Aber der Samen ist unangenehm metallisch zu schlucken. Er kratzt im Hals. Und was mache ich mit dem Zeug, wenn ich's nicht schlucke?? Wenn er mir in die Hand spritzt, verreibe ich den Samen auf seinem Bauch oder ich bringe ihn an meine Scheide – das beste Gleitmittel!

Kommt es vor, dass Sie im Sex aktiv sind?

Ou, ja! Letzthin zum Beispiel, als es Reto nicht so gut ging, merkte ich, dass er ein wenig scharf wurde. Da sagte ich ihm: „So, mach die Beine breit!" Und ich bestieg ihn einfach: Ich war der Mann! Ich packte ihn an den Arschbacken und vögelte ihn, wie wenn der Schwanz meiner wäre. Für ihn war es nicht ganz einfach, gar nichts zu tun. Ich unterband alle seine Aktivitäten, vor allem das Stossen. Interessant war, dass er dabei ganz andere Töne machte: langgezogene Frauentöne eigentlich. Und sein Orgamus war auch nicht wie sonst stossweise, sondern überfliessend.

Da entdeckten Sie gemeinsam neue Erlebnisformen?

Es ging hier gar nicht um den Orgasmus, schon gar nicht um meinen. Im Vordergrund standen austauschen, ausprobieren, gernhaben, merken, dass ich auch männlich sein kann und fordernd und zielorientiert. Mein Gott, das war früher ganz anders! Da gab es nur ein einziges Ziel: den Orgasmus. Und das war unerreichbar. Dieser verdammte Orgasmus! Was plagte ich mich damit! Sogar beim Onanieren knorzte ich herum. Ich kam nicht einmal auf die Idee, einen Orgasmus vorzuspielen. Jahrelang haderte ich: „Was bin ich für eine arme Sau!" _{Lacht.} Dieses verfluchte katholische Zeug: Erst darfst du nicht, und dann musst du plötzlich. Ich war 20 und merkte, dass alle anderen Frauen das haben: Sie geniessen den Sex und haben Orgasmen und ich nicht. Ich schaffte es nicht einmal mit meinen Liebhabern! Ums Verrecken „normal" sein wollen! So schlimm! Noch vor wenigen Jahren quälte mich dieses Selbstmitleid: „Ich habe so viel verpasst, musste mir alles mühsam erkrampfen – ich bin eine Arme."

Haben Sie etwas ausprobiert, um Ihr Problem zu lösen?

Ich habe mir zum Beispiel beim Vögeln einen gewichst, auch mit einem Vibrator. Wir haben lange gepickelt an dem Problem, aber so ging es einfach nicht! Ich war eine Zeitlang nahe am Resignieren. Mit der Zeit stellte ich fest, dass andere, attraktive Frauen dasselbe Problem hatten. Das tat gut. Mit einem Liebhaber machte ich dann die ersten lockernden Erfahrungen – der pfiff auf meinen und seinen Orgasmus. Heute bin ich auch soweit: Orgasmus ist mir kein Thema mehr. Wenn einer von selbst kommt, ist's auch recht. Jetzt bin ich auf Entdeckung von Neuem, Unbekanntem, immer mehr, in meinem Alter! Ich reite jetzt auf Wellen, die ich vorher nicht kannte – und ich lerne immer neue kennen.

Wenn wir von Anfang an guten Sex gehabt hätten, weiss ich nicht, ob wir uns überhaupt entwickelt hätten. Und jetzt können wir immer Neues ausprobieren und noch freier werden.

Zum Beispiel?

Zum Beispiel, wenn er mich vögelt, sage ich ihm: „Sag mir genau, was du jetzt spürst!" Und dann beschreibt er, wie das ist. Ich finde das wunderschön, wenn er beschreibt, was sein Schwanz spürt, wie meine Scheide ist, wie es bebt und vibriert da drin. Wunderbar! Mit 20 hätten wir das vielleicht gespürt, aber reden darüber wäre nicht möglich gewesen.

Eine lange, gute Geschichte.

Ja, und eine Geschichte, die immer noch weitergeht. Wichtig war auch die Erfahrung, dass wir trotz der Störungen zusammenblieben. Der Sex war nie die Grundlage unserer Beziehung. Grundlegend war für mich eher körperliche Zärtlichkeit. Und davon gab es immer viel zwischen uns.

Investieren Sie konkret etwas, um Ihre gemeinsame Sexualität lebendig zu erhalten?

Da denke ich an unser letztes Wochenende. Seit einigen Jahren machen wir ein Ehe-Weekend um den Hochzeitstag herum. Das ist nicht ganz einfach für uns, denn ich bin sehr empfindlich bei Programmen – das Programm könnte heissen: guter Sex. Die letzten Male gab es nämlich ganz besonders guten Sex, und für mich ergibt sich daraus Druck, Leistungsdruck, der mir abstellt. Aber erstaunlicherweise ging es diesmal auch: Ich wollte wirklich guten Sex.

Wie haben Sie's denn geschafft, trotzdem?

Kaum waren wir im Hotel, war ich scharf. Wir vögelten sofort und rauchten Shit. Das ist ganz verrückt: Shit schaltet mir den Kopf aus. Das haben wir vor ein paar Jahren entdeckt: Der Sex fährt mir so richtig gründlich ein mit Shit. Ich merkte, dass ich ja unendlich kann! Und er auch!

Unendlich was?

Unendlich auf Wellen reiten, auf Orgasmuswellen. Das kommt und geht und kommt und geht und kommt und geht ... Shit heisst für uns: vollständig im Sex aufgehen. Mit Shit ist das sogar programmierbar, während es ohne ein nicht abrufbares Geschenk ist.

Wie war das konkret am letzten Wochenende?

Wir vögelten, und er reichte mir dazu eine Shit-Zigarette. Ich nahm einen Zug, es machte Jupp! und seine geringste Schwanzbewegung hisste mich auf die höchste Welle! Meine Scheide ist dann wie eine grosse Blume, die sich auf- und zumacht und den Schwanz in sich einsaugt, und der Reto ist rundherum ... Lacht. Oder ich kann auch alles vollständig loslassen, ganz weich und weit und aufgelöst und passiv sein: Schoss mit Rest. Dann habe ich einen ganz anderen Orgasmus. Ich kann wählen zwischen einem aktiven und einem passiven Orgamus. Lacht. Das ist natürlich auch nur möglich, weil Reto mich jetzt tatsächlich stundenlang vögeln kann, wenn ich will. Das ist wunderbar! Früher hielt er es höchstens fünf Minuten aus, dann war die Vorstellung zu Ende. Ich glaube, er hat so etwas wie trockene, zuckende Orgasmen, die er ungemein geniesst. Wir haben uns angenähert: Ich brauche viel weniger lang und er viel länger – und jetzt stimmt's.

Erleben Sie auch andere sexuelle Highlights miteinander?

Ja, auf Skitouren. Reto mag Sex draussen über alles. Wenn er zum Beispiel oben auf einem Berggipfel angelangt ist, muss er einfach runterspritzen. _{Lacht.} Da habe ich mehr Hemmungen – gehabt, vor allem. _{Lacht verlegen.} Früher war das jeweils so: Er zog mir einfach die Skihosen runter, bis zu den Knien, wissen Sie. _{Lacht unbändig.} Dann fuhr er ein mit seinem Schwanz, und ich schaute umher: Ich war die Aufpasserin, und er vögelte. Dann spritzte er in mich hinein ab. Einmal waren wir im Gadmental neben einem Wasserfall. Ich lehnte mich mit dem Rücken über einen runden Felsen, spreizte die Beine, und er vögelte mich. Der Anblick muss ja nicht besonders erbauend und erotisch sein mit Reto, das ist das Schöne! Er hatte einen Orgasmus und begann dann, mich zu streicheln. Zuerst wollte ich nicht richtig, aber plötzlich schaltete es um in mir, und er stimulierte mich ganz fein und wirksam an der Klitoris, und ich liess alles los und fing an zu schreien neben diesem Wasserfall – einfach in das Tal hinein gebrüllt habe ich. _{Lacht.} Das war grossartig! Kannst ja nirgendwo so schreien! So laut! An der Melezza war das auch mal so – dort rauscht es ja so gewaltig, dazu ein warmer Felsen und Sonne und Luft, und wurscht, ob jetzt da jemand kommt!

Und wenn's vorbei ist?

Ja, dann ziehe ich mich an, binde die Schuhe und wir wandern weiter. Vielleicht schauen wir einander

kurz an: „Es war gut!" – keine Notwendigkeit, mehr
darüber zu reden. Und ich darf sogar auch mal hässlich
sein und stinken – es macht nichts: Er ist mein Mann
und ich seine Frau! Ich finde ihn einen irrsinnig guten
Mann.

Woran denken Sie?

Sein Körper gefällt mir – das Gesicht nicht immer.
Wenn irgendeine blöde Geschichte läuft mit ihm und ich
ihn anschaue, finde ich: „Ii, du!! Bist mir mindestens
stockfremd!" Aber der Körper, der gefällt mir einfach
immer, immer, auch jetzt, da er ein wenig älter wird: ein
wunderschöner Körper. Die Falten, die es jetzt gibt – das
ist so schön. Die machen ihn weich und warm. Ich habe
ihn doch mit 18 kennengelernt, und er gefiel mir schon
damals unglaublich gut! Und schon so lange sehe ich ihn
jetzt sich verändern und mich daneben genauso – das ist
richtig gut! Seine Haut und meine Haut werden anders,
gleichzeitig. Er ist wie mein Spiegel. Ich weiss auch, dass
ich ihn immer noch sehr antörnen kann.

Womit?

Er liebt meinen Körper und vor allem meinen
Arsch, den findet er Spitze. Das ist ein grosses Geschenk,
wirklich. Wir könnten doch beide aus dem Leim gegangen sein – schlimm die Vorstellung, mit jemand leben zu
müssen, der einem nicht mehr gefällt. Es macht mir auch
nicht Angst zu sehen, wie er sich unmerklich verändert.
Es ist spannend. Wenn ich Ihnen jetzt von unserem Sex
erzähle, sehe ich Reto vor mir: Ich weiss genau, wie er
zu berühren ist. Es fallen mir auch unsere Spezialitäten
ein, zum Beispiel dass er meistens auf meiner linken

Seite liegt, wenn wir vögeln, während sein Platz zum blossen Schmusen an meiner rechten Seite ist. Oder am Morgen, wenn die Kinder weg sind, schlüpfe ich ab und zu wieder zu ihm ins Bett und strecke ihm meinen Arsch in seinen Schoss. Es ist so unglaublich schön warm! Er liebt ja meinen Arsch, und manchmal plaziere ich den direkt vor seinen Schwanz, und er wird scharf.

Können Sie auch Sex mit Reto haben, wenn nicht jede Unstimmigkeit bereinigt ist?

Bis vor kurzem war ich überzeugt, dass ich aus einem Streit heraus nicht mit ihm schlafen könnte. Um einen Streit beizulegen, musste ich zuerst reden – er hingegen musste erst vögeln. Das geht schlecht zusammen. Heute muss zum Glück längst nicht mehr alles stimmen, bevor wir Sex haben können. Wir kämpfen zum Beispiel spielerisch darum, ob wir jetzt vögeln wollen oder nicht. Das geht manchmal fast bis zur „Vergewaltigung". Er will vögeln und packt mich – ich wehre mich, muss aber lachen dazu: „Nein, ich will nicht, auch wenn ich lache, will ich nicht!" _{Lacht.} Übrigens müssen wir jetzt auch nicht unbedingt beide scharf sein – wir haben trotzdem Sex miteinander.

Kann er Sie auch vögeln, wenn Sie nicht wollen?

Ja, der Kerl schafft das wirklich! Da sage ich ihm zum Beispiel: „Gell, du kannst mich nicht!?" Er: „Doch, ich kann!" Und dann wuchtet er mit seinen Beinen einfach meine Schenkel auseinander, ganz langsam und unaufhaltsam. Oben hält er mich in der Zange, und unten vögelt er mich dann. Ich kann nichts dagegen machen, obwohl ich stark bin – ausser ich würde ihn verletzen, meine Knie in die Hoden knallen oder so. Mir gefällt, wie er mich überwältigt und öffnet, und dann ist er drin! Den Kampf aufzugeben ist wunderbar! Wenn ich allerdings nein sage, muss er's respektieren.

Sie beschreiben Ihren Sex wie einen blühenden Paradiesgarten. Wo sind die Disteln und Dornen?

Lacht. Es gibt immer wieder Zeiten, in denen nicht viel läuft. Da liegen wir manchmal nebeneinander, und ich vertrage nicht, dass er mich berührt. Schlimm ist, wenn meine alten Zweifel heraufkriechen: Bin ich nicht in Wirklichkeit eine Frau, die von Natur aus keine Lust hat? Kann ich überhaupt wieder mal scharf werden – mit diesem Mann? Im Kopf vergleiche ich mich dann mit Superfrauen, die täglich auf die geringste Berührung hin sofort scharf werden und einen Orgasmus nach dem anderen haben. Lacht.

Was löst diese Blasen aus, die aus dem dunklen Brei Ihrer Vergangenheit aufsteigen?

Nichts Bestimmtes, nicht einmal eine Missstimmung mit Reto. Es kommt und geht wie das Wetter oder wie Ebbe und Flut. Im Lauf der vielen Jahre habe ich mich kennengelernt und erschrecke nicht mehr so, wenn die Lust an- und abschwillt.

Für Reto sind Sie manchmal eine komplizierte Frau?

Ja, das bin ich. Er hingegen ist einfach konstruiert. Wenn ich funktioniere, ist für ihn alles bestens. Schwierig wird es, wenn ich zu bin, dann ist er sehr verletzlich, zieht sich auch zurück und verkriecht sich in sich.

Wie kommen Sie beide wieder aus dem Loch heraus?

Es kann zwei, drei Wochen oder länger dauern, bis

wir es schaffen. Kürzlich lief es typischerweise so: Ich machte einen Schritt auf ihn zu – vermutlich weil mir körperlich etwas zu fehlen begann – und umarmte ihn im Stehen. Er sagte, er komme einfach nicht an mich heran. Da war ich plötzlich wieder interessiert an ihm, und mein erotischer Tiefpunkt war praktisch schon überwunden.

Früher dauerten die sexuellen Durststrecken länger als zwei, drei Wochen?

Natürlich! Als die Kinder noch klein waren, war ich immer gestresst und abgelenkt: Wo sind sie? Was machen sie? Kommen sie jeden Moment rein? Und so weiter. Es ist ein Fluch: Wenn die Kinder klein sind, wäre man ja besonders angewiesen auf Nähe und Zärtlichkeit, und genau dann funktionioniert es nicht. Es war eine wirklich harte Zeit, manchmal über Monate. Ich hatte das Gefühl, ich sei überhaupt nicht an Sex interessiert, ganz im Gegensatz zu Reto. Schlimm! Jetzt können wir uns einfach zurückziehen, wenn wir wollen.

Wie war Ihr Start in Ihre gemeinsame Sexualität?

Ich betrachtete mich lange Jahre als frigid und gestört, krank, nichts wert. Am Sex hatte ich null Freude, am Zärtlichsein schon. Zum Beispiel hatte ich immer schon sehr empfindliche Brustwarzen ... Jetzt kann ich mir damit einen Orgasmus holen. Aber lange wurde mir richtig übel, wenn Reto mich dort stimulieren wollte – so verdreht war ich. Reto war dauernd scharf, und mir löschte seine Schärfe total ab. Mein Gott, was hat sich Reto mit mir einen abgekrampft! Und reden konnten wir schlecht über das Ganze.

Worauf führen Sie die grundlegenden Veränderungen in Ihrer Sexualität zurück?

Mit der Zeit merkte ich, dass ich meinen ganz eigenen Weg finden musste, um aus dem Schlamassel herauszukommen. Interessanterweise hatte ich immer Liebhaber. Mit denen war ich zwar auch störbar, aber ich genoss es immer unerhört. Und das war sehr wichtig für mich. Ohne diese sexuellen Erfahrungen ausserhalb unserer Ehe hätten wir's wohl nicht geschafft miteinander. Experimentiert haben wir auch mit Sex zu dritt und ähnlichem – wir wollten einfach nicht stillstehen. Wenn wir uns ausschliesslich aufeinander konzentriert hätten – mein Gott! –, es wäre mit Sicherheit alles in die Hose gegangen.

Warum?

Uns fehlte die nötige Erfahrung mit anderen Frauen beziehungsweise Männern. Ou, das war schlimm, als er mir einmal ins Gesicht sagte: „Du musst nicht meinen: Es hat bei anderen Frauen viel mehr gekribbelt als bei dir je!" – das ungefähr nach sechs oder sieben Jahren Ehe. Katastrophe! Mir stürzte eine ganze Welt zusammen ... Bis ich merkte, dass es bei mir genau gleich war: Aussen kribbelt es und innen nicht mehr. Dafür ist innen etwas anderes da. Und doch war es wichtig zu erleben, dass andere Männer mich gut finden. Wichtig auch: Er hat den Vergleich mit anderen Frauen und bleibt trotzdem bei mir, auch wenn's fürchterlich klemmt bei uns. Der Vergleich mit anderen Frauen zwang mich zu erkennen, dass ich nicht die denkbar beste und befriedigendste aller Frauen bin, wie ich das lange geglaubt hatte. Ich konnte meinen vermessenen Anspruch herunterschrauben auf ein reales Mass: Ich bin gut für ihn. Und er für mich. Übrigens, bei allen Störungen im Sex ist mir nie mein gutes Verhältnis zu meinem Körper abhanden gekommen. Ich konnte gut schwanger sein, gebären, stillen ... Ich war immer gesund und natürlich. Bei Reto entsprechend: Er kann mit Kindern umgehen, Haushalt machen, kochen – Frauenrollen übernehmen eben. Wir waren in unserer Umgebung ziemlich die ersten, die derlei ausprobiert haben.

Aussenbeziehungen gehören dazu?

Freunde, Freundinnen und Liebhaber sind ganz wichtig für mich. Ich weiss, dass ich nicht nur für Reto begehrenswert bin. Ich kann letztendlich für mich selber schauen. Und ich selbst begehre nicht nur Reto, ich begehre auch andere Männer. Weil er andere Frauen hatte und hat, ist er auch attraktiv für mich geblieben. Ich sehe ihn manchmal durch die Augen anderer Frauen und denke: „Der ist sicher ein guter Liebhaber."

Keine Eifersucht mehr?

Oh doch, und wie! Sie lauert im Hintergrund. Darum haben wir die Abmachung, dass ich von seinen Eskapaden nichts wissen will. Konkretes Wissen ertrage ich gar nicht. Wir haben uns lange genug gegenseitig mit „Beichten" gequält. Jetzt weiss ich, dass er andere Frauen braucht und hat. Aber er soll mich mit Details verschonen! Wenn ich ihn zurückbinde, wird er doch grau und tot, ganz schlimm! Den ganzen Sex und seine Lebensfreude nimmt er zurück – was habe ich davon?

Will er auch nichts wissen?

Doch. Ich glaube, er schätzt es sogar, wenn ich ihm ein wenig erzähle. Manchmal sagt er beim Vögeln: „Die Idee, dass du vor einem halben Tag mit einem andern gevögelt hast, die geilt mich auf!" ₗₐₒₕₜ. Aber ich hüte mich, ihm irgendwelche Einzelheiten zu erzählen. Er würde sie schlecht aushalten.

Das tönt nach Tretminen in einer idyllischen Land-schaft.

Es hat mit unserer Geschichte zu tun. Wir strapazierten einander jahrelang extrem mit Aussenbeziehungen – vor allem er mich. ₗₐₒₕₜ. Im Ernst, er mutete mir so viel zu und ich mir selbst, dass es in meinem Inneren schliesslich aussah wie nach einem verheerenden Flächenbrand. Zeitweise war ich überzeugt, dass da nichts mehr würde wachsen können. Mit der Maxime von der rückhaltlosen Offenheit hätten wir uns beinah kaputtgemacht. Als ich später merkte, dass er genauso tief verletzbar ist wie ich selbst, konnte ich mich auffangen. Jetzt hatten wir beide erlebt, wie es ist, wenn wir einander nicht schonen. Wir hatten die Hölle erlebt, wir mussten sie nicht mehr fürchten. Überhaupt habe ich keine Lust mehr auf rasende Eifersucht und hochtourige Dramatik! ₗₐₒₕₜ. Intensität aus zweiter Hand interessiert mich nicht mehr. Ich will lieber selber leben.

Welchen Einflüssen verdanken Sie sonst noch die grossen Veränderungen in Ihrer Sexualität?

Ich habe eine Psychotherapie gemacht. Da ging es zwar kaum um Sex, dafür um so mehr um Selbständigkeit. Meine Entdeckung dort: Ich bin gut, wie ich bin!

Sind Ihre sexuellen Bedürfnisse ausgeglichen?

Früher wollte Reto immer mehr von mir, als ich geben konnte und wollte. Heute sind wir im Gleichgewicht. Als ich merkte, wie sich unsere Bedürfnisse annäherten, war ich zuerst sehr verunsichert und dachte: „Was ist jetzt los?" Dabei hatte ich vorher darunter gelitten, dass er mich bedrängte! Jetzt ist er nicht mehr sehr bedürftig – kann sein, dass er sich zwei Wochen nicht meldet. _{Lacht.} Er wird wohl andere Frauen haben, ist auch gut so. Mit mir ist er aber sehr leicht erregbar. Das ist ideal!

Können Sie mit ihm so intim werden, wie Sie es gerne möchten?

Ich kann mit ihm in jeder Hinsicht sehr intim werden: Wir kennen uns als Intimfeinde und -freunde, ich bin vertraut mit ihm. Fast alles ist möglich: Vor ihm pissen, manchmal auch sogar scheissen, meinen Tampon reinstecken, ihm meine Scheide zeigen: „Schau mal, was ist hier?" bis zum anderen Extrem von Nähe und Zärtlichkeit, von schamlos bis ganz vertraut – eine Spannweite von Intimität, die mit einem Liebhaber nicht möglich ist. Er ist der Mensch, mit dem ich am intimsten werden kann.

Werden mit ihm auch Ihre intimsten Sehnsüchte befriedigt?

Wenn Sie von Sehnsüchten sprechen, denke ich sofort an verschmelzen und aufgehen wollen und nur noch beim anderen sein. Diese Liebhaberqualität hat er nicht mehr. Mit ihm ist es meistens nicht leidenschaftlich, dafür aber spielerisch und zärtlich, witzig und böse!

Und mich so zeigen, wie ich bin, ist eben auch eine sehr starke Sehnsucht in mir, auf die Reto die Antwort ist. Es ist wunderbar, sich ganz zeigen zu können, mit allen Schattierungen, und keine ausblenden zu müssen – aus Angst, dass er mich nicht mehr gern hat oder mich abstossend findet. Das ist die Sehnsucht nach Geborgenheit und Heimat. Und als Zugabe hat er ab und zu sogar doch noch Liebhaberformat.

KONRAD A.- M. ist 50 Jahre alt, von Beruf Oberförster,
seit 23 Jahren liiert und seit 18 Jahren verheiratet mit
Heidi, 46 Jahre, Hausfrau; zwei Söhne, 18 und 16 Jahre alt.
Seine Grösse: 180 Zentimeter, sein Gewicht: 79 Kilogramm.
Hobbys: Berge, Schwimmen.

Die Belohnung für
den braven Schlucker

Ich habe auch schon daran gedacht, es mir in einem Massagesalon gegen Geld wohlsein
zu lassen. Das kommt vor allem
hoch, wenn ich sauer bin auf
Heidi. Aber am allerliebsten
hätte ich guten Sex mit ihr –
wenn es in unserer Beziehung
besser stimmen würde. Das wäre
das Wunder.

Haben Sie schon einmal mit jemandem über Ihre Sexualität gesprochen, mit einem Freund oder Bekannten?

Nein, nie.

Warum nicht?

Ich möchte nicht als Jammerlappen auffallen. Man weiss ja, dass viele unzufrieden sind in der Ehe. Und jetzt kommt der auch noch ...

Und mit Ihrer Frau?

Ich habe schon einige Anläufe genommen. Zum Beispiel versuchte ich, die Stimmung während des Verkehrs etwas zu lockern, indem ich zu reden anfing. Bei uns lastet die Schwere des Tages, die Bürde jahrelanger Erfahrungen und der ganzen „ernsthaften Liebe" auf dem Sex. Leider bin ich da immer flach rausgekommen – keine Resonanz, nichts.

Keine Reaktion?

Wenn ich zum Beispiel deutlich geworden bin: „Wollen wir nicht mal versuchen, über das zu reden, was wir gerade machen?", dann kam einfach: „Nein!" Stillschweigend muss das bei uns gehen. Aber ohne Echo kann ich nicht einsteigen, dann muss ich annehmen, es sei ihr nur lästig.

Haben Sie das Thema Sex einmal ausserhalb des Bettes zur Sprache gebracht, bei einem Spaziergang oder am Tisch?

Ich hätte den Mut auch nicht. Ich habe selbst unglaubliche Hemmungen, wenn ich nicht zum Reden ermutigt werde. Ich befürchte, bei ihr die immer gleiche Reaktion auszulösen, dass „die Männer immer wollen, und man muss als Frau hin und wieder ein wenig nach-

geben, damit sie nicht zu wild werden – auswärts".
Eigentlich erduldet Heidi den Sex. Höchst selten spüre
ich bei ihr einen Anflug von Spass. Sex ist Männersache
für sie. Dass Frauen Freude am Sex hätten, seien Män-
nerphantasien, Lügen, die sich bei den Männern hartnäckig hielten. Ich schaffe es nicht, ihr weiszumachen,
dass Sex etwas Gutes für sie wäre.

*Ihnen misslingt es, Heidi ihr eigenes Glück aufzu-
schwatzen?*

Ich bin ein schlechter Verkäufer. Ich versuche, ihr
etwas anzudrehen, was sie nicht braucht. Aber gleichzeitig fürchtet sie, dass eine andere Frau Interesse an
mir haben könnte. Konsequenterweise bräuchte sie keine Angst um mich zu haben, wenn doch die Frauen
„das" gar nicht wollen. Da müssten ja alle Männer
schwul sein ... Ich verstehe das nicht.

Sie fürchtet vielleicht einfach, Sie zu verlieren?

Ja, sie glaubt, dass gewisse Frauen darauf aus sind,
das Ehe- und Familienglück in ihrer Umgebung zu zer-
stören. Und die Männer sind ausserstande, solchen Ver-
suchungen zu widerstehen und drohende Gefahren ab-
zuwenden.

Woher wissen Sie das alles?

Aus Bemerkungen: Entsprechende Kommentare
bei Fernsehfilmen sind immer vernichtend, oder zu
praktischen Beispielen in der Nachbarschaft. Oder wenn
ich unvorsichtigerweise einer Frau nachschaue: Sie regi-
striert unfehlbar, wenn mein begehrliches Auge sich zu
frei bewegt. Von diesem Moment an ist Spannung in der
Luft.

Was sagt sie denn?

Eben nichts! Stumme Spannung. Ich weiss: Ich müsste zu meiner „Tat" stehen. Ich hab's zwar auch schon versucht, aber dann war das Schweigen noch eisiger. Dann frage ich mich wieder, ob alles nur meine Einbildung ist. Aber ich glaube nicht. Ich bin wirklich nicht der Mann, der nichts als Sex im Kopf hat.

Haben Sie ihr je konkreten Anlass zu Misstrauen und Eifersucht gegeben?

Ja, zwei Mal. Einmal tanzte ich bei einem Fest mit einer Nachbarin, zu eng offenbar, und später schaute ich einer anderen Frau zu tief in die Augen – passiert ist nichts dabei. Beide Male: die nackte Katastrophe. Heidi legt Wert auf ihre Intuition: Sie spürt, wenn etwas schief läuft. Und der Ehebruch im Kopf ist viel schlimmer als der im Bett, sagt sie.

Was läuft an körperlichem Kontakt zwischen Heidi und Ihnen?

Nicht viel ... Doch, regelmässige Küsschen, wenn einer geht oder zurückkommt! Das muss sein, sonst werde ich zurückgepfiffen.

Küsschen wohin?

In der Regel auf den Mund.

Trocken?

Ja, sicher! Wo denken Sie hin?!

Umarmen Sie sich dabei?

Selten. Es ist, als ob die Form gewahrt werden müsste, eine förmliche Pflicht, leblos. Das demütigt mich: Ich muss. Gelegentlich versuche ich, mehr daraus zu machen. Aber sie hat sofort Angst, mich aufzureizen, so dass es wieder in die Sexualität abrutscht. Sie will „Liebe". Das sagt sie immer wieder. Männer wollen bekanntlich immer nur das eine – dieser Tatsache will sie auf keinen Fall Vorschub leisten. Darum ist sie so zurückhaltend.

Sie fühlen sich gedemütigt, sagen Sie?

Ich komme einfach nicht aus dem Schulbuben-Status heraus. Ich muss schön brav sein und darf nicht machen, was ich möchte. Natürlich will ich sie nicht dauernd mit Inbrunst umarmen, aber ab und zu hätte ich vielleicht schon Lust. Ich habe keine Chance, damit akzeptiert zu werden. Sie will, dass es immer steril in der gewohnten Form bleibt, sonst ist es verdächtig.

Schlafen Sie im gleichen Zimmer?

Ja, im gleichen Bett. Aber seit mindestens zwei Monaten würde das Mäuschen nichts Verdächtiges fest-stellen – höchstens ein Gutenachtküsschen.

Sie berühren einander gar nicht?

Sie mich sicher nicht. Und ich – ich würde so gern zärtlich sein, aber mein Vertrauen ist weg, viel-leicht sogar die Liebe, könnte man sagen. Dadurch, dass ich immer so sein sollte, wie sie denkt, habe ich das Vertrauen in sie verloren. Sie ist nicht meine Partnerin, sondern eine Autorität. Sie will mich erzie-hen, und ich schaffe es nicht, ihren Ansprüchen zu genü-gen. Sie beobachtet mich, bewertet mich, passt auf mich auf, und ich enttäusche sie dauernd. In jüngster Zeit habe ich zögernd angefangen, meinen Platz zu vertei-digen.

Zum Beispiel?

Zum Beispiel sind meine Kleider und Schuhe manchmal dreckig, wenn ich von der Arbeit komme. Sie duldet es nicht, wenn die schmutzigen oder tropfenden Sachen im Eingang stehen oder hängen. Jetzt habe ich ihr gesagt, dass ich kein Bürolist* bin mit Krawatte und staubfreien Lederschuhen und dass ich darum einen Platz brauche für meine Berufskleider. Zähneknirschend scheint sie sich jetzt damit abzufinden.

Und im Bett?

Genau dasselbe: Da hasst sie das Tröpfeln auch, die „Schweinerei", die ich anrichte. Widerlich, diese Sämlein, die ich ihr reinpumpe, und dann läuft's ihr die Beine runter! Nur ja so schnell wie möglich ins Bad und weg damit! Das heisst für mich, dass sie mich überhaupt nicht akzeptiert als Mann. So scheisst es mich zunehmend an, überhaupt noch eine sexuelle Initiative zu ergreifen. Und doch habe ich Hunger nach Zärtlichsein und Sex.

Ein schwieriger Zwiespalt für Sie?

Ja, fast jeden Abend diese peinliche Ungewissheit, wie man aneinander vorbeikommt: Soll man sich jetzt verabschieden, oder wird eventuell noch was draus? Aber wie, ohne Druck auf sie auszuüben? Und Lust habe ich eigentlich doch keine – ach ... Vor einiger Zeit sagte sie mir, ich solle ihr am Morgen mitteilen, wenn ich am Abend „wolle". Dann könne sie sich darauf einstellen, und man könnte etwas aufbauen den Tag über.

---

* Schweizerdeutsch für Büroangestellter.

Und, haben Sie mal probiert, am Morgen Sex für den Abend anzumelden?

Das ist vorgekommen, aber meistens konnten wir es nicht durchhalten, oder es kam was dazwischen, oder sie war am Abend trotzdem zu müde. Eigentlich bin ich dagegen, den Sex auf diese Weise zu institutionalisieren. Ich fühle mich dazu verdammt, bestimmte Erwartungen zu erfüllen, und sperre mich dagegen. Ich bin für das Spontane.

Können Sie sich vorstellen, welche konkreten Erwartungen Heidi für den Tag an Sie hätte?

Ich glaube, sie möchte, dass wir den ganzen Tag dranbleiben, dass wir's dann am Abend miteinander machen.

Dranbleiben?

Ich sollte „lieb sein". Das kann viel heissen, vom Sie-nicht-Verrücktmachen bis zum Stimulieren vermutlich.

Wissen Sie das von ihr?

Sie sagt, sie könne nicht „plötzlich" mit mir ins Bett. Aber „plötzlich" ist bei ihr unter Umständen eine lange Zeit. Und es gehe nicht an, dass ich sie den ganzen Tag ärgere und am Abend Sex von ihr wolle. Ich muss brav sein, und dann habe ich Anrecht auf eine Belohnung – wie der Hund, der den Knochen bekommt, wenn er nicht bellt. Das ist das Schlimmste! Diese Idee macht mich wahnsinnig. So werde ich im Bett nur gedemütigt. Sex ist die Belohnung für den armen braven Schlucker, der nicht ohne sein kann.

Sexuelle Notdurft als Belohnung für Ihr Wohlverhalten?

Das macht mich ganz hoffnungslos – ich kann es einfach nicht ändern. Wieso hängt immer alles an mir? Beim Abschied zum Beispiel sitzt sie einfach da und wartet, bis ich sie küssen komme. Ich verabscheue diese Rolle. Ich hasse es, mich immer zurücknehmen zu müssen. Ich kann es fast nicht mehr dauernd wegstecken.

Was sollten Sie wegstecken?

Zum Beispiel jammert sie immer am Morgen, wenn wir am Abend zuvor zusammenwaren: Irgend etwas tut ihr regelmässig weh, der Rücken oder das Becken oder was weiss ich. Ihren Anspielungen muss ich entnehmen, dass der vorausgegangene Sex daran schuld ist. Immer am Morgen danach habe ich Angst, sie wieder kaputtgemacht, missbraucht zu haben.

Sie beschuldigt Sie ausdrücklich?

Nein. Sie sagt: „Jetzt habe ich wieder ..." – ist doch unmissverständlich. Wie soll ich da noch Spass haben am Sex? Der Preis ist verdammt hoch.

Und Sex am Tag?

Ich habe es ein paarmal versucht, aber es ist fast unmöglich zu bewerkstelligen und läuft aufs gleiche hinaus. Tagsüber kann man ja nicht einmal das Licht löschen, und sie jammert über Zeitverlust und versäumte Pflichten: „Jetzt hast du mich wieder vom Putzen abgehalten!"

Wie läuft es konkret ab, wenn Sie miteinander schlafen?

Erst taste ich ab, ob es überhaupt geht. Ich greife mit der Hand vorsichtig hinüber.

Tragen Sie einen Pyjama?

Ja. Sie hat ein langes Nachthemd, weil sie immer friert. Ich hingegen bin heiss.

Da passen Sie zusammen.

Ja, sie streckte viele Jahre lang ihre Eisfüsse zu mir herüber, früher. Seit den Wechseljahren sind ihre Füsse wärmer geworden.

Das Licht ist aus?

Wenn's los geht, will sie gelöscht haben.

Wohin greift Ihre Hand, wenn Sie hinüberlangen?

Wenn Heidi mich nicht gänzlich abweist, nimmt sie meine Hand. Dann küssen wir uns ...

Nachdem Sie zu ihr hinübergerutscht sind?

Wenn es gut ist, bewegen wir uns aufeinander zu. Seit einiger Zeit habe ich keine Lust mehr, quasi gegen ihren Willen Sex anzuzetteln und damit die ganze Verantwortung zu übernehmen, dass es ihr nachher schlecht geht.

Küsst Heidi Sie gern?

Ich habe sie schon oft gefragt, ob sie dies oder jenes gern hat oder nicht. Ihre Auskünfte sind unbestimmt. Ich weiss nur, dass sie mir im Lauf der Jahre sehr viel abgestellt hat – immer mit der Begründung, sie habe einfach nichts davon.

Das Küssen hat sie Ihnen aber nicht abgestellt?

Wir küssen uns sogar nass. Aber auch hier komme ich mir wie ein sanfter Vergewaltiger vor, weil ihr Echo undeutlich und leblos ist.

Macht Sie das scharf?

Ja, wenn ein Minimum an Zustimmung kommt.

Und dann küssen Sie sich ausführlich?

Das kann länger dauern, eine Viertelstunde vielleicht oder mehr, und wir kommen uns dabei langsam näher. Das geniesse ich auch wirklich. Dummerweise habe ich dabei immer das Gefühl, ich hätte die alleinige Verantwortung für das Gelingen der Begegnung. Wenn's schiefgeht, bin ich schuld. Darum versuche ich auch, anstehende Differenzen vorher auszuräumen oder begangene Fehler zuzugeben – sonst habe ich überhaupt keine Chance, dass es im Bett gut wird.

Und wenn das Küssen gut ist, haben Sie eine Chance, dass es auch weitergeht?

Nach ihrer Überzeugung gibt es kein Zurück, wenn ein bestimmtes Stadium erreicht ist. Das heisst, sie glaubt fest, dass es zum Geschlechtsverkehr kommen müsse, wenn ich einmal einen Steifen habe. Die Männer müsse man dann halt machen lassen ...

Hat sie Ihnen das so gesagt?

Nein. Ich schliesse das daraus, dass sie mich immer am Anfang abblockt, wenn sie nicht mag. Dann ergreift sie einfach meine Hand nicht und sagt: „Gute Nacht!" Später, wenn alles in Gang ist, stoppt sie mich nicht mehr.

Sie wissen also genau, woran Sie mit ihr sind?

Schon, aber es bleibt das ganze Unbehagen rundherum, das Tröpfeln, das Schweigen, die Folgen am nächsten Tag. Und auf ihrem Gesicht steht nachher geschrieben, dass es sie beinahe reut, dass sie mir wieder klein beigegeben hat. Sogar wenn es schön war, reut es sie.

Was geschieht jetzt nach dem Küssen?

Ich drücke sie an mich, und sie zieht sich an mich heran, an meiner linken Seite. Sie legt ihren Kopf auf meine linke Schulter.

Wo berührt sie Sie?

Am Oberkörper. Ich berühre sie auch mehr oder weniger im oberen Körperabschnitt.

Das stimuliert Sie?

Ja, das mögen wir beide gern. Es ist gut, sich zu küssen, zu berühren, die Beine zu umschlingen, sich zu drücken – auch zwischen den Beinen. Dann rutsche ich langsam runter, zu den Arschbacken und so. Auch das dauert ziemlich lange.

Reden Sie dazu?

Nein. Es gibt auch keine sonstigen Laute, vielleicht von mir ab und zu ein kleiner Ton, aber nicht zuviel – sonst sieht es tierisch aus. Ich möchte ja keine Schweinerei … Lacht.

Sind Sie da immer noch im Pyjama?

Im Sommer reisse ich mir manchmal das Zeug selbst vom Leib – ich habe gern Hautkontakt –, und ihr stülpe ich das Nachthemd hoch, weil sie oben gern zugedeckt ist. Dann greife ich ihr an die Brüste, obwohl sie das nicht sonderlich mag. Da muss ich verdammt aufpassen: Sie kommt sich leicht läppisch vor, wenn ich hier rumfummle.

Wissen Sie überhaupt, was Sie mit ihren Brüsten anfangen können?

Ich kann mich mehr oder weniger darauf verlassen: Solange sie nicht reklamiert, ist es gut. Wenn ich sie frage: „Was hast du gern? Was möchtest du?", dann antwortet sie knapp: „Ist schon gut."

Sie sollen „merken", was ihr gefällt?

Äusserungen ihrer Lust spüre ich vorerst keine, erst ziemlich viel später, wenn sie weich wird und der Rücken nicht mehr so steif ist. Eigentlich warte ich immer, bis sie soweit ist.

Und dann langen Sie ihr an die Geschlechtsteile? – Wie nennen Sie die überhaupt?

Wir haben kein Wort dafür. Jedenfalls berühre ich sie da zwischen den Beinen, aber sehr zurückhaltend nur. Sie hat mir nämlich gesagt, dass sie es nicht gern hat. Vor Jahren verbot sie mir richtiggehend, sie an der Klitoris zu berühren. Vorher hatte ich sie erfolglos darum gebeten, mir zu zeigen, wie es geht. Inzwischen scheint mir klar, dass ihr am liebsten ist, wenn ich sie dort gar nicht mehr berühre.

Wie wird sie denn erregt?

Die Frage ist falsch gestellt, sie müsste heissen: Was erträgt sie? – Ich weiss es wirklich nicht. Wir sind einfach stillschweigend übereingekommen, dass sie zur gegebenen Zeit den – den Schwanz packt und halt selber damit macht, was sie gern hat da unten.

Was macht sie mit dem Schwanz?

Sie reibt ein wenig herum. Das habe ich auch verdammt gern – sie hat einen angenehmen Zugriff. Das ist jeweils ein guter Moment, in dem ich den ganzen anderen Scheissdreck vergessen kann. Und ich helfe noch ein wenig nach, indem ich mich so bewege, wie ich es gern habe. Unterdessen küsse ich sie oben oder beisse sie leicht in den Hals oder ins Ohr.

Und dann?

Kann sein, dass ich versuche, sie auf mich zu ziehen. Als erste Stellung mag ich das gern, aber nicht zu lange. Dies ist eine Sommerstellung, im Winter ist ihr das zu kalt.

Wer führt den Schwanz ein?

Meistens findet der seinen Weg selber. Merkwürdig: Wenn wir dran sind, müssen wir uns beide sagen: Es ist recht gut und lustig! Manchmal sagen wir es sogar zueinander. Ich kann dann fast gar nicht verstehen, warum der Einstieg so unsäglich mühsam ist.

Welche Stellungen kennen Sie sonst noch beim Sex?

Von der Seite oder ich oben und sie unten.

Von hinten?

Das will sie nicht mehr – ist tierisch für sie. Sie erduldete es lange, und ich hoffte immer, sie würde allmählich auch Spass daran bekommen, wie ich. Aber sie will es ausdrücklich nicht mehr, weil sie es als erniedrigend empfindet. Sie denkt dabei wohl immer an den Affenfelsen ... Das brauche ich also gar nicht mehr zu probieren.

Es ist ein gutes Gefühl in ihr drin?

Und wie!

Und nass wird sie auch, von selbst?

Das wird sie, ja. Ich dringe einfach nicht ein, bevor es soweit ist.

Sie netzen sie nicht, mit Speichel zum Beispiel?

Da hätte ich Hemmungen. Das wäre ganz ungewohnt für uns – ist ja auch nicht nötig bei ihr. Ich warte lange und dringe dann sehr sanft ein. Darum ist auch wichtig, dass ich überhaupt nur probiere, wenn sie wirklich weich wird. Das Netzen geht bei ihr ins Gebiet von Technik und Hilfsmitteln, und das hasst sie alles.

Und dann sind Sie länger in ihr drin?

Ja, mit mehr oder weniger Bewegung, und dann warte ich wieder und geniesse es.

Geniesst Heidi das auch?

Ich nehme es an. Lacht. Wenn ich sie nämlich frage: „Ist es gut für dich? Gefällt es dir so?", dann ist sie ganz beunruhigt und sagt: „Ja – warum? Was ist?" Meine Frage ist für sie eine Misstrauenskundgebung, und ich komme zu keinen Informationen. Für sie darf Sex nicht in Berührung kommen mit Technik: Es darf nur „Liebe" geben. Am Anfang unserer Beziehung glaubte ich, mit dieser „Liebe" werde sich alles zum Besten entwickeln. Das war offenbar ein Irrtum.

Können Sie Ihren Orgasmus gut kontrollieren beim Koitus?

Wenn ich das Glück habe, dass es ein wenig „wilder" zugeht, dann weniger gut. Normalerweise vielleicht fünf Minuten oder zehn, ich weiss es nicht so genau. Das Ganze dauert ungefähr eine Dreiviertelstunde bis eine Stunde. Aber sie hat am Rest doch mehr Spass als am eigentlichen Akt. Sie würde es gar nicht schätzen, wenn ich jetzt noch länger in ihr drin bleiben wollte.

Woran hat sie vermutlich am meisten Spass?

Wahrscheinlich an der Umarmung und am Küssen, solange der Mann noch nicht so deutlich zum Vorschein kommt.

Haben Sie das Gefühl, sie lässt den Koitus über sich ergehen?

Je länger es geht, um so mehr. Sie denkt wohl: „Es wird Zeit, dass er nächstens wieder verreist."

Sagt sie so etwas?

Nein, sie wird einfach immer passiver. Wenn jemand nur noch daliegt in der Dunkelheit, dann verleidet es einem von selbst.

Sind Sie sicher, dass Sie ihre verminderte Aktivität richtig verstehen?

Ich bin sicher. Sie zeigt auch unmissverständliche Zeichen von Erschöpfung, und sobald ich dann rausgehe aus ihr, steht sie sofort auf und rennt ins Bad – als ob sie auf das Ende gewartet hätte.

Und wenn sie zurückkommt vom Bad?

Dann legt sie sich wieder an meine Schulter, und das ist auch schön. Leider kann ich so nicht einschlafen, so dass wir uns nach einer Viertelstunde oder zwanzig Minuten verabschieden und wegdrehen.

Von Heidis Orgasmus haben Sie bisher nichts gesagt.

Ah ja, da bin ich sehr verunsichert. Ich habe sie schon danach gefragt, und sie sagt mir, sie habe hin und wieder einen Höhepunkt, doch, doch. Aber er ist ziemlich diskret, so dass ich ihn kaum spüre.

Berühren Sie sie denn an der Klitoris während des Koitus?

Ja, das kommt vor. Darauf reagiert sie ziemlich stark. In diesen Momenten bedaure ich, dass ich die Erregung in ihrem Gesicht nicht sehen kann, weil es dunkel ist. Manchmal vermute ich, dass sie sogar ohne diese Berührung mit der Hand zum Orgasmus kommt, wenn ich feinfühlig zustosse.

Sie scheinen etwas misstrauisch.

Ich bin ein wenig misstrauisch, ja. Was mich unsicher macht, ist die Tatsache, dass sie so wenig Freude am Sex hat. Wenn es so gut wäre für sie, würde sie doch sagen: „Komm, wir machen das wieder!"

Haben Sie schon daran gedacht, sie könnte Ihnen einen Orgasmus vortäuschen?

Ab und zu sagt sie mir, eine Frau könne das gut spielen – dem Mann zuliebe. So etwas verunsichert mich gewaltig. Kurz: Ich möchte wirklich nicht die Hand ins Feuer legen für ihren Orgasmus. Andererseits könnte ich ja eigentlich zufrieden sein, wenn ich den Eindruck habe, sie sei zum Höhepunkt gekommen. Schliesslich behauptet sie auch immer wieder, sie sage mir alles, was ihr nicht passe ... Und ich antworte ihr manchmal: „Wir können doch nicht ständig unser Repertoire einschränken. Sag doch mal, was du gern hast!"

Haben Sie sexuelle Phantasien?

Kurze und heftige, ja. Aber ich hänge diesen Phantasien nicht nach. Ich habe auch schon daran gedacht, es mir in einem Massagesalon gegen Geld wohlsein zu lassen. Das kommt vor allem hoch, wenn ich sauer bin auf Heidi. Aber am allerliebsten hätte ich guten Sex mit ihr – wenn es in unserer Beziehung besser stimmen würde. Das wäre das Wunder.

Befriedigen Sie sich selbst?

Höchst selten, weil es mir nachher nicht gut geht. Diese verdammte Leere! Ich fühle mich wie ausgelaufen.

Und Heidi?

Sie verachtet Männer sehr, die das tun: „Sauerei!" Gegen sie zu argumentieren, ist vollkommen sinnlos.

Ich hatte jetzt im Gespräch den Eindruck, das Wort „Schwanz" sei Ihnen nicht geläufig.

Stimmt. Heidi und ich haben dafür keinen Ausdruck. Sie nennt das bei den Kindern „Pfiffli" – bei mir gibt's das offenbar gar nicht. <small>Lacht.</small>

Haben Sie je sexuelle Spiele miteinander versucht?

Nein, unser Sex ist ernst, seriöses Handwerk. Und für Fesseln und dergleichen hat sie rein gar nichts übrig – alles Perversion!

Hat eigentlich Ihre sexuelle Beziehung schon so schwierig angefangen?

Ja. Sie war von Anfang an nicht scharf auf Sex und begründete das mit ihren schlimmen Erfahrungen mit ihrem damaligen Freund. Und ich wollte sie heldenhaft vor diesem Lüstling retten: Ich dachte, ich werde unsere Sexualität mit „Liebe" und Anständigkeit schon zum Laufen bringen können. Ich hatte vorher eine Freundin gehabt, die unglaublich Spass am Liebemachen hatte. Und ich meinte, es müsste bei allen Frauen etwa gleich sein.

Sie liebten sie damals?

Was ist das, „Liebe"? Ich weiss es nicht mehr. Alle Sehnsüchte nach Liebe, Geliebtwerden, Geborgenheit, Lust und Sex ballten sich bei mir untrennbar zusammen. Wenn ich andere sagen höre, sie könnten nicht leben ohne die Partnerin, den Partner – das ist mir fremd. Natürlich habe ich mich damals verliebt, aber ich stand sehr bald unter dem Druck der Verantwortung ihr gegenüber, von mir selber und auch von ihr her. Inzwischen gehöre ich längst zu „den Männern", und „die Männer sind eben so."

Gibt es intensiveren körperlichen Kontakt zwischen Ihnen ohne Sex?

Doch, das gibt es manchmal. Aber weil ich immer wieder solche lieblosen Sprüche zu hören bekomme, schaffe ich Zärtlichkeit oft nur schwer, obwohl ich ja danach hungere. So sind innige Umarmungen, bei denen man sich ineinander verlieren kann, sehr selten geworden – vielleicht einmal nach einer gründlichen Aussprache. Es fehlt mir wirklich.

Wonach sehnen Sie sich?

In letzter Zeit habe ich häufig die Phantasie, mit einer Frau ins Bett zu gehen und die ganze Nacht nichts anderes zu tun, als einander im Arm zu halten – nur, um dieses Gefühl von Einverständnis und gleicher Wellenlänge und Vertrauen zu geniessen. Komischerweise ist das genau das, was Heidi von mir verlangt, aber ich kann einfach nicht, oder nur ganz selten. Meine Vorbehalte hindern mich daran, weil ich von ihr dauernd abgewiesen und weggewischt werde. Sie akzeptiert mich einfach nicht als Person.

Die Sexualität im engeren Sinne ist eigentlich von Ihren Beziehungsproblemen nicht sehr stark betroffen.

Genau. Sie funktioniert weitgehend unabhängig. Wir staunten manchmal, dass es „trotzdem" noch so gut ging im Bett. Eigentlich ist der Sex das Beste, was wir zusammen haben.

SÉLINE K.-G. ist 39 Jahre alt, von Beruf Laborantin und Hausfrau, seit 19 Jahren liiert und seit 15 Jahren verheiratet mit Sandro, 53 Jahre, Devisenhändler; ein Sohn, 13 Jahre, und eine Tochter, 11 Jahre. Ihre Grösse: 169 Zentimeter, ihr Gewicht: 55 Kilogramm. Hobbys: Lesen, Theaterspielen.

Streik im Bett und anderswo

Zum Beispiel weiss er, dass ich es liebe, wenn er mir etwas Liebes ins Ohr flüstert. Er macht es nie. Oder ganz am Anfang sagte ich ihm, es mache mich geil, wenn er italienisch spreche beim Sex. Wissen Sie, da gibt es so schöne Wörter, die ich zwar nicht verstehe, die aber unglaublich ordinär tönen! Er machte das widerstrebend ein-, zweimal, und fertig. Es war für ihn nichts weiter als eine lästige Pflichtübung.

Weiss Ihr Mann, dass Sie hier sind?

Nur andeutungsweise. Aber er fragt nie nach, wenn ich ihm etwas von mir erzähle.

Und wenn Sie ihm sagen würden, Sie wollten irgendwo die Geheimnisse Ihres Sexuallebens auspacken gehen?

Dann würde er genervt fragen: „Was hast du jetzt wieder für Probleme?" Und ich: „Du weisst schon lange, dass wir Probleme haben – du willst es nur nicht zugeben." Er: „Was willst du denn erzählen gehen?" Könnte sein, dass er so fragen würde. Aber im Moment ist er vom Geschäft sehr, sehr beansprucht, also wäre vermutlich doch nichts Derartiges gekommen von ihm. Ganz sicher würde ein solches Gespräch keine fünf Minuten lang dauern.

Sie scheinen Erfahrung mit Gesprächsinitiativen zu haben?

Ja, wenn ich damit zu ihm komme, ist sofort Bahnhof. Ich habe schon Hunderte von Versuchen hinter mir. Das Persönliche und alles, was unsere Beziehung betrifft, interessiert ihn nicht. Er schuftet wie ein Verrückter im Geschäft, und da bleibt kein Platz für die Auseinandersetzung mit sich selber oder mit mir.

Sexualität interessiert ihn vielleicht doch.

Ja, sicher.

Woran merken Sie es?

Er ist auffällig interessiert an Frauen-Genitalien. _{Lacht.} Pornohefte und Pornovideos faszinieren ihn unglaublich, Sexshops und Huren noch mehr. In den Pornos ist er vollständig auf Analverkehr fixiert. Als wir uns drei Monate kannten, hängte er mir bereits das erste

Mal eine Geschlechtskrankheit an. Weil er geschäftlich immer wieder in Südamerika zu tun hat, ging das die ganzen Jahre so weiter. Ihm macht das nicht den geringsten Eindruck. Er sagt: „Was ist schon dabei? Jeder geht zu Huren, und ein Tripper kann jedermann passieren."

Hat er mal einen Aidstest machen lassen?

Das habe ich ihn x-mal auch schon gefragt. „Ich habe kein Aids!" ist immer die knappe Antwort. Ich bin schon immer versucht, ihm zu sagen, solange er keinen negativen Aidstest vorweisen könne, wolle ich nur noch mit Pariser mit ihm schlafen. Es ist einfach gefährlich! Diese dauernden Verletzungen machten mir zu schaffen – so oft hatte er mein Vertrauen missbraucht! Ich wurde ganz lustlos, fast depressiv. Ich wünschte mir immer, dass er wenigstens einmal eine konkrete Beziehung zu einer Frau gehabt hätte. Das hätte mir einen Grund zum Handeln gegeben. So bin ich jetzt halt immer noch bei ihm, obwohl wir seit drei Jahren praktisch keinen Geschlechtsverkehr mehr miteinander haben.

Seither hält er sich an Pornos und Prostituierte?

Ja. Vor einiger Zeit schlug ich ihm vor: „Hör mal, ich richte dir eine Ecke ein, wo du deine Pornos aufbewahren kannst, damit du sie nicht überall verstecken musst!" Und das machte ich dann und schmiss den Plunder in ein Schrankfach. Seither scheint er es rege zu benützen.

Offenbar braucht er animierende Bilder. Wissen Sie, was er damit macht?

Er reisst bestimmte Photos aus den Heften, es ist immer derselbe Typ Frau: blond ... Das erstaunt mich!

Blond wie Sie?

Eben – blond und nackt und mit gespreizten Beinen. Und einmal ertappte ich ihn im Büro, wie er vor solchen Bildern onanierte.

Wie reagierten Sie auf die Entdeckung?

Ich konnte eine Nacht nicht schlafen.

Was sagten Sie ihm?

Nichts.

Er merkte gar nicht, dass Sie ihn erwischt hatten?

Doch, ich glaube schon. Ich weiss es nicht sicher.

Das Erlebnis machte Ihnen zu schaffen?

Sehr. In meiner Psychotherapie war mehr und mehr klar geworden, dass ich in der Kindheit vermutlich sexuell missbraucht worden bin, zumindest psychisch, sagte der Therapeut. Zum Beispiel musste ich immer wieder zuhören und zuschauen, wie Vater und Mutter miteinander bumsten. Ich schaute oft wie zwanghaft durchs Schlüsselloch. Was ich da sah, kränkte und plagte mich, obwohl es mich auch interessierte. Es war sehr widersprüchlich und unverständlich für mich. Ich verachtete meine Eltern für das, was sie miteinander machten, vor allem meine Mutter: Wie die sich brauchen liess! Pfui!

Und heute: Wie stehen Sie dazu?

Mit dem Verstand ist es kein Problem mehr, aber die gestörten Gefühle gegenüber der Sexualität sind geblieben.

Hatten Sie als Erwachsene wieder einmal Gelegenheit, einem Paar beim Sex zuzuschauen?

Nein. Ich bin nie mehr in eine Situation gekommen, dass ich das sehen durfte.

Möchten Sie das?

Ja, ich glaube schon, das möchte ich. Allerdings müsste es an den paar Tagen rund um den Eisprung sein. Ausserhalb dieser Zeit bin ich für Sex in keiner Weise ansprechbar – da würde mich der schönste Mann der Welt kalt lassen.

Ist Ihr Mann ein schöner Mann?

Jaaa – er war ein schöner Mann. _{Lacht.} Jetzt sehe ich eben nicht mehr, dass er schön ist. Andere Frauen würden ihn bestimmt attraktiv finden. Heute ist er der Typ smarter Geschäftsmann: graue Schläfen und Boss-Anzug, Dressman für Designer-Kleider. Er repräsentiert. Vielleicht sehe ich aber auch sein Alter: Er ist immerhin 14 Jahre älter als ich.

Die Spuren seines Alters beginnen Sie zu stören?

Ja, Falten an den Hinterbacken, am Hals. Ich will das nicht werten, aber ich sehe in ihm immer mehr meinen alten Vater. Plötzlich stelle ich jetzt bei mir ein Interesse für junge Männer fest, 25 bis 30 Jahre. Die schaue ich immer lieber an, angezogen oder in Badehosen.

Sprechen Sie mit Ihrem Mann über die jetzige sexuelle Situation in der Ehe?

Unsere Gespräche waren immer sehr, sehr verletzend, und zwar gegenseitig. Darum haben wir seit drei Jahren einen stillschweigenden Waffenstillstand – sie können dem auch Streik sagen. Seither läuft gar nichts mehr, weder im Bett noch im Gespräch. Er hält sich offenbar schadlos mit Huren und mit Onanieren vor Bildern von nackten Blondinen.

Und Sie?

Ich befriedige mich auch selbst, immer während meiner sexuell wachen Zyklusabschnitte. Ich flüchte in meine Phantasiewelten. Ich lerne zum Beipiel unten an der Rheinpromenade einen Mann kennen, und während ich onaniere, schlafe ich mit ihm ...

Haben Sie die Art Sex, die Sie sich dann vorstellen, mit Ihrem Mann auch erlebt?

Vielleicht ganz am Anfang unserer Beziehung, aber die erste Euphorie war sehr flüchtig.

Brauchen Sie nie Onaniervorlagen?

Doch, ich habe auch schon in ein Sexvideo hineingeschaut. Es konnte mich tatsächlich antörnen, obwohl ich es gleichzeitig auch frauenverachtend finde.

Sie schauen es mit zwiespältigen Gefühlen?

Ja. Ich sehe es mir an und rege mich nachher drüber auf, dass ich es getan habe, – lacht – also nichts wirklich Befriedigendes.

Während Ihrer guten Phase onanieren Sie häufig?

Ja.

Jeden Tag?

Ja.

Mehrmals am Tag?

Wenn möglich, ja.

Zwei-, dreimal am Tag?

Ja.

Es gefällt Ihnen wirklich?

Mangels einer besseren Alternative, ja. Ich muss froh sein um diese Ersatzmöglichkeit, um nicht ganz zu vertrocknen. Lacht.

Was gefällt Ihnen an der Selbstbefriedigung: die Phantasien, die Berührungen, der Orgasmus?

Ich onaniere auf eine komische, eigenwillige Art, glaube ich – nicht wie die anderen Frauen. Ich berühre mich nicht. Sondern ich drücke mit meinen Fingern auf die Klitoris, ohne sie zu bewegen, und presse die Schenkel zusammen. So kann ich schon nach einer Minute einen Orgasmus nach dem andern haben. Als junge Frau machte ich das häufig, wenn ich in einer Stress-Situation war – damals war es fast suchtartig. Schon als Kind hatte ich damit begonnen: Damals lag ich oft zusammen mit meiner Schwester im Bett. Wir machten es gleichzeitig und auf die gleiche Art, und immer hatte ich ein leicht schlechtes Gewissen dabei, bis heute. Ich weiss nicht, warum. Gestern abend zum Beispiel onanierte ich neben meinem schlafenden Mann. Ein klein bisschen Schuldgefühl scheint mich zu stimulieren.

Sie schlafen im gleichen Bett mit ihm?

Ich wäre schon lange ausgezogen, wenn ein Zimmer frei wäre in der Wohnung, aber dank unserem Waffenstillstand geht es. Seit ich meinen Mann kenne, hatten wir noch nie eine so ruhige Zeit wie in diesen drei Jahren: keine solch fürchterlichen, entsetzlichen Kräche mehr, bei denen wir uns gegenseitig verprügelten.

Sie haben ihn nie gefragt: „Ist dir eigentlich nicht aufgefallen, dass wir seit drei Jahren keine Schlägerei und keinen Sex mehr haben?"?

Nein! Das wäre vollkommen sinnlos, weil ich keine Reaktion zu erwarten hätte. Ich würde es vorziehen, die Dinge bei einem Therapeuten rauszulassen. Ehrlicherweise muss ich aber sagen, dass der Waffenstillstand einen grossen Nachteil hat: Ich bin dauernd todmüde! Müde wie noch nie, obwohl ich täglich zwölf, 13 Stunden schlafe. Ich habe mich schon zweimal durchchecken lassen – es ist alles „in Ordnung". Aber ich fühle mich ermattet, wie erdrückt von einer grossen, grossen Langeweile. Äusserlich bin ich zwar beschäftigt, aber mir fehlt der Pfeffer im Leben.

Also Auseinandersetzung und Sexualität fehlen Ihnen?

Genau. Offenbar würde beides zusammengehören – das zweite ist nicht ohne das erste zu haben.

Kommt es nicht mehr vor, dass Ihr Mann Sie sexuell anspricht?

Nein, bei mir regt sich gar nichts mehr. Das heisst, am letzten Silvester habe ich mich einmal „geopfert", mich ihm zur Verfügung gestellt. Wie ist das damals abgelaufen ...? Wir lagen beide im Bett, und er sagte: „Komm doch wieder mal zu mir!" Das kommt ziemlich häufig von ihm. Ich achte schon darauf, ihn nicht anzumachen, darum trage ich immer ein zweiteiliges Pyjama. Wenn das Licht gelöscht ist, ziehe ich das Unterteil aus, – lacht – das merkt er nicht. Er selber kann nicht schlafen ohne Pyjama, ausser wenn er vorhat, mich zu sich einzuladen: Dann ist er nackt. Wenn ich ins Schlafzimmer komme und seine nackte Schulter unter der Decke hervorlugen sehe, habe ich schon Horror.

Dann wissen Sie bereits, was kommt.

Nämlich: „Kommst du noch etwas rüber zu mir?" Gewöhnlich liefere ich meine Ausreden von wegen „müde" und „Kopfweh".

Bei jeder Einladung müssen Sie eine solche Story bringen?

Ich habe einfach keine Lust!

Und da er nichts von „Ihrem" Waffenstillstand weiss, bringt er ahnungslos immer wieder seine Einladungen?

Ja.

Sie müssen sie jedesmal ausschlagen?

So geht das bei uns.

Aber Silvester sind Sie ausnahmsweise darauf eingegangen?

Ja. Er küsste mich, wie früher.

War das angenehm für Sie?

Es stellte mir wenigstens nicht ab – aber erregt wurde ich nicht. Ich konzentrierte mich sogar auf seine Küsse, Zungenküsse.

Und dann?

Dann versuchte er mich an der Scheide und an der Klitoris zu erregen, mit der Hand, auch mit dem Mund.

Das war erregend?

Jaaa ... Es löschte mir nicht ab. Aber geschleckt werden ist bei weitem nicht das höchste aller Gefühle für mich. Viel lieber habe ich es, wenn mich mein Mann durch den Slip hindurch an der Klitoris berührt – das ist viel interessanter.

Was ist das höchste Ihrer Gefühle?

Wenn mich ein Mann ins Ohr küsst und mit der Zunge dort eindringt, ganz fein. Das macht mich unglaublich scharf.

Weiss das Ihr Mann?

Das macht er immer, aber er kam auch mit den andern Sachen, die mich kaum erregen: reizen und schlecken an den Brustwarzen und zwischen den Beinen.

Warum tut er das?

Vermutlich weil die Männer das so machen, nach seiner Ansicht. Das stand vielleicht vor vierzig Jahren im BRAVO. Die 69er Stellung machte er auch immer mit mir, früher. Das erregte mich gar nicht. Ich mag überhaupt den Penis nicht so gern im Mund haben, aber das habe ich seit acht, neun Jahren nicht mehr gemacht, obwohl er das sehr schätzte.

Er hat Sie nie darum gebeten, es ihm wieder mal zu machen?

Nein.

Und hat er Ihnen auch nie den Penis hingestreckt?

Nein, aber ich bin auch froh, dass er das nicht macht. _{Lacht.} In der Therapie habe ich endlich gelernt, nichts mehr mitzumachen, was ich nicht wirklich will. Das kommt nicht mehr in Frage.

Sie sprachen eben von „Penis". Gehört das Wort zu Ihrem gemeinsamen Wortschatz?

Wie sagen wir dem? – Nein, unter uns sagen wir „Schwanz".

Wie nennen Sie „Geschlechtsverkehr haben"?

„Vögeln". Wir haben eine unbefangene Sprache. Er hat das offenbar von seinen Videos übernommen.

Haben Sie Hemmungen Ihrem Mann gegenüber?

Ja. Ich konnte nie die Initiative zu Sex ergreifen, sogar als ich die wildeste Lust auf ihn hatte, früher –

immer diese Angst, zurückgewiesen zu werden! Sie lähmt mich, obwohl ich in Tat und Wahrheit nie zurückgewiesen worden bin: Er freute sich immer, wenn ich Lust hatte.

Sie haben früher Dinge gemacht, die Sie nicht wollten?

Sogar Dinge, die mich schmerzten, physisch und psychisch.

Zum Beispiel?

Er fragte mich ein paarmal nach Analverkehr. Ich machte das, und es tat mir jedesmal weh. Ich machte es ihm zuliebe.

Er ist Ihnen überhaupt zu grob im Bett?

Zu grob? Im Gegenteil! Ich vermisse das Animalische bei ihm – keine Power weit und breit! Vielleicht bin ich zu anspruchsvoll, ich weiss es nicht. Er ist mir zu fixiert auf meinen Arsch, einfach zu langweilig.

Dauert Ihnen das „Vorspiel" zu lange?

Nein, nein! Im Gegenteil! Das kann sehr schnell gehen: Er dringt schnell ein, und dann kommt's ihm sofort! Er sagt: „Beweg dich nicht, sonst ist es passiert!" Meinen Orgasmus allein durch Penetration – das hat er nie geschafft. Es fehlt ihm einfach die Kraft! Ich wäre nicht abgeneigt, das mal zu erleben. Es müsste sehr schön sein, stelle ich mir immer vor – mit dem richtigen Mann wäre ich fähig dazu.

Was müsste Ihnen der „richtige Mann" bieten?

Eine gewisse Brutalität: Er müsste draufgängerisch, animalisch, natürlich sein, wie der Fischer in dem Buch SALZ AUF UNSERER HAUT von Benoîte Groult. Ein Mann, der weiss, was er will, und der bestimmt, was läuft

– aber nur im Bett. Und er muss mich respektieren, wenn ich etwas nicht will.

Sind Sie schon einem solchen Mann begegnet?

Ja.

Während Ihrer Ehe?

Ja, aber das weiss kein Mensch.

Ihr Mann dürfte es nicht wissen?

Uuh, nein!

Das wäre schlimm für ihn?

Sehr schlimm. Nach ihm sind seine Hurenbesuche nicht zu vergleichen mit meinen Seitensprüngen. Das ist mir zu hoch.

Schlafen Sie im Moment auch mit anderen Männern?

Ja, mit einem. Den fand ich über eine Kontakt-anzeige, aber die Sexualität mit diesem Mann befriedigt mich auch nicht.

Was fehlt Ihnen dort?

Er kommt nicht zu früh, weiss, was er will ... Aber er ist zu wenig zärtlich – das brauche ich auch.

Und Ihr Mann ist zärtlich?

Vielleicht bin ich zu anspruchsvoll: Er ist schon zärtlich, aber die Feinheiten ... Zum Beispiel weiss er, dass ich es liebe, wenn er mir etwas Liebes ins Ohr flü-stert. Er macht es nie. Oder ganz am Anfang sagte ich ihm, es mache mich geil, wenn er italienisch spreche beim Sex. Wissen Sie, da gibt es so schöne Wörter, die ich zwar nicht verstehe, die aber unglaublich ordinär tönen! Er machte das widerstrebend ein-, zweimal, und fertig. Es war für ihn nichts weiter als eine lästige Pflichtübung.

Er sagt gar nichts zu Ihnen beim Sex?

Höchstens: „Ah, es ist schön mit dir!" oder „Du hast den schönsten Arsch von ganz Mitteleuropa." Lacht. Das beflügelt mich nicht besonders.

Macht er Töne beim Sex?

Wenn er erregt ist, stöhnt er, und wenn's ihm kommt, brüllt er, das heisst, er stöhnt laut.

Sie auch?

Ja. Mein jetziger Geliebter sagte mir sogar, ich solle nicht so laut schreien. Ich selbst zweifle manchmal daran, ob mein Geschrei wirklich von innen kommt.

Woher könnte es sonst kommen?

Lacht. Ich meine, ich müsse schreien. Ich habe manchmal Schwierigkeiten mit mir: Ich weiss dann nicht, ob das echt ist oder Theater, was ich mache.

Können Sie sich Sex vorstellen ohne jedes Vorspiel?

Überlegt. Ja, das kann ich mir vorstellen, besonders wenn ich stark erregt wäre und fast nicht mehr warten könnte. Aber mit meinem Mann kommt das jetzt kaum in Frage.

Werden Sie nass mit Ihrem Mann?

Früher ja, jetzt geht es länger. Darum hilft er gewöhnlich nach mit Speichel. Das stört mich nicht. Jetzt fällt mir aber auf, dass mich der Anblick seines Körpers eigentlich nie richtig kribbelig und scharf gemacht hat, wie ich das mit anderen Männern erlebt habe.

Was macht ihn am meisten scharf?

Wahrscheinlich gespreizte Frauenbeine.

Mit Ihnen, meine ich?

Die Vorstellung, seinen Schwanz reinzustecken, vermutlich. Vom Berühren und Küssen wird er nicht scharf, erst wenn es auf den Koitus zugeht.

Wie erleben Sie Erregung?

Schön! Starke Erregung ist ein Gefühl nahe der Schmerzgrenze: Es tut angenehm weh – ein ähnliches Gefühl wie beim Gebären oder kurz vor der Periode. Es steigert sich und treibt auf einen Punkt zu, an dem ich es fast nicht mehr aushalte. Nur der Orgasmus kann diese Spannung auflösen, und das ist schön.

Gibt es das noch mit Ihrem Mann?

Nein! Nur noch ausserhalb der Ehe.

Wenn er eindringt: Ist das ein gutes Gefühl für Sie?

Doch ja, das ist gut.

Und wenn er drin ist?

Das wär' auch gut, wenn's etwas dauern würde.

Wie lange dauert's denn?

Das letzte Mal ging's zack rein, und zack kam's ihm. Dann sagt er mir, es tue ihm leid, ihm laufe es halt immer aus den Ohren, weil er so wenig mit mir schlafen könne. Ich fand, das sei eine falsche Rechtfertigung, schliesslich könne er seinen Überdruck mit Selbstbefriedigung regulieren. Ich fragte ihn auch: „Wo onanierst du eigentlich, ohne dass ich es merke?" Er mache es manchmal auf der Toilette, in der Dusche, oder auch in den Hotelzimmern, sagte er. Einmal habe ich ihn, wie gesagt, in seinem Büro dabei erwischt.

Wenn es zack, zack geht, müssen Sie sich sputen, um rechtzeitig zum Orgasmus zu kommen?

Wissen Sie, ich weiss von vorneherein, dass ich

nichts davon habe. Darum bin ich nie enttäuscht, aber ich hab' auch absolut keine Lust mehr auf so was. Sicher Hunderte von Malen habe ich ihm vorgeschlagen, mit mir in eine Paartherapie zu kommen. Einmal setzte ich sogar handfesten Druck ein, indem ich sagte: „Ich schlafe nicht mehr mit dir bis zu einer ersten gemeinsamen Therapiesitzung!" – Doch er war stärker und weigerte sich beharrlich, bis heute. Er hat keine Ahnung, was eine Frau überhaupt ist. Es interessiert ihn nicht.

Welche Koitus-Stellungen sind Ihnen vertraut?

Am liebsten kommt er seitlich von hinten. Für mich ist das auch am besten, so habe ich freie Hand zum Nachhelfen. Ohne meine Mithilfe hatte ich noch nie einen Orgasmus mit meinem Mann. Auf diese Weise konnte ich jahrelang wenigstens dafür sorgen, dass ich nicht ganz leer ausging.

Wusste er, dass Sie sich gewohnheitsmässig selbst befriedigten, während er mit Ihnen schlief?

Nein, das habe ich ihm nie gesagt. Ich hätte ihm sagen müssen: „Du, hör mal! Was du da machst, das befriedigt mich nicht", aber das behielt ich für mich, um ihn nicht zu verletzen. Und ich hatte auch die Erfahrung gemacht, dass Reden nie etwas zu ändern vermochte.

Schauen Sie einander in die Augen beim Sex?

Ja, ausser wenn er mich von hinten nimmt. Meistens schauen wir einander an. Ich finde es sinnlicher so. Manchmal sagt er mir dabei sogar ins Gesicht: „Ich liebe dich." Das erstaunt mich jedesmal – ich könnte so etwas nicht sagen.

Spielen Sie ihm auch Orgasmen vor?

Früher viel, ja. Ich war häufig nicht besonders erregt und darum froh, wenn ich seinem Getue ein baldiges Ende setzen konnte.

Wie reagieren Sie, wenn Sie im Bett nicht auf Ihre Rechnung kommen?

Das erste Mal war ich enttäuscht, das zweite Mal sauer, beim dritten Mal flennte ich allein ins Kissen, und schliesslich habe ich mich damit abgefunden.

Was läuft bei Ihnen im Moment des Orgasmus?

Schwer zu beschreiben ... Ein angenehmes Kitzeln, Brennen, und schliesslich fliesst es ab durch die Beine.

Und wenn's vorbei ist: Sind Sie noch einen Augenblick zusammen?

Doch, ja, er steht nicht sofort auf, um sich waschen zu gehen. Wenn es mir gelungen ist, mich selbst noch zu befriedigen, kann es eine recht gute Stimmung werden. Früher fühlte ich mich nachher immer ganz wohl und geborgen bei ihm und konnte dann wunderbar einschlafen.

Es gab also auch gute sexuelle Erlebnisse mit ihm?

Ja, er ist mir eigentlich nicht zuwider. Ekel zum Beispiel kenne ich eigentlich nicht im Zusammenhang mit ihm. Früher schluckte ich sogar sein Sperma ab und zu, allerdings nur weil ich mich dazu verpflichtet fühlte. Aber damit habe ich schon lange aufgehört – es ekelt mich eigentlich doch an, den Geschmack finde ich widerlich.

Ist seine Stimmung verändert, wenn er wieder einmal „durfte"?

Das hat keinen Einfluss, nein, es ist alles wie vorher. Bei ihm läuft das vermutlich rein mechanisch ab: Es geht einzig darum, das Ventil wieder einmal zu öffnen. Er ist gar nicht fähig, von seinen Gefühlen und Bedürfnissen zu sprechen. Da frage ich mich oft, warum ich es schon 19 Jahre mit ihm ausgehalten habe. Vielleicht, weil er ein wirklich grosszügiger Mann ist. Natürlich phantasiere ich gelegentlich, dass ich wohl gehen werde, wenn meine Kinder gross sind. Unangenehm ist manchmal diese plötzliche Erkenntnis, meine besten Jahre vertan zu haben. Darum habe ich auch kein schlechtes Gewissen, wenn ich einen Seitensprung mache. Auf der anderen Seite soll mir keiner weismachen, eine Ehe müsse à tout prix ein ganzes Leben lang halten.

Wie würden Sie die 19 Jahre Sexualität mit Ihrem Mann charakterisieren?

Unser Sex war immer ein einstudiertes Programm, das in erster Linie auf den Orgasmus des Mannes abzielte. Er hatte zwar mal gehört, der Mann müsse etwas zärtlich sein, Zungenkuss und etwas am Ohr und so – aber es fehlte das Ursprüngliche und das Spielerische und das Zusammenspiel. Eine Einrichtung, eine Verrichtung war es immer.

Sie sind enttäuscht von Ihrer gemeinsamen Sexualität?

Ich war im Bett seit vielen Jahren nicht mehr befriedigt. Wir arbeiteten beide Tag und Nacht, und unser Sexleben verödete immer mehr. Ich wurde die frustrierte Ehefrau, wie sie im Büchlein steht. Nun fragte ich mich: Soll das jetzt alles gewesen sein? Gibt es im

Bett nichts mehr zu entwickeln? Dabei wäre ich doch jetzt, mit meinen bald 40 Jahren, auf dem Höhepunkt meines Lebens, schon ziemlich lebenserfahren, auch im Bereich Sexualität. Jetzt wäre ein günstiger Zeitpunkt, unsere Ehe und unseren Sex gemeinsam auf eine neue Basis zu stellen – wenn er nur mitmachen würde. Ich glaube, ich werde ihn nächstens wieder einmal richtig ins Gebet nehmen und aus dem Busch klopfen. Ich habe ihn jetzt lange in Ruhe gelassen – drei Jahre sind genug.

Kleines Gedankenspiel: Was könnte er tun, damit Sie sexuell mit ihm wieder einsteigen würden?

Er bräuchte nur mit mir in eine Paartherapie zu kommen. Dann wüsste ich, dass er mich wirklich ernst nähme und was für die Beziehung tun möchte. Das wünsche ich mir am meisten.

Könnten Sie sich Ihre Ehe auch ohne Sex vorstellen – auf die Dauer, meine ich?

Das kann ich mir schon vorstellen, es ist ja praktisch bereits unsere Realität. Ich glaube auch nicht an das Märchen vom Traumprinzen, der mir das Paradies bieten könnte.

Haben Sie sexuelle Phantasien?

Ja, manchmal stelle ich mir vor, ich würde vergewaltigt. Aber wohlverstanden: Das möchte ich nicht wirklich erleben, es sind Phantasien.

Hat er auch welche?

Keine Ahnung. Darüber haben wir noch nie gesprochen. Auch nicht über meine Phantasien. Leider haben wir viele Möglichkeiten in unserem Sexleben nicht ausgeschöpft. Jetzt ist es wahrscheinlich zu spät.

Ihnen fehlt Intimität mit Ihrem Mann?

Genau. Vertrautheit und Austausch gibt es nicht zwischen uns. Ich fühle mich sehr allein und einsam in meiner Ehe. Ich interessiere ihn gar nicht. Auch wenn ich ihm sage: „Sandro, mir geht es schlecht, ich bin depressiv!" oder „Sandro, ich suche mir nächstens einen Freund!" – er hört mich nie. Darum kennt er mich überhaupt nicht.

MARIA G.-D. ist 74 Jahre alt, von Beruf Hausfrau, früher Gärtnerin, seit 55 Jahren liiert und seit 51 Jahren verheiratet mit Karl, 80 Jahre, pensionierter Drucker; zwei Töchter, 48 und 45 Jahre, und ein Sohn, 40 Jahre alt. Ihre Größe: 169 Zentimeter, ihr Gewicht: 72 Kilogramm. Hobby: Handharmonika spielen.

Der erste Orgasmus mit 70

Er stieg einfach ein und war schon erregt. Er versuchte als erstes, mich auch zu erregen. Er reizte meine Brust, aber die reagierte nicht. Manchmal sagte ich dann zu ihm: „Merkst du denn nicht, dass ich nicht erregt werde?" Aber er gab mir nie eine Antwort.

Wissen Sie noch, wann Sie Ihren Mann zum ersten Mal berührt haben?

Fünf Monate, nachdem wir uns kennengelernt hatten. Aber er berührte mich, und nicht umgekehrt. In meinem Elternhaus war Sexualität ein Tabu gewesen, und die Kirche hatte alles Fleischliche zur Sünde erklärt.

Welche Kirche?

Die katholische natürlich, inzwischen bin ich längst ausgetreten. Viel später, als ich bereits meine drei Kinder hatte, ging ich immer noch zur Beichte und erzählte dem Pfarrer: „Ich habe gesündigt gegen das eheliche Gebot."

Was ist das?

Ich glaubte, dem Pfarrer gestehen zu müssen, dass mein Mann und ich im Bett zusammengewesen waren und dass wir halt aufgepasst hatten, dass es keine Kinder mehr gab.

Das eheliche Gebot ist „Wachset und mehret euch!"?

Ja, natürlich! Die katholische Kirche schreibt das ja heute noch vor. Ich war damals in einem unglaublichen Dilemma: Wenn ich mich meinem Mann verweigerte, weil ich kein weiteres Kind wollte, riskierte ich, dass er zu einer anderen geht, und das wäre doch auch eine schwere Sünde gewesen. So oder so machte ich es falsch. Es war ein Wahnsinn! Ich erhielt die Absolution im Beichthäuschen und wusste doch genau, dass mein Mann am Samstag wieder zu mir ins Bett kam – ohne dass ich es wollte –, und ich musste wieder aufpassen, weil ich ein weiteres Kind nicht verkraften konnte und mein Mann die Verhütung mir überließ.

Wie bewerkstelligten Sie die Verhütung?

Mit Knaus-Ogino. Unser drittes Kind ist ein Knaus-Ogino-Kind! Lacht. Und später wurde ich noch einmal schwanger, während ich wegen einer Erschöpfungsdepression in einem Sanatorium war. Das war zuviel für mich. Mein Arzt empfahl mir dringend eine Abtreibung. Man unterbrach die Schwangerschaft, und mein Mann liess sich gleichzeitig den Schnitt machen.

Er liess sich unterbinden?

Ja.

Ihr Mann war der erste Mann für Sie?

Ja, abgesehen von dem einen oder anderen harmlosen Schwarm oder Flirt vorher. Küssen war das Grösste, was da vorkam.

War Ihnen seine Berührung angenehm?

Nicht unangenehm, solange es in den oberen Regionen blieb. Erst einige Monate später stiess er in die unteren vor.

Zu schnell für Sie?

Natürlich! So total blöd war ich!

Und wie war es, als Sie das erste Mal miteinander schliefen?

Das war noch vor unserer Heirat. Es tat sehr weh.

Die Entjungferung?

Ja, das war überhaupt nicht schön.

Da riefen Sie: „Aua!!"?

Nein! Nein, das nicht.

Was sagten Sie denn?

Nichts. Ich habe einfach stillgehalten. Wie all die vielen, vielen Jahre später auch, in denen ich furchtbar litt, weil mein Mann etwas von mir wollte, was ich nicht geben konnte. Es war jedesmal eine mittlere Vergewaltigung. Und dann immer diese schreckliche Angst: „Jesses Gott! Wenn es ein Kind gibt!" Jedesmal – bis mein Mann unterbunden war, also über 16 Jahre lang.

Konnten Sie die Angst vor einer unerwünschten Schwangerschaft mit ihm teilen? Hatte er sie auch?

Er sagte einfach: „Du brauchst keine Angst zu haben. Ich passe schon auf."

Hatten Sie Vertrauen in ihn, dass er dicht war?

Ja, das schon. Er war immer ein zuverlässiger Mensch, bis heute. Bei ihm gab es niemals eine andere Frau. Nie!

Aber zwei unerwünschte Schwangerschaften.

Leise. Jaja.

Sex war also für Sie über Jahre ein immer wiederkehrender Alptraum?

Eigentlich schon. Ehrlich gesagt: Mit Liebe hatte das alles nichts zu tun. Mein Mann sagte immer wieder: „Wir könnten es so schön haben, wenn du nur wolltest!" Daraufhin fand ich: Also gut, dann sag' ich halt ja. Das war viel eher Druck als Liebe. Eine einzige Ausnahme gab es allerdings in unserem ersten Ehejahr. Wir reisten für vier Ferientage ins Puschlav. Dort war es sehr schön, und wir kamen kaum aus dem Bett raus. Nicht dass mein Mann den ganzen Tag erregt gewesen wäre. Aber ihm ständig nahe zu sein, das gefiel mir! Als wir wieder zu Hause waren, hatte sich meine Lust aber wieder verflüchtigt. Lust hatte ich höchstens manchmal in der Zeit des Eisprungs ...

Also wenn es gefährlich war?

Ja, eben. Richtig schlimm wurde es in unserer Sexualität merkwürdigerweise erst, als ich wusste, dass es keine Gefahr mehr gab, also nach der Unterbindung des Mannes. Da fühlte ich mich noch mehr unter Druck und vermisste beides, Zärtlichkeit und Orgasmus. Es nützte nichts, ihn darauf aufmerksam zu machen. Mein Mann begriff das nie. Nie. Bis heute, da ja kein Geschlechtsverkehr mehr möglich ist, weil seine Erektion zu schwach ist, will er nach jeder zärtlichen Berührung seinen Orgasmus haben, den ich ihm von Hand machen muss.

Jeder Körperkontakt verlangt bei ihm einen Orgasmus als hochoffiziellen Abschluss?

Immer. In den langen Jahren, in denen es hinten und vorn nicht klappte zwischen uns, war das besonders schlimm. Oft kam er einfach zu mir, ich biss in das Kissen, weinte und bettelte: „Karli, ich kann nicht, es geht einfach nicht!" Aber er hat das nie verstanden. Ich sagte ihm immer wieder: „Ich weiss selbst nicht, warum ich nicht bereit bin, deine Frau zu sein. Such dir doch eine andere und lass mich in Ruhe!" Ich konnte nicht verstehen, dass er nicht merkte, dass ich wie ein Stück Holz dalag. Ich spürte ja nichts, weil ich total verkrampft war. – An unserer Silberhochzeit fuhren wir nach Ischia und erlebten dort – völlig unerwartet – eine wunderbare Woche mit Sonne, Meer und ganz viel Zärtlichkeit und Sex. Noch heute schwärmen wir gemeinsam von Ischia.

Was für Bilder kommen Ihnen dabei?

Wir berührten uns im warmen Wasser, und ich war immer bereit und angeregt. Ich konnte nicht warten, bis wir wieder im Zimmer waren und uns weiterlieben konnten. In meiner Erinnerung ist das der Inbegriff von Erfüllung.

Ischia war für Sie eine kleine Insel der Erfüllung, und rundherum gab es ein Meer von Unlust?

Genau, ein Meer von Unlust. Ja.

Reden wir von der Unlust: In Ihrer Ehe war die Lust sehr ungleich verteilt. Empfanden Sie Ihren Mann als unersättlich?

Nein, das nicht. Selbst wenn er vier, fünf Wochen nichts von mir wollte und in der sechsten Woche zu mir ins Bett kam, musste ich ihm sagen: „Muss das jetzt wirklich sein?"

Sie weigerten sich nicht entschieden?

Nein, immer nur halbherzig, und natürlich immer ohne Erfolg.

Warum sagten Sie nicht: „Ich habe keine Lust. Ich will nicht!"?

Das macht man doch nicht – ich erachtete es als meine Pflicht.

Fürchteten Sie, er könnte sich bei einer anderen Frau holen, was bei Ihnen nicht zu haben war?

Nein, das nicht! Nie! In diesem Punkt lege ich meine Hand für ihn ins Feuer. Eifersucht gab es nie zwischen uns. Er war mir immer treu, auch wenn ich ihm oft in der Verzweiflung sagte: „Hör zu, es wäre mir recht, wenn du irgendwo ein Freundinchen hättest!" Ich glaube, ich hätte es akzeptiert, wenn ich nur meine

Ruhe gehabt hätte. Ich machte mir doch ständige Vorwürfe wegen meiner Lustlosigkeit. Ich nahm also alles auf mich. Und je mehr ich mich zusammennahm, um so verkrampfter war ich ...

Um so mehr gingen Sie zu?

Ja. Und das schlimmste: Ich konnte nie mit ihm über meine sexuellen Probleme reden. Einmal fand ich in der ANNABELLE einen Artikel mit dem Titel: „Nur nett im Bett". Diesen Artikel schnitt ich aus und legte ihn auf sein Kopfkissen. Er las das, aber: kein Kommentar. Später fragte ich ihn: „Ja, was sagst du jetzt dazu?" – keine Antwort. Immer wieder versuchte ich ihm zu erklären: „Karli, ich möchte jetzt nicht Sexualität von dir. Ich möchte Geborgenheit, in den Arm genommen werden zum Beispiel. Oder einfach, dass du mich hälst ... So dass ich das Gefühl hätte, bei dir daheim zu sein, auch wenn es nur kurz wäre. Ich möchte spüren, dass du mal an mich denkst."

Sind Sie sicher, dass er sich wirklich konkret vorstellen konnte, was Sie so dringend von ihm brauchten?

Es kam nie eine Antwort. Wann immer ich mich zu ihm gesetzt hätte, um ihm zum Beispiel die Hand zu nehmen, ich hätte ausnahmslos immer mit Sex rechnen müssen. Und das stiess mich ab.

Alle Ihre Zeichen von Zuwendung wurden von ihm als Aufforderung zum Sex missverstanden?

„Missverstanden" ist das richtige Wort, total missverstanden.

Im Bett hatte Ihr Mann immer das Sagen?

Ja. Er kam zu mir ins Bett und wollte einfach

kurzum diesen Geschlechtsakt, ob ich mich verschloss und weinte oder nicht.

Waren Sie im Pyjama?

Ja, im Nachthemd. In den schlimmsten Jahren wollte ich mich auch nicht entblössen vor ihm. Sex spielte sich bei uns sowieso immer im Dunkeln ab.

Als er zu Ihnen ans Bett kam, fragte er Sie: „Darf ich?"?

Nein! Er stieg einfach ein und war schon erregt. Er versuchte als erstes, mich auch zu erregen. Er reizte meine Brust, aber die reagierte nicht. Manchmal sagte ich dann zu ihm: „Merkst du denn nicht, dass ich nicht erregt werde?" Aber er gab mir nie eine Antwort. Er machte einfach weiter. Dann war es eine kurze Sache: Er drang ein, und nach kurzer Zeit war's fertig, und ich dachte: „Gott sei Dank!" Nach fünf Minuten ging er in sein Bett zurück, und ich heulte häufig in mein Kissen. Ich kam mir wie eine Versagerin vor.

Sie buchten die Kalamität auf Ihr eigenes Konto?

Ja, jahrelang.

Es lief immer nach dem gleichen Muster?

Immer. Ich wurde überhaupt nicht feucht, weil Sex immer eine kurze Sache war, ohne jedes Vorspiel. Und entsprechend tat es oft sehr weh. Einmal ging ich in die Poliklinik mit meiner Schwierigkeit. Dort empfahl man mir ein Gleitmittel. Ich sagte: „Ein Gleitmittel löst mein Problem nicht. Ich habe nämlich absolut keine Lust." Darauf bekam ich zur Antwort: „Das müssen Sie halt mit Ihrem Mann besprechen ..."

Und das ging ja nicht.

Überhaupt nicht. Ich muss sagen, dass ich meinen Mann über lange Zeit sehr gehasst habe.

Woran merkten Sie das?

Ich vertrug ihn oft beinahe nicht mehr, fast allergisch war ich auf ihn. Er merkte das natürlich und sagte mir ab und zu: „Dir wäre am liebsten, wenn ich sterben würde, nicht wahr?" Ich wehrte ab und sagte: „Ach, schwatz doch keinen Unsinn!" Aber ich dachte oft an Trennung. Ein Anwalt, den ich um Rat fragte, redete es mir aus: „Das dürfen Sie nicht machen. Sie würden finanziell den kürzeren ziehen." So sind wir eben immer noch zusammen. Lacht.

Wie war das mit dem Gleitmittel: Beschafften Sie es sich schliesslich doch?

Ja, natürlich. Mein Mann wäre niemals dazu zu bewegen gewesen, so etwas in der Apotheke zu holen.

Brachte Ihnen die neue Glitschigkeit des Gleitmittels etwas Lust?

Leider nein. Zu viele Dinge blieben über Jahrzehnte unbereinigt oder unausgesprochen. Mit allem, was mich drückte, war ich immer allein. Das Alleinsein in einer Ehe ist etwas vom Bittersten. Das habe ich lange, lange durchgekostet. Ich hatte das Gefühl, mein Leben bestehe nur aus Krampfen und Schlafen ...

... und wider Willen die Beine breit machen?

Ja, genau. Manchmal versuchte ich, ihm etwas von meinen Sorgen anzuvertrauen. Dann sagte er einfach: „Du hast doch jeden Tag etwas zu essen! Was bist du ständig so unzufrieden?" Ich hielt ihm entgegen: „Ein voller Teller ist doch kein erfülltes Leben!" In einem solchen Umfeld kann meine Sexualität nicht aufblühen. Ich war auch immer für alles zuständig in der Kindererziehung und im Haus, weil sich mein Mann um nichts kümmerte. Später musste ich mir von ihm und den Kindern vorwerfen lassen, ich sei die dominante Mutter gewesen.

Im Leben mussten Sie „dominieren", ...

Ja, ich musste. Sonst wäre der Karren steckengeblieben.

... aber im Bett dominierte er?

Ja. Dort kam ich dran. Ich fragte ihn immer wieder: „Ich verstehe nicht, dass du mit mir schlafen kannst, wenn ich doch absolut nicht bereit bin. Das kann dir doch keinen Spass machen ...", aber es berührte ihn nicht. Bis heute versteht er es auch nicht, mich zu trösten, wenn ich traurig bin. Er sagt mir höchstens: „Ach, das ist doch nicht so schlimm! Vergiss es!" Nie bin ich einen Moment geborgen bei ihm. Aber inzwischen bin ich doch ein wenig weiser geworden und habe den Humor, den ich von meinem Vater habe, nicht verloren. Dabei ist mir etwas zu Hilfe gekommen, was ich im Sommer vor vier Jahren erlebt habe: Plötzlich erwachte gänzlich unerwartet wieder eine immense Lust.

Verstehen Sie das?

Nein, ich verstehe es nicht. Ich verstehe nicht, wie nach der jahrelangen Brachzeit unvermittelt mit 70 eine grosse Lust über mich kam, wie damals mit 20 im Puschlav und mit 50 auf Ischia. Das kam so: Weil es so heiss war, trug ich keinen Büstenhalter wie gewöhnlich und merkte plötzlich, wie mir die Berührung des Stoffes an der Brust wohltat. Es war wunderbar, und ich genoss es. Ich wartete noch zwei, drei Tage, und dann sagte ich zu meinem Mann: „Du, ich glaube, jetzt wäre ich für die Sexualität bereit." Ich spürte den Drang, diesen Mann wieder dauernd zu berühren und von ihm berührt zu werden. Ich sagte: „Aber jetzt will ich, dass du ein intensives Vorspiel mit mir machst! Das ist nämlich jetzt mein Genuss." Ich genoss es wirklich, dass er mich mit der Hand befriedigte, und auch mit der Zunge.

Er wusste also, wie das geht?

Ja. Und dann erlebte ich zum allerersten Mal in meinem Leben einen richtigen Orgasmus.

Mit 70?

Ja.

Handarbeit von ihm?

Ja, von Hand.

War es ein gutes Erlebnis?

Wahnsinnig!

Wie denn?

Ich hatte das Gefühl, das ganze Herz und die ganze Seele würden mit Macht in mir hochsteigen und sich steigern und dann explodieren! Es war so wunderschön, dass es fast nicht zum Aushalten war. Ich rief: „Mach weiter! Mach weiter!", und es dauerte eine Ewigkeit. Schliesslich floss alles ab mit einer wunderbaren Lust, und dann war ich erledigt. Es ist schwer zu beschreiben. Nachher fühlte ich mich ganz befreit, und die Welt um mich herum war leicht und beschwingt.

Empfanden Sie das als Geschenk Ihres Mannes?

Nein! Es wäre mir nicht in den Sinn gekommen, mich bei ihm zu bedanken. ₗₐ𝒸ₕₜ. Es war ganz allein mein Erlebnis.

Hatten Sie das Gefühl, etwas nachgeholt zu haben?

Das ja! Und ich spürte: „Das ist es jetzt! Wunderbar, dass du das jetzt doch noch erleben kannst!" Ich glaube, das Schönste daran war, dass ich endlich einmal ganz ich selber sein konnte. Seither bin ich in meinem Innersten viel ruhiger geworden. Wenn ich jetzt traurig bin, denke ich oft an diesen wunderbaren Moment. Es ist immer wieder eine tröstliche Erinnerung.

Sie sehen jetzt mit mehr Gelassenheit auf Ihre Ehegeschichte zurück?

Es ist keine Auflehnung mehr da, ja, kein Hadern mehr.

Sie haben dankbare Gefühle?

Mh.

Diese sexuellen Hochgefühle versöhnten Sie auch mit Ihrem Mann?

Ja! Das stimmt.

Sie sagten ihm, Sie bräuchten jetzt ein intensives Vorspiel. Wie lief das?

Er machte es sehr gut. Mit dem Finger zum Beispiel. Ich war auch sofort bereit, dass er mich mit der Zunge da unten reizte – und sogar auch umgekehrt. Das gefiel mir sehr, während ich es vorher nie geschätzt hatte.

Und Ihr Mann fühlte sich im satten Klee?

Natürlich! Er war überglücklich. Ich glaube, ich hätte ihn fragen können: „Schenkst du mir ein schönes

Collier?" _{Lacht.} Er hätte es gemacht! Bestimmt! Und ich sagte zu ihm: „Es ist, Herrgott noch mal, als ob wir noch 20 wären!" Wir fanden es beide unglaublich toll.

Hatte es mit Liebe zu tun?

Nein! Es war Lust, Trieb. „Liebe" passt sowieso nicht zu uns zwei alten Leuten. Jetzt, wo es wieder still ist zwischen uns, geht es viel eher um Achtung und sich gegenseitig akzeptieren und einander nötig haben. Im Alter kann ich ihm ein paar wichtige Dinge ins Gesicht sagen, die ich vorher immer verklemmt hatte. Zum Beispiel, dass ich ihn jahrelang immer wieder gründlich gehasst hatte oder dass ich niemals wieder als Frau auf die Welt kommen möchte – nie!

Warum?

Ich habe in meinem ganzen Leben nichts anderes gemacht als gedient. Eltern und Schwiegereltern habe ich in den Tod gepflegt, die Kinder voll versorgt, und jetzt kommt möglicherweise auch noch die Pflege meines Mannes auf mich zu. Mit dieser Dienerinnenrolle bin ich bald vollauf bedient.

Wie lange dauerte Ihr Höhenflug?

Sechs, sieben Wochen. Mit dem Sommer verzog sich dieses Wundergefühl wieder. Als ich Ende September zwei Wochen mit einer Freundin im warmen Sizilien war, kam es noch mal zurück, und ich dachte zum ersten Mal: „Wenn ich doch nur den Karli hier hätte!" Und weil er nicht da war, befriedigte ich mich zum ersten Mal in meinem Leben selber. Als ich nach Hause kam, erzählte ich alles meinem Mann, und es gab noch einmal ein paar Tage ein Aufflammen meiner Lust. Aber dann stellte es mir plötzlich wieder ganz ab. Und ich sagte zu ihm: „Tut mir leid, es ist jetzt einfach vorbei, Schluss!"

Seither sind Sie wieder abgestellt?

Nein, eben nicht! Die Lust kommt jetzt jedes Jahr wieder für ein paar Wochen, sobald es warm wird.

Und jetzt, im kalten, nebligen November ist sie wieder weg?

Ja. Es ist still, und ich leide nicht einmal darunter.

Der nächste Sommer kommt bestimmt?

Ich hoffe es.

Was macht Ihr Mann, bis es wieder soweit ist?

Er befriedigt sich selbst, das heisst, er kommt zu mir, und ich helfe ihm dabei.

Sie befriedigen ihn mit der Hand?

Ja. Wissen Sie, seine Erektion ist nicht mehr so stark, dass er in mich reinkommen könnte. Wenn er zu mir kommt, um sich befriedigen zu lassen, sage ich manchmal zu ihm: „Ach, wenn das nur wieder käme, was im Sommer war! Ich wünschte mir das so sehr!"

Versteht er das?

Ja! Jetzt hat er begriffen, wie das bei mir funktioniert, und er respektiert es. Darum mache ich ihm diese Freude gern ...

Ihm zuliebe?

Ihm zuliebe, ja. Nachher sage ich ihm immer: „Gell, jetzt kannst du gut schlafen!?" ₗₐ꜀ₕₜ. Und kurz darauf schnarcht er schon wunderbar. Ich selbst habe absolut nicht das Bedürfnis, dass er mich irgendwie ...

Er berührt Sie dabei gar nicht?

Nein. Er kommt einfach, und ich sage: „Es ist schon recht, Karli!" und so. Ich weise ihn nie zurück und finde das gut. Ich sage mir, wenn er daran Spass hat, soll er den Spass haben.

Er kommt immer noch zu seinem Orgasmus?

Ja, ja. Das ist doch schön!

Könnten Sie sich vorstellen, ihm zu sagen: „Du hattest jetzt deinen schönen Orgasmus. Ich möchte so gern, dass du mich noch ein wenig streichelst."?

Nein, nicht mehr. Es gab zuviele Enttäuschungen in meiner Ehe. Jetzt mag ich nicht mehr betteln.

Und wenn Sie ihn bitten würden, Sie auch mit der Hand zu befriedigen?

Ja, das würde er sofort! Sofort! Aber ich habe nicht die geringste Lust, leider.

Sagt er Ihnen manchmal „Danke schön!" dafür, dass Sie ihm behilflich sind?

Nein! Das wäre zuviel verlangt. In letzter Zeit sagt er immerhin – nicht direkt zu mir, sondern zum Arzt oder unserer Tochter: „Was würde ich bloss machen, wenn ich die Mama nicht hätte ...?!" Ich selbst wäre auch sehr traurig, wenn ich ihn verlieren müsste. Das sage ich ihm auch immer wieder.

Gibt es noch andere Berührungen bei Ihnen beiden, abgesehen von seiner Selbstbefriedigung?

Nein. Wenn ich ihn irgendwo harmlos berühre, will er sofort Sex, wie eh und je. Das ist unausrottbar. Lacht.

Ich kann fast nicht glauben, dass es keine kleine Zärt-

lichkeit mehr zwischen Ihnen geben soll, keinen Kuss zum Beispiel?

Einen Kuss? Wissen Sie, mit Prothesen ist das ein Problem. Wir haben beide falsche Zähne, und da ist das Leben im Mund weg.

Ist es ein peinliches Gefühl?

Nein, aber es fehlt das lebendige Empfinden.

Sie könnten sich ja ohne Zähne küssen.

Entsetzt. Oh nein, unmöglich! Schrecklich! Nein, nie! Ohne Zähne fühle ich mich wie eine Hexe.

Für Ihren Mann ist das auch so schlimm?

Ich glaube schon, sicher! Wir zeigen uns einander nie ohne Zähne.

Sind Sie nicht traurig über diesen Verlust?

Jetzt nicht mehr, nein!

Haben Sie sexuelle Phantasien?

Das nicht, aber mir gefallen schöne Körper. Im Haus nebenan wohnt zum Beispiel eine junge Frau, die hat in ihrem Badezimmer ein grosses Fenster mit Milchglasscheiben. Wenn sie duscht, erscheint ihr wunderschöner Körper in diesem Fenster. Meistens rufe ich dann meinen Mann: „Du, Karli, jetzt musst du kommen. Die Frau Letsch ist wieder beim Duschen!" Man sieht sie wunderbar, wenn es Nacht ist und das Licht brennt.

Das gefällt Ihnen?

Ich habe auch Freude, meinem Mann zu sagen: „Schau mal, die Frau Letsch!"

Und Sie, haben Sie auch Freude daran?

Ja. Ich schaue die Frau wirklich gern an. Aber ich bin kein Voyeur, der warten würde, bis die Frau Letsch wieder am Fenster erscheint. Ich schaue hin, wenn ich sie zufällig sehe. Ich bin sicher, dass sie selber es gar nicht gern hätte, wenn sie wüsste, dass man sie so sieht. – Jetzt fällt mir ein: Wenn es mir mit meinem Mann so schlecht ging, dachte ich oft: „Wenn ich eine nahe Freundin hätte, bekäme ich von ihr die Zärtlichkeit, nach der ich mich sehne." Das waren schöne Phantasien.

Trotz vieler widerwärtiger Erfahrungen scheinen Sie nicht verbittert zu sein.

Wissen Sie, ich habe im Lauf der Jahre sehr viele Illusionen ad acta gelegt, weil ich merkte, dass man besser lebt mit weniger Illusionen. Man wird bescheidener. Das ist meine kleine Weisheit, die ich erlangt habe. _{Lacht.} In mir drin bin ich jetzt recht zufrieden.

Welche Illusionen haben Sie über Bord geworfen?

Zum Beispiel Geborgenheit: Das werde ich mit meinem Mann nicht mehr erleben. Er kann mich nicht in die Arme nehmen und halten. Er versteht es nicht, sich ausdrücklich für mich zu interessieren.

Sie müssen für sich selber sorgen?

Genau. Und dafür bin ich jetzt noch stark genug.

Neugier, Staunen und ein Rest Befangenheit

Fragen an Klaus Heer von Rebekka Roche

Klaus Heer, kommen Sie selbst in Ihrem Buch auch vor?

> *Ja.*

Wo genau?

> *Ich schätze in der Hälfte der Interviews. Da finde ich überall Bekanntes vor: Lust und Frust, Entzücken und Geniessen, Ängste und Verklemmungen. Natürlich habe ich mich selber auch interviewen lassen, von einem Freund. Drei Stunden lang setzte ich mich seinen neugierigen Fragen aus, vor laufendem Mikrophon.*

Wurden Sie rot?

> *Nein, aber warm im Bauch. Es war das erste Mal in meinem Leben, dass ein Mensch nicht davor zurückschreckte, mich präzis und umfassend zu fragen, was mit meiner Sexualität ist – konkret, sehr konkret. Erstaunlicherweise habe ich mich keinen Moment geschämt, auch nicht vor mir, obwohl beileibe nicht nur Rühmliches herauskam. Ich war berührt. Es war, als ob ich erstmals einem Gast einige Zimmer in meinem Haus zeigen würde, in die ich bisher noch nie jemanden geführt hatte. Es hatte mich noch nie jemand um eine solche Hausbesichtigung gebeten.* Lacht. *Dabei ist doch seit eh klar, dass es diese Zimmer gibt.*

Sind Sie ein verkappter Exhibitionist?

> *Die Wärme in meinem Bauch zeigte mir, dass ich in jenem entlegenen Haustrakt, wo mein sexuelles Bewusstsein wohnt, immer ziemlich einsam gewesen war. Und jetzt kommt einer, nimmt mich bei der Hand und sagt: „Hab*

keine Angst, wir schlendern ganz langsam durch deine Hinterräume und schauen uns an, was du mir zeigen willst. Nachher gehe ich wieder." Es war wie eine unbekannte zärtliche Geste. Gleichzeitig sah und erkannte ich bei dem gemächlichen Rundgang Dinge an mir, die mir nie aufgefallen waren – auch ein Geschenk! Ähnliches müssen die Leute erfahren haben, die hier waren, um sich von mir über die Sexualität in ihrer Ehe ausfragen zu lassen.

Wie kommen Sie darauf?

Sie haben es mir gesagt, und ich war ja dabei. Ich habe die Stimmung miterlebt, die Dichte und Intensität dieser Begegnung der besonderen Art. Die meisten Frauen und Männer hatte ich vorher nie gesehen, höchstens am Telefon gehört oder einen Brief von ihnen gelesen. Jetzt sitzen wir uns gegenüber, in meinem Wohnzimmer, Kaffee auf dem kleinen Tisch und das Tonbandgerät, und es ist vorerst nicht viel mehr da als ein wenig Herzklopfen, auch bei mir. Das Thema ist ungewöhnlich, der Einstieg nicht ebenerdig. Ich bin zwar neugierig und interessiert, aber kein geborener Voyeur. Als Paartherapeut sind mir direkte Fragen zur Sexualität alltäglich und vertraut, aber doch nicht so ... Lacht.

Hemmungen?

Nein, Anstrengung. Es ist anstrengend, den Weg ins Innere des anderen zu pfaden. Nicht weil der andere nur widerwillig mitgehen würde, sondern weil dieser Weg gewöhnlich überhaupt das erste Mal begangen wird. Von sich aus bis in alle Details über seine Sexualität zu reden ist wohl den meisten Menschen nicht möglich – ein unerschrockener, geübter und interessierter Frager muss vorangehen. Er muss sich gegen die Schwerkraft des Verschweigens vorarbeiten, und der oder die Befragte wird sich in seinem Windschatten ausdrücken können, wenn die Stimmung aufmerksam und liebevoll ist.

Das tönt nach Schwerarbeit.

Ein Plausch in Small-talk-Manier ist es nicht. Aber ich denke, auf diese Weise ist dieses einmalige Mass an Offenheit zustandegekommen. Wenn Sie die Interviews lesen, sehen Sie auch, wieviel dabei gelacht wurde.

Wer sind die Menschen, die sich von Ihnen so ausgiebig in die Bettwäsche blicken liessen?

Im Buch sind es neun Männer und elf Frauen im Alter zwischen 33 und 74 Jahren. Sie sind zwischen zehn und 51 Jahren verheiratet, also weder getrennt noch geschieden. Sie leben alle mit ihrem Partner, ihrer Partnerin zusammen und haben alle Kinder. Sie wohnen in den verschiedensten Teilen der Schweiz, in Städten, Agglomerationen und auf dem Land. Alle Berufs- und Bildungssparten sind vertreten.

Wie sind Sie denn an die Adressen gekommen?

Angefangen habe ich mit engen Freunden und nahen Bekannten. Sie halfen mir über die Startschwierigkeiten hinweg. Dann kamen Bekannte von Bekannten. Die meisten Leute aber meldeten sich auf zwei Anzeigen, die ich in Zeitungen aufgegeben hatte. Vereinzelte Interviews stammen von Personen, die wegen eines bestimmten Anliegens an die Wochenzeitung WIR BRÜCKENBAUER geschrieben hatten. Ich bin dort Mitarbeiter für die Rubrik RATGEBER PSYCHOLOGIE und behandle Themen aus dem Bereich Partnerschaft und Sexualität.

Also keine Klienten aus Ihrer Paartherapie-Praxis?

Wer die Begleitung eines Paartherapeuten beansprucht, möchte wohl nicht „nebenbei" noch dessen Buchseiten füllen müssen, nehme ich an. Paartherapie ist Vertrauenssache, und ich hatte keine Lust auf eine Vermischung von Therapie und Publizität.

Wie kamen die Interviews schliesslich konkret zustande?

Ich informierte meine Interview-Interessentinnen und -In-
teressenten zunächst am Telefon über mein Buchprojekt
und darüber, was sie bei dem Gespräch erwarten würde –
eine Menge extrem neugieriger Fragen. Wir besprachen
auch eingehend den Schutz der Anonymität, besonders
gegenüber dem Ehepartner.

Gab es Leute, die in diesem Stadium ausstiegen?

Ja, zwei.

Wo fanden die Gespräche statt?

Die meisten bei mir im privaten Rahmen, vereinzelte in
Zürich und Basel bei Freunden. Die Gespräche liefen über
den ganzen Tag verteilt, manchmal auch am Abend, je
nachdem, wann sich die Leute freimachen oder unverdäch-
tig von zu Hause wegbleiben konnten. Drei Frauen bekam
ich nicht zu Gesicht: Wir sprachen rund drei Stunden am
Telefon.

Wieviele Interviews haben Sie insgesamt gemacht?

31.

Wo sind die elf geblieben, die nicht im Buch stehen?

Fünf habe ich gar nicht zu Papier gebracht. Die aller-
ersten Gespräche waren mir nicht ganz geglückt. Auch
später gelang es mir ein-, zweimal nicht, jenen Fluss voll
zum Fliessen zu bringen, der Voraussetzung ist für ein
offenes Gespräch. Auf die sechs anderen Interviews habe ich
in Absprache mit dem Verlagslektorat verzichtet – schweren
Herzens. Das Buch wäre zu umfangreich geworden.

Ist Ihr Buch eine Kuriositätengalerie, oder stellen die 20 Interviews eine repräsentative Auswahl dar?

Weder noch. Das Buch ist eine zufällige Sammlung von
Zeugnissen über die „normale" eheliche Sexualität, soweit
man überhaupt an authentische Informationen herankom-
men kann. Es ist eine Illusion zu glauben, man könne
menschliche Sexualität „repräsentativ" oder „wissenschaft-

lich" erfassen. Vermutlich wissen wir über das Sexuelle der Mehrheit der Menschen gar nichts, weil sich die meisten nie zu diesem Thema äussern. Zugänglich sind uns einzelne Berichte von einzelnen Menschen, die aus irgendwelchen Gründen bereit sind, von ihren sexuellen Erfahrungen zu erzählen. Diesen dokumentarischen Äusserungen haben wir es zu verdanken, dass wir die Einsamkeit unserer Phantasiebilder etwas mildern und unsere sexuellen Vorstellungen bereichern können. Wir bekommen auf unaufdringliche Weise Anstösse, ohne dass irgendeine didaktische oder ideologische Idee dahinterstünde.

Ist das die Absicht, in der Sie das Buch gemacht haben?

Ich wollte endlich wissen, was die meisten wissen möchten und nicht zu fragen wagen: Wie machen es andere im Bett, wie geht es ihnen dabei? Was spielt sich ab hinter all den verschwiegenen Ehefassaden? Dabei sollten die unbekümmerten Fragen ebenso hilfreich sein wie die offenherzigen Antworten. Fragen und Antworten könnten als Katalysator dienen für die Reflexion der eigenen Ehe-Sexualität. In allen anderen Lebensbereichen nutzen wir die Erfahrungen anderer Menschen doch auch, oder?

Kann man davon ausgehen, dass in Ihrem Buch die hauptsächlichsten Formen ehelicher Sexualität vorkommen?

Nein, eben nicht! Es gibt soviele Sexualitäten wie Paare und soviele sexuelle Realitäten wie Menschen. Darum fehlen wichtige Aspekte, die im Leben von vielen Paaren bedeutsam sind, während andere übervertreten sind. Zum Beispiel konnte ich trotz eines entsprechenden Inserates keine Frau finden, die mir von aktuellen Orgasmusproblemen erzählen wollte. Es ist auch auffällig, dass Aussenbeziehungen in einigen hier dargestellten Ehen eine sehr positive Rolle spielen. Die „Untreue", wie ich sie aus meiner professionellen und persönlichen Erfahrung kenne, sieht allerdings in der Realität häufig sehr viel schlimmer aus.

Wenn schon die Sexualität in der Ehe das Thema ist, warum haben Sie keine Interviews mit Ehepaaren gemacht?

Es wär' zu schön gewesen! Ein plastisches Stereobild von der Sexualität eines Paares hätte augenfällig gemacht, wie unglaublich verschieden die beiden Partner erleben können, was sie im Bett miteinander tun. Manchmal erscheint es unglaublich, dass die beiden tatsächlich die zwei Menschen sind, die seit Jahren oder Jahrzehnten miteinander leben. Weil sie unter sich nicht offen sein können, sind sie sich fremd geworden. Diese Entfremdung mitzubekommen, ist ein eindrückliches Erlebnis ...

... das man in Ihrem Buch nicht haben kann.

Versucht habe ich es. Unter meinen ersten Befragten waren auch einige Ehepaare, die ich getrennt interviewte. Doch die Ergebnisse waren entmutigend. Entweder hatte ich ein ungutes Gefühl, weil ich spürte, dass die Auskünfte erst eine interne Zensurstelle passieren mussten, bevor sie freigegeben wurden – es ist nämlich viel einfacher, einem interessierten Dritten die intimsten Informationen weiterzugeben als mit dem nächststehenden Menschen rückhaltlos offen zu sein. Oder wenn die Äusserungen unzensiert und schwarz auf weiss dem Ehepartner unter die Augen kamen, lösten sie zum Teil bedrohliche Schwierigkeiten in der Ehe aus. Es scheint schwer verkraftbar zu sein, Intimstem aus dem eigenen ehelichen Sexleben zum ersten Mal in einem Manuskript für ein Buch zu begegnen.

Sie haben Ihre Informanten also zu systematischer Heimlichkeit angestiftet?

Da mir möglichst authentische Berichte am Herzen lagen, blieb mir nichts anderes übrig.

Wie gelang Ihnen das Kunststück, die Interviewten für deren

Ehepartner und Ehepartnerinnen unkenntlich zu machen?

Die meisten gaben sich überzeugt, dass ihre Frau, ihr Mann „nie solche Bücher liest". Trotzdem verwendete ich viel Sorgfalt darauf, gemeinsam mit dem oder der Befragten die persönlichen Daten und alle verräterischen Einzelheiten zu verändern. Es ging darum, zuverlässig von der Spur zur Identität der Interviewten abzulenken, ohne jedoch das Gesamtbild zu verfälschen. Nachdem ich das Gespräch vom Tonband abgeschrieben hatte, bekamen sie alle das Manuskript zum Lesen und konnten ihre Korrekturen und Vertuschungen anbringen. Daraufhin gaben sie alle ohne Ausnahme die schriftliche Einwilligung für die Publikation. Niemand zog nachträglich sein Interview zurück, obwohl ich allen diese Möglichkeit schriftlich zugestanden hatte.

Gingen Sie eigentlich bei dem Interview nach einem festen Fragebogen vor?

Wenn Sie die Gespräche lesen, sehen Sie, dass jedes einen ganz eigenen Verlauf nimmt. Manchmal fingen die Leute selber an zu erzählen, manchmal knüpfte ich an etwas an, was ich vom ersten Telefongespräch oder von einem Brief her bereits wusste. Dann folgte ich der persönlichen Spur meines Gegenübers, das heisst, ich wählte die Form des halbstrukturierten Tiefeninterviews, ohne einen feststehenden Fragenkatalog. Damit konnte das charakteristische Profil jeder einzelnen sexuellen Erlebniswelt deutlich hervortreten.

Und Ihre „extrem neugierigen Fragen" haben nicht Scham oder Verlegenheit provoziert?

Eine direkte Frage beschämt oder schockiert nur dann, wenn sie in einem unstimmigen emotionalen Umfeld gestellt wird. Zwanzig Jahre paartherapeutische Arbeit, sehr häufig zum Thema Sexualität, haben mich gezwungen,

*hier spezielle Fähigkeiten zu entwickeln. Sonst hätte ich
die Lust an meinem Beruf verloren.*

Können Sie für die Glaubwürdigkeit der Interviews garantieren?

*Ich habe keinen Röntgenblick. Dafür verfüge ich gerade bei
einem Teil der unglaublich schönen Geschichten über Informationen des anderen Ehepartners, die die Berichte glaubhaft bestätigen. Ich selbst bin immer äusserst skeptisch gegenüber Schönwetterberichten von der ehelichen Sexfront.
Nirgends wird soviel gelogen und verschwiegen wie beim
Thema Sexualität. Ich weiss zu gut, wie anspruchsvoll es
ist, über Jahre eine für beide Partner befriedigende Sexualität zu erhalten. Nach meiner Überzeugung gelingt dies
nur einer verschwindend kleinen Minderheit von Paaren,
und dies auch nur dank einem beträchtlichen Aufwand.
Glaubhaft sind solche Beschreibungen erst, wenn auch das
Bewusstsein für die Schattenseiten der Beziehung wach ist.*

Es könnte ja auch sein, dass die Leute Ihnen mit ihren
Antworten gefallen wollten.

*Genau. Dann kämen Auskünfte heraus, die sich an der
sozialen Wünschbarkeit orientieren statt an der Wirklichkeit. Um solche verfälschten Ergebnisse zu verhindern, werden in der psychologischen Befragungstechnik gewöhnlich
sogenannte Kontrollfragen eingebaut. Damit soll festgestellt
werden, ob auch wenig schmeichelhafte, aber selbstverständliche Antworten gegeben werden. In meinen Interviews
greifen viele Fragen weit über die üblichen Scham- und
Tabugrenzen hinaus und fördern eine Menge Tatsachen zutage, die für die interviewte Person gewiss nicht angenehm
sind, weder zum Erleben noch zum Berichten. Unzählige
Antworten belegen, dass sie nicht so zensiert oder beschönigt sind, dass sie den vermuteten Erwartungen des Interviewers hätten entsprechen können.*

Welches könnte, nach Ihrer Einschätzung, der Haupteinwand gegen Ihr Buch sein?

Möglicherweise wird das Buch als Pornografie missverstanden.

Ist Ihr Buch Pornografie?

Wenn Pornografie simpel als Darstellung und Veröffentlichung sexueller Handlungen verstanden wird, ja. Ich definiere aber Pornografie differenzierter. In unserem optischen Zeitalter hat sich Pornografie sehr deutlich auf Bilder verlagert. Bei Geschriebenem macht sich die Leserin, der Leser ihre, seine Bilder und die dazugehörigen Gefühle selbst. Pornoanrüchig würden die Buchtexte allerdings, wenn sie zum Beispiel auszugsweise, unter schlüpfrigen Balkenüberschriften und einschlägig bebildert in einer Boulevardzeitung abgedruckt würden.

Aber in Ihrem Buch wirken dieselben Texte nicht pornografisch – was ist denn der Unterschied?

Pornografie beschreibt nicht, was sexuell wirklich geschieht, sondern sie hat im Auge, was geschehen sollte, wenn man sie konsumiert: Geilheit und Erregung. Sie ist ein Phantasieprodukt, das seinerseits Phantasien produzieren soll. Mein Buch hingegen bildet sexuelle Wirklichkeit ab, mit der die Leserin, der Leser ihre, seine eigene Sexualität konfrontieren kann, wenn sie, er daran interessiert ist. Natürlich sind einzelne Szenen und Geschichten in diesem Buch so schön, dass jemand beim Lesen vielleicht tatsächlich erregt wird. Wer könnte etwas dagegen haben und was und warum? Sicher ist, dass es nicht meine Absicht war, ein „erregendes" Buch zu schreiben. Ich will vielmehr anregen zum Nachdenken und Reden über die Sexualität in der eigenen Partnerschaft – wenn man Lust dazu hat. Die Interview-Form des Buches unterstützt diese Absicht. Viele Fragen stellt man sich bei der Lektüre zwanglos und unwillkürlich selbst.

In einzelnen Kapiteln könnte das Vokabular aber anecken, als anstössig bis pornografisch.

Ich habe mich dem Sprachgebrauch der einzelnen Befragten angepasst – und dies mit Lust! Lacht. *Es war für mich ein unfassliches Erlebnis: Zum ersten Mal in meinem Leben keine Zensur! Auch keine eigene. Zum ersten Mal genau die Wörter und Sätze schreiben können, die für den Moment stimmen! Das gibt ein gutes Gefühl von Freiheit, Freiheit von Angst.*

Schockieren Sie gern?

Ich bin seit vielen Jahren ziemlich unbefangen und wendig, wenn es darum geht, über Sexualität zu reden. Von einem Paartherapeuten kann man erwarten, dass er sprachlich immer und in jeder Situation ein Quentchen unbefangener ist als sein Klientenpaar. Er muss sich also auf die unterschiedlichsten Sprachen und Sprachebenen einstellen können. Das tue ich in den einzelnen Interviews auch. Ich übernehme die Ausdrucksweise meines Gegenübers. Das ist bestimmt einer der Gründe, warum jedesmal eine fliessende Offenheit zustandekommen konnte. Die Leserin, der Leser ist allerdings in einer ganz anderen Lage: Auf sie, auf ihn kann ich mich ja nicht einstellen. So ist das eine oder andere Interview für einzelne Leserinnen und Leser möglicherweise schockierend. Nicht weil ich den Schock beabsichtigt hätte – er ist vielmehr die mögliche Folge davon, dass ich mit dem Buch eine Auswahl von sexuellen Ausdrucksweisen vorlege. Und ich lade Sie ein: Schauen Sie und vergleichen Sie! Welcher Zungenschlag und welches Vokabular könnte Ihnen zusagen? – Denn jede Sprache ist für das Überleben der ehelichen Sexualität zuträglicher als unausgelüftete Sprachlosigkeit.

Als ungehörig könnte man auch empfinden, dass Sie die Sexualität so extrem isoliert und technisch betrachten und beschreiben: Die Liebe wird in Ihrem Buch vom Sex erdrückt.

Das stimmt nicht! Von der ersten bis zur letzten Seite ist spürbar, wie die Menschen immer die Liebe suchen, wenn sie zusammen sind. Wenn sie sie nicht finden, sind sie traurig und verzweifelt, manchmal auch müde. Wie es auch aussieht in der ehelichen Sexualität, immer beschreiben sie sie liebevoll und sorgfältig, wie sie ist. „Es ist, was es ist, sagt die Liebe", schreibt Erich Fried in einem wunderschönen, kühlen Gedicht. Und warum soll die „reine" Sexualität nicht genauso themenwürdig sein wie Familienausflüge, Zonenpläne, Akupunktur, Fussballregeln, Inhaberaktien und andere Lebensbereiche auch? Sie braucht nicht unbedingt „eingebettet" zu sein in Zärtlichkeit, Beziehungshintergrund und Liebeszusammenhang, wenn man über sie nachdenken, reden oder informiert werden will. Oder glauben Sie im Ernst, man sollte es dem Sexkommerz überlassen, diese Dinge beim Namen zu nennen? Das Buch ist der Beweis dafür, dass man über Sexualität unverblümt und liebevoll reden kann und soll. Antworten kommen offen und direkt, wenn sie sich von offenen und direkten Fragen getragen fühlen.

Gibt es für Sie keine Grenzen, an denen das Eindringen in die sexuelle Intimsphäre Halt machen müsste?

Die Grenze liegt da, wo das Einverständnis des oder der Befragten aufhört. Ein Stopp wäre während des Interviews oder später bei der Autorisierung des geschriebenen Textes möglich gewesen. Alle meine Auskunftspersonen, glaube ich, sind mündige Menschen, die in der Lage gewesen wären, sich gegen Übergriffe zu wehren.

Anders formuliert: Ist es wirklich wünschenswert, die Sexualität bis in den hintersten Winkel auszuleuchten? Wo bleibt denn das Geheimnis?

Ich stelle mir die menschliche Sexualität nicht vor wie eine Maschine, deren Funktionieren man irgendwann begriffen haben könnte. Sie ist lebendig und unergründlich, manchmal auch abgründig. Sie liebt es, wenn ich nicht aufhöre, sie ergründen zu wollen – auch zusammen mit meinem Partner. Dann bleibt sie lebendig. Je mehr ich über das Geheimnis weiss, um so bewusster wird mir, dass ich das Wesentliche nicht wissen kann, weil es immer weiter und reicher wird. Was Sie den „hintersten Winkel" nennen, gibt es nicht. Genausowenig, wie irgend jemand je fähig sein wird, einen Baum zu „verstehen". Er wird immer ein Geheimnis bleiben – wie Ihre und meine Sexualität.

Eben: Sexualität ist ein Geheimnis und gehört nicht ans grelle Licht der Öffentlichkeit gezerrt.

Ich verstehe Geheimnis nicht als Synonym für Tabu. Die Sexualität ist ja selbst eine Sprache, eine Möglichkeit, wie sich liebende Menschen spielerisch ausdrücken und verständigen können. Jede Sprache ist eine soziale Erscheinung, also ihrerseits Gegenstand von Überlegung und Austausch. Dies muss privat und öffentlich geschehen. Was öffentlich totgeschwiegen wird, pervertiert im Privaten. Ein Buch – wohl das diskreteste aller Medien – ist am ehesten geeignet, das Nachdenken und das Gespräch über Sexualität in festen Beziehungen anzuregen und zu unterstützen. Mein Buch kommt dem legitimen Wunsch vieler Menschen entgegen, einmal zu erfahren, „wie es die anderen machen". Anhand solcher Dokumente bekommt man ein handfestes Hilfsmittel, sich im luftleeren Raum der fehlenden Vergleichsmöglichkeiten etwas zu orientieren. Ein aufatmendes „Dann bin ich also mit meinem Erleben, meinem Anlie-

gen, meinem Problem doch nicht so allein!" kann eine
wirkliche Hilfe und Entlastung sein.

Wenn Sie das mit Ihrem Buch wollen – warum geben Sie
dann keine Hilfestellungen oder Ratschläge?

Sexuelles Erleben ist etwas sehr Persönliches und gleichzei-
tig überaus Störanfälliges. Die meisten Menschen sind auf
diesem Gebiet druckempfindlich und verletzbar. Ratschläge
berücksichtigen diese speziellen Gegebenheiten gewöhnlich
zu wenig. Meine Erfahrungen und erste Rückmeldungen
auf dieses Buch zeigen, dass die grosse Bandbreite sexueller
Realität eine Palette von lockeren Anstössen und Anregun-
gen enthält: Die Leserin, der Leser kann sich frei bedienen.
In Absprache mit dem eigenen Partner könnte es möglich
werden, Neues unverbindlich zu probieren – vielleicht zu-
nächst einmal sprachlich. Es mag schon erleichternd sein, ein
konkretes Hilfsmittel in die Hand zu bekommen, Sexuel-
les in der Beziehung überhaupt zur Sprache zu bringen.

Meine persönliche Erfahrung mit dem Buch war allerdings,
dass ich mich in die Lektüre stürzte und nicht mehr spürte,
wann genug war: Ich hatte mich überfressen.

Lacht. Sie sind halt nicht so gewohnt wie ich, sich Sexuelles
in seinem jeweiligen Beziehungs-Umfeld vorzustellen.
Beim Thema Sexualität ist es unüblich, die Realität kon-
zentriert und sorgfältig mit der Lupe zu betrachten. Darum
ist vielleicht auch mehr als ein Interview pro Tag nicht ver-
daubar. Die Kost ist zu ungewohnt, zu konzentriert. Und
nicht jede Geschichte ist in jeder Stimmung zu ertragen.
Man muss wahrscheinlich wie in einem Lesebuch herum-
schmökern und sich das heraussuchen, was einen im
Augenblick anmacht.

Sie warnen vor Überfütterung?

Es ist wirklich wie beim Essen: Wenn Sie zu schnell zu
viel essen, überfahren Sie die Sättigungssignale aus dem

Magen. Und noch eine ausdrückliche Warnung: Das Buch taugt nicht als innereheliches Geburtstagsgeschenk, auch nicht als Zaunpfahl, mit dem zum Beispiel ein Mann seiner widerspenstigen oder sexuell desinteressierten Partnerin winken möchte, um seine Anliegen durchzudrücken. Manipulation, Druck und Sex vertragen sich nicht.

Haben Sie noch weitere Gebrauchsanweisungen für das Buch?

Ich kann mir Männer und Frauen vorstellen, die Hoffnungen für ihre eheliche Sexualität an das Buch knüpfen, weil es von einem Paartherapeuten geschrieben ist. Es ist indes nützlich, solche Erwartungen in einem realistischen Rahmen zu halten. Die einfachste Möglichkeit ist die, einander zum Beispiel ein Buchkapitel pro Woche vorzulesen. Am besten lässt man das Vorlesen zu einem kleinen wohligen Ritual werden. Dazu könnten gehören: fester Ort, Zeitpunkt und Dauer, garantiert störungsfreie Atmosphäre mit – gemeinsam vereinbart – Kerzen, Kaminfeuer, Wein, weichem Teppich, passender Kleidung oder ähnlichem, damit sich beide geborgen fühlen.

Der Sinn der Übung ist, dass das Paar hinterher über das Gelesene spricht?

Eben gerade nicht! Für viele, wenn nicht für die meisten Paare ist das Thema Sexualität ein schlafendes, unbekanntes, wildes Tier: Am besten einen weiten Bogen drumherum machen! Die Angst, sich oder den anderen zu verletzen, macht die Partner gesprächsuntüchtig, und je gesprächsuntüchtiger sie sind, um so furchterregender wird das Thema. Darum kann es für sprachlose Paare günstig sein, sich schrittweise dem Ungeheuer zu nähern, indem sie übereinkommen, einander nur vorzulesen, und basta. Das macht sie allmählich vertrauter mit einem fremdartigen Territorium und verschafft gleichzeitig ein verbindendes Gemeinschaftserlebnis. Eingeschränkt gesprächsfähige Partner könnten beschliessen, beim Reden die eigene Sexualität strikt beiseite zu lassen. Eine solche Vereinbarung ist aber unter Umständen viel schwieriger einzuhalten, als wenn man sich klar vornimmt, nach dem Vorlesen überhaupt nicht miteinander darüber zu reden.

Was kann ein Paar mit ihrem Buch anfangen, das fähig ist, gut über seine Sexualität zu reden?

Was heisst „gut über Sex reden"? Ein gutes Gespräch über Sexualität erkennt man daran, dass sich beide nachher verstanden fühlen, erleichtert sind und miteinander zu konkreten Schlüssen kommen, wie ihre sexuelle Beziehung für beide lustvoller und beglückender gestaltet werden kann. Jedes erfahrene Paar wird mir zustimmen: Das ist ein anspruchsvolles Ziel. Das Buch könnte ein Instrument sein, es spielerisch – nicht spielend! – zu erreichen, vorausgesetzt, man verfügt bereits über mehrheitlich positive Gesprächserfahrungen im Bereich Sexualität.

Und wie könnte dieser „spielerische" Umgang aussehen?

Ich stelle mir auch hier ein kleines Gesprächsritual vor, zum Beispiel so: Nach der gemeinsamen Lektüre eines Kapitels äussern beide abwechselnd so konkret wie möglich ihre sexuellen Wünsche: Einer spricht, der andere hört zu. Wenn der Wunsch formuliert ist, vergewissert sich der andere, dass er ihn korrekt verstanden hat, indem er ihn wiederholt. Aber Achtung: Wünsche sehen für einen ungeübten Zuhörer manchmal wie Vorwürfe aus. Man muss wissen, dass jeder Vorwurf ohne Ausnahme ein garstig verpackter Herzenswunsch ist. Der Zuhörer ist eingeladen, den Wunsch auspacken zu helfen. Schliesslich verhandeln beide darüber, ob der Wunsch ganz oder teilweise erfüllbar ist.

Gerade spielerisch kommt mir das nicht vor.

Jedes Ritual ist spielerisch, man könnte auch sagen: künstlich. Viele Paare sprechen doch höchstens dann über sich, wenn ihnen das Wasser am Hals steht, also im Krach, in der Krise, wenn sie nicht mehr anders können. Ein spielerisches, rituelles Gespräch kommt freiwillig, in guter Stimmung und ohne Katastrophenanlass zustande. Es entsteht künstlich, und wenn man es beherrscht, wird es künstlerisch. Ein Paargespräch, besonders über Sexualität, ist eine Kunst …

… die man aber nicht erlernt, indem man Ihr Buch liest.

Bestimmt nicht. Ich kann mir aber zwei, drei gemeinsame Gedankenspiele vorstellen, für die das Buch den Hintergrund abgeben könnte. Beim Lesen jedes Interviews stellt man sich doch beispielsweise nicht nur den Befragten oder die Befragte vor, sondern ist unwillkürlich auch intensiv mit der Frage beschäftigt, wer und wie dessen Partnerin oder Partner sein könnte. Natürlich ist diese ungeschriebene Geschichte genauso eindrücklich und einleuchtend wie jene, die im Buch steht. Meine Spielanregung: Wenn beide ein Interview gelesen haben, können sie gemeinsam mutmassen, wie das unbekannte Partner-Interview wohl aussehen müsste. Ein Tip dazu: Ähnlichkeiten in den Berichten von Mann und Frau sind oft kaum auszumachen. Jeder erlebt die „gemeinsame" Wirklichkeit jederzeit vollkommen anders.

Noch eine Spielanregung?

Eine Idee für ein verwegenes Paar: Wenn man bereits ein paar Befragungen gelesen und die Beklemmung vor unverblümten Fragen etwas verloren hat und auch über das notwendige griffige Vokabular verfügt, kann man mit dem Partner, der Partnerin selbst ein solches Interview machen. Voraussetzung: Beide müssen Lust dazu haben. Wahrscheinlich verlangt das partnerschaftliche Gleichgewicht auch, dass sich beide befragen lassen. Oder – etwas weniger eindringend –: Niemand, der über zehn Jahre verheiratet ist, kann sicher sein, dass seine Partnerin, sein Partner nicht in dem Buch vorkommt. Beide machen sich also auf die Suche nach dem anderen und besprechen miteinander anhand der Geschichte, die der eigenen am nächsten kommt, wo die Gemeinsamkeiten und wo die Unterschiede liegen.

Apropos: Fürchten Sie sich nicht davor, daß Ihnen Leute auf den Buckel steigen, die glauben, in Ihrem Buch ihre Partnerin, ihren Partner entdeckt zu haben?

Lacht. *Die Anonymität der Interviewten ist zuverlässig geschützt, und von mir erfährt niemand etwas anderes als „Wo denken Sie hin?"! Ausser mir weiss kein Mensch, wer „Lea", „Walter" und „Maria" sind. Ähnlichkeiten mit lebenden oder verstorbenen Personen wären „rein zufällig". Solche Übereinstimmungen würden aber deutlich darauf hinweisen, dass sehr persönlich Geäussertes auch eine gewisse Allgemeingültigkeit erlangen kann.*

Zum Schluss: Sind Sie noch derselbe Klaus Heer, der Sie vor Beginn der Arbeit an Ihrem Buch waren?

Neugierig war ich schon immer. Aber seit einem Jahr bin ich aus dem Staunen nicht herausgekommen. Unglaublich, was es alles gibt! Und noch viel unglaublicher, wie freimütig und offen die Menschen sein können, wenn ich sie zu fragen wage! So habe ich mehr und mehr meine Scheu verloren vor dem unsäglichen Thema Sexualität in der Ehe. Und um so freimütiger und offener wurden die Antworten auf meine Fragen. Geblieben ist mir nur ein kleiner, bescheidener Rest an Befangenheit _ lacht _, aber den behalte ich. Sie haben mich am Anfang gefragt, ob ich in meinem Buch auch vorkomme: Sie finden mich nicht nur in vielen Antworten, die ich so oder ähnlich auch gäbe, wenn Sie mich fragen würden. Ich zeige mich vor allem in meinen rund 2000 Fragen. „Wer fragt, geht nicht fehl – aber sein Geheimnis ist aufgedeckt." Lacht. Afrikanisches Sprichwort.